KB087850

무빙

일러두기

- 이 책은 강풀 작가의 드라마 대본 집필 형식을 최대한 따랐습니다.
- 드라마 대사는 글말이 아닌 입말임을 감안하여 한글맞춤법에서 벗어난 표현이라 해도 그 표현을 그대로 살렸습니다. 그 외 지문은 한글맞춤법을 따랐습니다.
- 이 책은 작가의 최종 대본으로, 방송되지 않은 부분이 포함되어 있습니다.

용어 정리

[c.u] close-up. 등장하는 배경이나 인물의 일부를 화면에 크게 나타내는 기법.

[cut to] 하나의 신(scene) 안에서 상황을 부분적으로 생략하고 점프해 연결하는 기법.

[E] Effect. 대사와 음악을 제외한 효과음을 뜻하며, 보통 등장인물은 보이지 않고 소리만 나는 경우에 사용한다.

[F] Filter. 전화기 너머의 목소리나 마음속으로 하는 이야기들을 표현할 때 사용한다.

[na] Narration. 장면에 나타나지 않으면서 장면의 진행에 따라 그 내용이나 줄거리를 장외(場外)에서 해설하는 일, 또는 그런 해설을 말한다.

[v.o] voice-over. 화면에 나타나지 않는 인물이 들려주는 정보나 해설 등을 말한다.

[디졸브] dissolve. 한 화면이 사라짐과 동시에 다른 화면이 점차로 나타나는 장면 전환 기법.

[몽타주] montage. 따로따로 편집된 장면들을 짧게 끊어서 붙인 화면.

[와이프] wipe. 한 장면이 화면 한쪽으로 사라지면서 뒤이어 다음 장면이 나타나는 기법.

[인서트] insert. 화면의 특정 동작이나 상황을 강조하기 위해 삽입한 화면, 또는 삽입하는 것.

[페이드인] fade-in. 화면이 처음에 어둡다가 점차 밝아지는 기법.

[페이드아웃] fade-out. 화면이 처음에 밝았다가 점차 어두워지는 기법.

[플래시백] flashback. 과거의 회상을 나타내는 장면 또는 그 기법.

디즈니+의 오리지널 시리즈

강풀 대본집 2

ᄤ창비
Media Changbi

차례

주연배우 12인
친필 메시지&사인

류승룡
장주원

주원과 지희, 희수가 서로의
솔로였던 것처럼 무빙 대본집이
책을 읽는 분들에게 조금이라도
솔모가 되길 바랍니다.
조금 다르고 특별한 이야기에
귀 기울여준 여러분에게 길 잃지 않고
찾아가겠습니다! 감사합니다.
구룡포 장주원

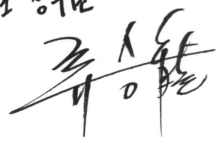

조인성
김두식

"무빙"을 사랑해 주셔서 감사합니다
대본집을 통해 드라마의 감동을
이어 가시길 바랍니다.

"무빙" 김두식

한효주
이미현

훌륭한 엄마이자, 강인한 여성 '이미현'을
연기 할수 있음에 감사 했습니다.
덕분에 정말 사랑스러운 아들 봉석이, 우리정화.
그리고 멋있는 남편 김두식, 인성오빠,
언제 또 이렇게 만나서 같은작품을 할수
있을까 싶을정도로 훌륭한 스텝분들, 배우분들을
만날수 있었습니다.
기회를 주신 강풀작가님, 이끌어주신 박인제,
박윤서감독님께 감사드립니다.
대본을 읽을때, 이런 따뜻하고 정의로운
이야기가 사랑받을 수있다면 좋겠다 생각했는데
큰사랑으로 작품을 안성시켜주신 여러분께,
진심으로 감사드립니다.
'무빙'이 오랫동안 여러분들의 마음에 남기바라며,

- 이미현, 한효주 올림 -

MOVING
MI-HYUN LEE

이정하
김봉석

ㅠㅠ 이 글을 쓰게 되니
아쉬웠라 행복함으로 떠나보냈던
봉석이가 새록새록 떠오르네요.
모두가 으쌰으쌰 한 현장인 만큼
다 같이 힘도 있었고, 추억이 된
대본을 여러분들에게 보여줄 수
있어서 봄이 더오는 것 같이 좋네다
작가님 최고 여러분들도 최고 ♡

정하 올림

고윤정
장희수

'무빙'이라는 대본을 처음 읽은 때부터
'희수'가 되어 정원고를 다니는 모든 시간이
벅차고 행복했습니다.
재석이를 서로가 궁금해는 위로에 제가 더
위로받고 배우게도 했습니다.
무빙이라는 세계관에 함께 한 수 있는 영광을
주신 강풀 작가님께 감사드리며 언제나
응원하는 힘이 되어 드리겠습니다.

— 고윤정 (장희수) 올림

김도훈
이강훈

To. 무병을 사랑해주신 여러분께

척척! 경례! 사랑합니다 ♡

이제 이 책(대본)을 읽는 여러분도

'무병'팀 입니다.

책과 함께 즐거운 시간 보내시고

오늘 하루도 여러분만의 창의력을

맘껏 펼쳐 주세요.

그럼 저는 아버지가 부르셔서 이제만..

'이강훈' 김도훈 드림.

김성균
이재만

'무빙'을 사랑해 주셔서 감사 합니다.
리어리를 꿈 꾸거는분, 혹은 배우·작가·연주...
모든 꿈 꾸시는 분들에게 이 책이 도움이 되었으면
좋겠습니다. 언제나 행복 하십시오 !!

이재만   김성균

문성근
민용준

나는 영기(드라마)들을 보죽이, 있었다.
"옥빌, 이까고 드가이 3당죠, 축속2덕까토?" 강율한 발음이대
"옥 에게있다?"
"응흥지요"

영? 일만 내 술이고 헝틈를 봤다. 어거 옥지? 어거 지것이?
축어 학죠는 씨기를 영산를 이어 들었으니, 지거를 옷느걸2대
그건 내가 옷애2까지...

딸 비롯비고 기죽 영화 두 술을 봤다.
아~ 다그나. 강흘에서도 사람 영상고 나지, 어뜻한,
쁘어고 사랑이 있고... 그리고 은나가 있지.

20억못 됐나? 「버선, 잃을걸. →(CD)인지 여약를 나눈동
속월를 재상 박았을 깨 (출명을 옷흐2지만), 원라 영화를 불여
느꼈고 각가 강흘이, 따시 느꺼간다. 이 인간를 흐흐리
반이언 싶어..
「옥빌, 작으여 처음 술를 나윘지만, 오래 흐우둑 '옥버가
천구여 하2' 이억, 갑를 (남)사랑층을 사랑하암 각열한 인맘이,
있으니 반거를 수 봤어.
「옥빌, 씨즌 2, 3를 재각받 (「옥빌, 우보 다음 지욕의) 헝틈른,
이어 나오 있음여. 나는 그만 축이비여 어드냐.
독22른께 비일 3대대 살씀드리면서.
그의 각품 속에 예분 여2녀른방 영온른 그2 어내2 운맏이다.

2024. 5.   문성근

류승범
프랭크

'Frank' 류승범드림. 24. 4.

'무빙'이라는 작품으로 함께 작업하게 되니
매우 좋은 시간이었습니다.
그리고 '무빙'을 완성 시켜주신 시청자
여러분께 이 자리를 빌려 감사의 인사로 전합니다.
화면이 아닌 책으로 보는 '무빙'의 세계도
맘껏 즐기시기 바라며...
다음이 꼭 인사 드리도록 하겠습니다.

김희원
최일환

Kirhoon

고. 무병 사랑해주셔서
감사 해요

차태현
전계도

무빙을 사랑해주신 시청자분들 정말
감사 드립니다~ 이번에 무빙 머분집이 나온답니다 ^^
드라마와는 또 다른 재미가 있을겁니다~
많은 관심 부탁드리고 꼭 무빙에서 다시 만나요 ~

차태현

'번개맨' 전계도 올림 ^^

박희순
김덕윤

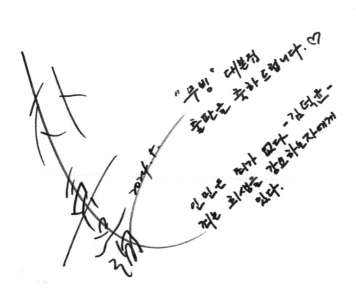

"무빙" 대본집
출판을 축하 드립니다. ♡

인연은 내가 짓는 요다 ~김덕윤~
재능 희생을 강요하는자에게
있다.

제8화
블랙

#1 [프롤로그] 인도양/공중 (오후)

태극마크 엠블럼이 그려진 여객기 한 대가 인도양 상공을 가르며 날아간다.

파란 하늘에 구름이 가득하고 짙푸른 바다는 햇빛을 받아 반짝인다.

여객기가 날개를 기울여 구름 속으로 들어간다.

#2 [프롤로그] 여객기/객실 (오후)

비즈니스석에 앉은 중년 승객이 신문을 보고 있다.

신문 헤드라인- [88서울올림픽 史上 最高의 참가국 신청. 지구촌 화합의 축제가 될 前望] (c.u)

비즈니스석을 지나 이코노미석에 들어서면 대부분의 승객이 한국인들이다.

빼곡하게 들어찬 승객들 사이에 젊은 부부와 다섯 살 즈음의 남자아이가 앉아 있다.

창가에 앉은 남자아이가 유리창에 얼굴을 바짝 대고 밖을 내다보고 있다.

아이 아빠 (아이 보며 웃는) 하늘에 구름밖에 볼 게 없을 텐데 계속 보고 있네.

아이 엄마 (웃으며) 한국 가면 비행기 탄 거 자랑한다고 어제부터 들떴어요.

아이 (중얼) 엄마, 아빠… 구름 속에 뭐가 있어.

#3 [프롤로그] 여객기/조종실 (오후)

기장과 부기장이 창밖을 내다보며 눈살을 찌푸린다.

부기장 (눈살 찌푸린) 항공기보다는 작고… 새는 아닌 것 같습니다!

기장 (당황한) 지금 고도 만 미터야.

부기장 움직이는데요? 측면으로 따라붙고 있어요!

기장   (긴장하는) 혹시… 미사일…!!

창밖을 보는 기장과 부기장의 눈이 커진다.
비행물체가 가까이 다가오자,

기장/부기장   (경악하는) 저, 저게 뭐야…!!!

#4   [프롤로그] 여객기/객실 (오후)

아이   (창밖을 보며) 저기 사람이 있어.

아이의 시점으로 창밖을 보면 구름 속에 사람이 날고 있다.

#5   [프롤로그] 인도양/상공 (오후)

헤일로 점프슈트(고글+산소마스크)를 입은 김두식이 만 미터 상공을 날아간다.
김두식이 여객기의 측면으로 비행하며 기체의 태극마크 엠블럼을 확인한다.
기체를 확인한 김두식이 몸을 틀어 조종석 쪽으로 날아간다.
엄청난 비행 속도의 여객기를 따라잡기 위해 측면으로 우회 접근을 시도한다.
기체에 가까이 다가갈수록 비행기 엔진의 굉음이 고막을 때린다.

(E)   콰아아아아아아아아………!!!

사력을 다해 날아가는 김두식의 점프슈트가 찢어질 듯이 바람에 펄럭인다.
조종실 전면 유리창까지 30미터. 20미터. 10미터….

#6 [프롤로그] 여객기/조종실 (오후)

(E) 쿠웅…!!!

기장과 부기장의 눈이 커진다.
창밖을 보면, 김두식이 조종실 정면 유리창에 부딪히면서 창틀을 붙
잡는다.

기장 (입이 쩍) 이게 뭐야…!!
부기장 (경악하는) 어, 어떻게 이런 일이…!!

창밖의 김두식이 엄청난 비행 속도에 밀려 창틀을 붙잡고 간신히 버
틴다.
조종실에서 보면, 산소마스크와 고글에 가려진 김두식의 얼굴이 괴한
으로 보인다.

(E) 쿵! 쿵! 쿠웅!

김두식이 유리창을 두드리며 엄지를 아래로 내리는 손짓을 한다.

기장 (창밖의 김두식을 보며) 이게 말이 돼?! 누구야! 뭘 어쩌라는 거야!!
부기장 (김두식의 엄지손가락 신호를 보며) 속도를 늦추라는 것 아닐까요? 저렇
게 매달려 있는데…! 이, 일단 감속할까요?!!!
기장 하이재킹… 테러리스트면 어쩌려고!
부기장 (당황하며) 머, 먼저 관제센터에 알리겠습니다! (교신버튼 누르는)

풍압에 밀린 김두식이 와이퍼를 낚아채며 힘겹게 버틴다.

#7 [프롤로그] 인도양/여객기/조종실 외부 (오후)

두식이 필사적으로 창문을 두드리지만 비행기 엔진의 굉음에 묻힌다.

(E) 쿵! 쿠웅!!! 쿠웅!!!

(E) 콰아아아아아아아아………!!!

두식이 마스크와 고글을 벗어버린다.
두식의 눈썹과 머리카락에 성에가 얼어붙는다.
비행기 엔진의 굉음 속에서 두식이 입 모양을 크게 해서 "오. 아." 소리를 지른다.

#8 [프롤로그] 여객기/조종실 (오후)

기장 한국 사람 같은데…!? (두식의 입 모양 보며) 오. 아? 오. 아가 뭐지…?!

손가락으로 아래를 가리키며 계속 소리 지르는 두식. 입 모양. 오. 아.

부기장 (유리창에 대고 소리치는) 내려가라고? 무슨 말이야 도대체!! 바다에 불시착이라도 하라는 거야?!

두식이 한계에 다다른다.
와이퍼를 잡은 손에서 힘이 빠지고 시야가 흐려진다.
두식이 이를 악물며 총을 꺼내 유리창에 들이댄다.

두식 (악쓰는) 당자아아앙!!!!!!!!!!!!!!!!!

두식이 쥐어짜며 외친 소리는 조종실로 전달되지 않는다.
기장이 두식의 총을 보고 소스라치게 놀라서 요크(핸들)를 틀어버린다.

인서트

객실 안 승객들이 오른쪽으로 쏠리며 일제히 비명을 지른다.

두식이 와이퍼와 총을 놓치며 조종석 창문에서 떨어져 나간다.

#9 [프롤로그] 여객기/객실 (오후)

(E) 쿵! 쿵! 쿠웅!

객실의 좌측. 앞쪽부터 벽을 치며 굴러오는 소리가 밖에서 들린다.

(E) 쿵! 쿵! 쿠웅!

기체에 부딪히며 뒤로 쏠려가는 두식의 모습이 창밖으로 보인다.
창가에 앉은 승객들이 놀라서 비명을 지른다.

#10 [프롤로그] 인도양/여객기/외부 (오후)

기체의 외부를 굴러가던 두식이 간신히 기체 옆 창틀을 붙잡는다.
손끝으로 창틀을 잡고 버티지만, 두식의 몸이 바람에 나부낀다.
두식이 비행기 안에 앉아 있는 아이와 눈이 마주친다.
유리창 안의 아이가 창밖의 두식을 보며 놀란 표정을 짓는다.
아이의 부모는 놀라서 아이를 끌어안지만, 아이는 영문을 모르고 쳐
다만 본다.
아이의 해맑은 눈을 보는 두식의 눈에 눈물이 고인다.
두식이 다시 이를 악물고 앞으로 기어가기 위해 손을 뻗는다.
무시무시한 풍압에 얼굴이 일그러지고— 솟구치는 눈물이 시야를 방
해한다— 필사적으로 뻗은 손가락이 헛디디고— 창틀을 놓친다.
두식이 뒤쪽으로 빙빙 돌며 날아가다가 꼬리 날개에 머리를 크게 부

덮힌다.

[슬로 모션] 두식의 머리에서 피가 솟구치며 시선이 아득해진다.

두식의 핏방울과 눈물방울이 허공에 흩날린다.

두식의 몸이 비행기와 멀어진다.

#11 [프롤로그] 여객기/조종실 (오후)

기장   (중얼) 절박한 표정이었는데… 뭐지… 비행기를 불시착시킬 이유가….

부기장   오… 아… 오아… (경악하는) 폭…탄…?!

기장   (공포에 빠진 눈으로 부기장 보는)

#12 [프롤로그] 여객기/객실 (오후)

아이가 앉아 있는 좌석 뒤쪽으로 빠르게 이동하는 카메라.

좌석 밑에 서류 가방이 하나 있다.

#13 [프롤로그] 인도양/상공 (오후)

(E)   꽈앙!!!!!!!!

엄청난 폭발음과 함께 여객기가 폭발한다.

폭압에 밀려 구름이 흩어지고 두식이 공중에 나부낀다.

두 동강 난 여객기가 화염에 휩싸이며 아래로 추락한다.

빙빙 돌며 나부끼던 두식이 안간힘을 써서 공중에 멈춘다.

저 아래로 화염에 휩싸인 채 추락하는 여객기에서 사람들이 불에 타 떨어진다.

지옥 같은 광경이 펼쳐지고 두식의 표정이 절망으로 일그러진다.

여객기에서 나오는 검은 연기가 길게 꼬리를 그리며 하늘로 퍼진다.

검은 연기 속에서 두식의 울부짖는 소리가 들린다.

두식   으윽… ㄲ윽… ㄲㅇㅇ… 으아아아아아아아아아!!!!!!!!!!!!!!

검은 연기가 화면을 가득 메우고, 화면이 까맣게 암전된다.
암전된 화면에 구형 타자기로 타이틀 '무빙'과 소제목 '제8화: 블랙'이
타이핑된다.

#14 연변 조선족 자치주 용정시/룡정호텔 (밤)

암전된 화면이 서서히 밝아지며, 삭막하고 황량한 용정의 밤거리가
펼쳐진다.
[구형 타자기 자막: 5년 후. 연변 용정시]
작은 도시를 가로지르는 해란강 강변에 휘황하게 불을 밝힌 룡정호텔
이 보인다.
주변 건물들이 야트막해서 12층짜리 룡정호텔은 우뚝 선 느낌이다.
가까이 가면 주렁주렁 걸린 홍등의 불빛만 화려할 뿐 허름하고 낡은
호텔이다.
호텔 현관에 '연변 조선족 자치주 성립 40주년 특별 행사' 플래카드가
걸려 있다.
호텔 현관으로 정장과 한복을 차려입은 4, 50대의 조선족들이 삼삼오
오 들어간다.

#15 룡정호텔/로비 (밤)

도어맨과 호텔 직원들이 조선족들을 맞이한다.
도어맨이 조선족들을 안내해서 엘리베이터에 함께 탄다.
엘리베이터 문이 닫히는 순간, 도어맨이 바깥쪽을 향해 고개를 ㄲ덕
인다.
엘리베이터 문이 닫히자마자, 직원들이 일사불란하게 움직여 플래카
드와 홍등들을 치우고 호텔 현관을 닫는다.

#16 룡정호텔/엘리베이터 (밤)

도어맨이 12층 버튼을 누르고, 조선족을 가득 태운 엘리베이터가 올라간다.
조선족 몇몇은 왠지 잔뜩 긴장한 표정이다.
엘리베이터에 묘한 긴장감이 감도는데, 구면인 조선족이 서로를 발견하고 농을 건다.

조선족1 (놀리는 말투) 이야 니뚜 여기 초대장 받구 왔니? 아 이 삐까뻔쩍한 호텔에서 하는 연회에 아무기나 다 들랑거리는 게 아인데?

조선족2 (받아치는) 으이. 니야말로 여 어케 왔니. 옌벤 토박이들 중에서도 부아이피들만 대접하는 행사에 어째 케케한 개나 소나 다 들인다니?

조선족1 와. 이 무식한 거이 보라. 옌벤서 오래 살았다구 뽑아온기 아이구, 조선에 이산가족 있는 동포형제만 골고루 뽑아서 초대한 중대한 행사다 이 말이다. 알간?

조선족2 그기 무수기 이산가족이니?! 옌지(延吉)장터 빠져서 투만(圖們)다리만 탁 건느무 바루 조선인데, 오가는 거이 일도 아이지 않니.

조선족1 (혀 차며) 쓰읍. 그 헷바닥 조심해라.

조선족2 (찔끔해서 두리번거리다, 이내 센 척) 일 없다.

도어맨이 못 들은 척 미소를 머금고 정면을 본다.
12층에 도착하고 엘리베이터 문이 열리자 올백머리의 직원이 문 앞에서 맞이한다.

#17 룡정호텔/복도/연회장/문밖 (밤)

올백머리 직원이 조선족들을 연회장으로 안내한다.
도어맨이 뒤를 따른다.

#18 **룡정호텔/연회장 (밤)**

조선족들이 종업원들에게 자리를 안내받는다.

연회장 안, 가득한 원탁의 테이블에 이미 수십 명의 조선족들이 앉아 있다. 연회장 주변에는 종업원들이 각자의 서빙카트 옆에 서서 대기하고 있다.

1층에 있던 직원들도 어느새 올라와서 종업원의 위치에 대기한다.

도어맨과 종업원들은 모두 인이어를 차고 있다. 모두 변장한 안기부 요원들이다.

도어맨(마상구)이 연회장 문을 잠그고, 소매 속에 숨긴 마이크로 지시를 내린다.

상구F (요원들의 인이어로 들리는) 통발 설치 완료. 모든 갈매기 위치로. 독수리는 대기 바랍니다.

요원들이 서빙카트에서 차 쟁반을 꺼내 각각의 테이블로 이동한다.

상구가 조끼 안주머니에서 연회장 테이블 배치도가 그려진 종이를 꺼낸다.

상구F (인이어) 내가 지시하는 휴민트에게만 흑차[黑茶]를 지급하고 나머지는 모두 황차[黃茶]를 지급한다. [자막: 휴민트HUMINT - 인적 네트워크. 현지 정보원]

상구가 배치도와 테이블에 앉은 사람들의 얼굴을 확인하며 마이크로 지시한다.

상구F (인이어) 2번 테이블 아홉 시. 4번 테이블 세 시. 6번 테이블 두 시.

요원들이 테이블 사이를 누비며 차를 배분한다.
상구의 지시에 따라 흑차와 황차가 놓이는 모습들이 교차된다.

상구F (인이어) 7번 테이블 열두 시. 8번 테이블 한 시. 10번 테이블 여섯 시.
11번 테이블 세 시. 13번 테이블 한 시, 여덟 시.

상구의 지시가 이어지는데, 옆에서 초조하게 상황을 지켜보던 올백머
리가 갸우뚱한다.
올백머리가 슬쩍 상구가 체크하고 있는 테이블 배치도를 훔쳐본다.
테이블 사이를 누비는 요원들 중에 한복을 차려입은 이미현(20대 초
반)이 있다.
(안경을 끼지 않은) 미현이 인이어의 지시에 따라 테이블에 찻잔들을 내
려놓는다.

상구F (인이어) 갈매기들 각자 위치에서 대기.

#19 룡정호텔/연회장 (밤)

조선족들이 찻잔을 들어 마시며 서로 인사를 하고 덕담을 나눈다.
테이블 주변의 요원들이 서빙카트를 밀고 다니며 술과 음식을 서빙한다.
미현이 연회장 앞의 무대 위로 올라가서 가라오케 기계를 켜고 마이
크를 잡는다.

(E) 치익… 끼이이이잉---

마이크 하울링 소리에 연회장 안의 시선이 미현에게 쏠린다.

인서트

그 틈에 조선족 몇이 차를 몰래 국그릇에 버린다. 버려지는 흑차, 황차. (c.u)

조선족들이 무대를 쳐다보자 미현이 옅게 웃는 얼굴로 「타향의 봄」을 부른다.
상구와 올백머리 요원이 목소리를 낮춰 대화를 나눈다.

상구   (노래 부르는 미현을 보며) 잘하네? 쟤는 노래 시키려고 데려온 거야?

올백   작전 특성상 의심받지 않게 여성 요원을 보낸 것 같습니다. 아직 수습이지만 정식 요원입니다.

상구   그래도 쟤는 너무 어린 거 아니야?

올백   (미현을 보며) 모든 과정을 월반했답니다. 특수훈련 과정에서 거의 모든 분야 수석이었답니다.

상구   (피식) 어떤 분야? 가창력 분야?

올백   저 요원은 이 임무만 잘 마치면 정식 블랙 요원이 됩니다.

상구   여자가 블랙은 무슨… 커피나 잘 타면 되지. (미현 쳐다보며) 한복 잘 어울리네. 다음 작전은 방석집에서 해야겠어.

웃는 낯으로 노래를 부르며 좌중을 훑어보던 미현의 시선이 상구를 스쳐 본다.
상구와 시선이 마주치는 미현의 표정이 냉랭하다. 미현의 귀에 인이어가 꽂혀 있다.

상구   어쭈? 고년 봐라?

올백   년이 뭡니까… 그래도 요원한테….

상구   그럼 놈이냐.

미현의 노래가 계속되는데,
조선족이 쿵쿵 소리를 내며 하나둘 테이블에 엎어진다.
옆에 앉은 조선족들이 놀라서 쓰러진 사람들을 들여다본다.

올백 (위치를 확인하며) 흑차였군요. 흑차에 뭐가 들어 있던 거죠.

상구 (목소리를 더 낮춰 속삭이는) 수면마취제.

올백 수면제도 아닌 수면마취제요? 자백제가 아니었습니까?!

상구 (속삭이는) 목소리 낮춰. 왜 그리 놀라?

올백 (다시 속삭이는) 이제 작전 내용을 물어도 되는 겁니까.

상구 (속삭이는) 그러든지.

올백 (속삭이는) 흑차를 마신 사람들이 이중 휴민트였던 겁니까.

상구 (속삭이며 웃는) 그야 아직 모르지. 이제 알 수 있겠지.

올백 네?

상구가 여태 들여다보던 테이블 배치도를 귀찮다는 듯 대충 구겨서
버린다.
상구의 돌발적인 행동에 올백이 놀라서 쳐다본다.

상구 (속삭이는) 황차에도 수면마취제가 들어 있으니까.

올백이 놀라서 연회장을 바라보는데
쓰러진 조선족을 부축하던 조선족들도 엎어진다.

(E) 쿵! 쿵! 털썩! 털썩!

조선족들이 연이어서 테이블에 엎어지고 쓰러진다.
미현이 노래를 멈추고, 연회장 안에 무서운 적막이 감돈다.

연회장의 조선족이 모두 쓰러지고, 조선족 세 명만 당황한 표정으로 앉아 있다.
쓰러지지 않은 세 명의 조선족들이 놀란 눈으로 주변을 둘러본다.

올백   그 그럼… 저들이 모두 북한과 내통한 이중 휴민트란 말입니까?!

상구   (속삭이는) 북한 쪽이라고는 안 했는데?

올백   네…?

상구   (속삭이는) 내부에 있더라고.

올백   (놀라는) ………!!!

쓰러지지 않은 조선족들이 자꾸 저도 모르게 올백 쪽을 곁눈질한다.
조선족들의 시선 방향을 감지한 상구가 흥미롭다는 듯 자기 팔짱을 낀다.
당황한 올백이 조선족들의 시선을 외면하는데, 올백의 옆구리에 총구가 닿는다.
상구가 팔짱 낀 손 밑으로 소음기 달린 총구를 겨누고 있다.

상구   (속삭이는) 흑차와 황차 중 어떤 차인지 모르니, 일단 모든 차를 마시지 말고 눈치껏 행동하라고 했겠지.

올백   (마른침 삼키는)

상구   (속삭이는) 차를 마시면 안 된다는 정보를 알고 있는 자들이 이중 휴민트겠지. 정보를 준 자가 내부의 간첩이고. (올백을 똑바로 쳐다보며) 심증은 있는데 물증이 없어서 확인이 필요했거든.

올백   (다급해진) 팀장님… 지금 무슨…!

상구   (속삭이던 목소리 갑자기 커진) 그래! 수고했어! 자네는 살려주지!

갑자기 커진 상구의 목소리가 연회장의 적막을 깬다.

쓰러지지 않은 세 명의 조선족이 상구의 말을 듣고 놀란다.
조선족 한 명이 올백을 원망하며 소리친다.

조선족 (올백을 보며) 이, 이보기요!! 이기 약속과 다르잖소!!

상구 (속삭이는) 맞네. 너네.

올백 티, 팀장님…! 자 잠깐만요!!!

상구 (큰 목소리) 갈매기들. 뭐 하나.

(E) 푸슉! 푸슉! 푸슉!

고참 요원들이 총을 꺼내 세 명의 조선족들을 사살한다.

올백 (다급하게) 팀장님! 잠깐만요!! 저에겐 아직 정보가 더 있…

상구 응. 필요 없어. 내가 알아서 할게.

(E) 푸슉!

상구가 그대로 올백의 옆구리를 쏴버린다.
총에 맞은 올백이 고꾸라진다.
멀리 무대 위에서 보고 있던 미현의 눈이 커진다.

상구F (인이어) 아직 안 끝났어. 휴민트들은 눈치가 빠른 놈들이야. 남들 쓰러
질 때 같이 쓰러진 쥐새끼들도 있겠지. 조금이라도 움직이면 쏴.

상구와 요원들이 테이블 사이로 진입한다.
쓰러진 조선족들이 모두 눈을 감고 있다.
요원들이 테이블 사이를 샅샅이 뒤지면서 조선족들의 상태를 확인한다.
숨소리 하나 들리지 않는 연회장을 살육의 공포가 무겁게 짓누른다.
상구가 테이블에 엎어진 조선족 한 명을 지그시 쳐다본다.

조선족의 질끈 감은 눈꺼풀이 흔들린다.
상구가 얼굴을 바짝 대고 뚫어져라 쳐다본다.
조선족이 살며시 눈을 뜨다가 상구와 눈이 마주친다.

(E)   푸슉!

조선족이 죽는다.

상구   (이를 드러내며 웃는) 다 보인다. 다 보여.

또다시 찾아온 정적.
상구가 테이블의 접시 하나를 들어 벽에 확 집어 던진다.

(E)   와장창!!

소리에 엎드려 있던 조선족 한 명이 놀라서 꿈틀거린다.

(E)   푸슉!

꿈틀거리던 조선족의 뒤통수에서 피가 뿜어져 나온다.
상구의 광기 어린 행동에 요원들마저 숨을 죽인다.
상구가 악마처럼 웃으며 배회한다.
그때, 뒤에서 올백이 옆구리에 피를 흘리며 일어서서 쥐어짜는 목소
리로 외친다.

올백   (입에서 피를 쏟으며) 이익…!! 이 미친 새끼 너는 살인마야!! 휴민트…
휴민트들을 그냥 싹 다 죽이려고 일부러… 이런 개같이 엉성한 작전

을 짰어!!! 끄윽…!! 이중에… 억울한 휴민트가 있으

(E) 푸슉!

올백의 이마 한복판이 뚫리며 즉사한다.
상구가 겨눈 총구에서 연기가 난다.

상구 (귀찮은) 뭐래는 거야. 간첩새끼가.

상구가 주변을 돌아보며 신입 요원들을 처다본다.
미현을 비롯한 신입 요원들이 차마 사격 자세도 취하지 못하고 엉거
주춤 서 있다.

상구 작전을 브리핑한다. 이중간첩들을 싸그리 청소하는 임무다.

작전 내용을 알지 못했던 신입 요원들이 당황한다.
상구가 요원들 사이에 흐르는 미묘한 분위기를 감지한다.

상구 실습 나왔어? 이건 실전이다. 연변은 남한보다 북한이 더 가까운 곳이
다. 이놈들은 언제든 북괴의 정보원이 될 수도 있다. 조금이라도 수상
한 놈들은 전부 제거하는 게 우리 임무다. (눈 부라리는) 알겠나?

요원들 (총 장전하며) 네!

미현도 혼란스러운 표정으로 총을 장전한다.

상구 '조금이라도'라고 했다. 알겠어?

요원들 (사방에 겨누며) 네!

상구 (미현을 보며) 거기, 노래 부른 계집애. 창문 닫아.

지목당한 미현이 호텔의 열려 있던 창문을 닫는다.
상구가 서빙카트에서 투척형 최루탄 하나를 꺼낸다.

상구 신입들. 알몸 화생방 받았지? (최루탄 안전핀 뽑으며) 이게 실전이야.

상구가 연회장 한복판에 최루탄을 던진다.
최루탄이 쓰러져 있는 조선족들 사이로 굴러가며 하얀 연기가 피어
나온다.
최루탄의 하얀 연기 클로즈업된다.

#20 안기부/외관 (저녁)

하얀 화면. 하얀 최루탄 연기가 하얀 구름으로 바뀐다.
구름을 헤치면 서울의 전경이 내려다보인다.
한강 줄기를 따라가다 남산으로 이동하면 서울 한복판에 우뚝 선 남
산타워가 보인다.
[구형 타자기 자막: 2년 후. 1994년 2월]
군데군데 녹지 않은 눈이 쌓여 있는 늦겨울의 남산 전경이 펼쳐진다.
산등성이 중턱에 이르면, 앙상한 나무들 사이에 회색빛 콘크리트 건
물이 숨어 있다.
세월의 때가 묻은 콘크리트 건물은 간판조차 없고, 창문들은 창살로
막혀 감옥 같은 분위기를 풍긴다. 주차장의 차들도 거의 모두 검은색
이어서 더욱 을씨년스럽다.
[구형 타자기 자막: 국가안전기획부 제6국]

#21 안기부/5차장실 (저녁)

민용준 차장이 안경을 씰룩이며 이미현의 신상명세서를 읽는다.
소파에 민 차장이 앉아 있고, 테이블 건너편에 (안경을 낀) 미현이 부동

자세로 서 있다.

민 차장 (나른하게 읊는) 이미현. 24세. 안기부 창설 이래 최연소 합격자. 체력
시험을 제외한, 사격과 주특기 및 전술훈련 모두 최고 득점 수석.

민 차장이 미현의 위아래를 훑는다. 미현이 미동도 없이 마주 본다.

민 차장 (다음 장 읽는) 뛰어난 임기응변. 탁월한 반사신경. 일반인보다 월등한
오감(五感)의 소유자. 오감…? (스윽 쳐다보는)

민 차장의 날카로운 시선은 우시장에 끌려 나온 암소를 품평하는 눈
빛이다.

민 차장 (계속 읽는) 첫 번째 임무 중에 사고를 당해서 시력을 많이 잃었군. 그
래서, 지금은 사무직으로 옮겨 정보 분석관이 된 거고.

미현 (미현의 안경 클로즈업) 네. 그렇습니다.

민 차장 아까운 인재를 잃었군. 사고만 아니었으면 내 밑에 있었을 텐데 말이
야. (소파에 기대며) 임무를 맡았어야 할 사람이 사무를 보고 있군.

민 차장은 꿰뚫을 것 같은 시선으로 미현을 쳐다본다.
불편한 적막이 흐른다.
미현은 고요를 견디며 흐트러짐 없이 부동자세를 유지한다.
테이블을 사이에 둔 민 차장과 미현의 거리가 실제보다 더 멀게 느껴
진다.
벽에 걸린 액자의 부훈. '우리는 음지(陰地)에서 일하고 양지(陽地)를
지향한다'. (c.u)

민 차장 (위압적인) 자네에게 임무를 하나 주겠네.

민 차장이 테이블에 종이 파일 하나를 던진다.
미현이 눈동자만 내려 파일을 본다.
파일 표지에 '1급 기밀'이라는 붉은 직인이 찍혀 있다.

#22 안기부/5층/복도/정보관리국 앞 (밤)

복도의 불이 꺼져 있다.
전등 스위치 위에 빨간 글씨로 쓰인 '절전' 표지판.
비상구 등만 푸르스름하게 빛나는 복도 끝의 철문.
육중한 철문에 '정보관리국' '관계자 외 출입금지' 표지가 붙어 있다.

#23 안기부/정보관리국 (밤)

미현이 텅 빈 사무실에 혼자 앉아 있다.
민 차장에게 받은 '1급 기밀' 파일을 펼쳐 서류를 확인한다.
신상명세서인데 증명사진 한 장과 이름과 암호명만 적혀 있다.
[김두식: 문산]
생년월일, 주소, 이력, 소속과 계급까지 모든 것이 공란이다.

미현 매우 신비롭네. 아주 베일에 가리셨어. 이걸로 뭘 어떻게 하라고….

미현이 신상명세서의 사진을 물끄러미 들여다본다.
김두식의 증명사진이 흑백이다.

미현 (중얼) 김두식… 블랙이란 말이지… 그것도 최정예 블랙.

증명사진 속 두식 얼굴 클로즈업.

미현   (중얼) 1급 기밀 인물이라 사진을 안 찍나. 도대체 언제 사진이야….

흑백사진 속의 무표정한 김두식 얼굴. 앳되다.

미현   귀엽게 생겼네. 이대로 컸으면 잘생겼겠네.

#24 안기부/엘리베이터 (저녁)

정면을 보는 미현의 얼굴 클로즈업.
미현의 눈동자는 정면을 보고 있지만 옆을 의식하고 있다.

미현   (중얼) 잘생겼네….

카메라 서서히 멀어지면, 엘리베이터 안.
미현 옆에 나란히 서 있는 김두식이 보인다.
미현은 서류더미를 잔뜩 안고 있고, 김두식은 무표정한 얼굴로 정면
을 보고 있다.
그때, 두식의 옆에 서 있던 가죽재킷 남자(장주원)가 고개를 내민다.
주원이 서류더미를 잔뜩 안고 있는 미현에게 말을 건다.

주원   아가씨. 몇 층 가?
미현   5층 갑니다.
주원   (5층 버튼 눌러주는)
미현   감사합니다.

느리게 올라가는 엘리베이터 안이 고요하다.
미현이 문득 시선을 느껴서 옆을 보면 김두식과 눈이 마주친다.
두식이 곁눈질로 미현의 가슴팍 부근을 보다가 시선을 피한다.

(E)   띵-!

5층에서 문이 열린다. 미현이 내리고 문이 닫힌다.

문이 닫히는 찰나의 순간, 자기를 쳐다보고 있던 김두식과 또 눈이 마주친다.

엘리베이터가 올라가고, 미현이 자기 앞섶을 내려다본다.

서류더미에 받쳐진 블라우스 앞섶이 살짝 벌어져 있다.

미현   (중얼) 못해 먹겠네….

민 차장v.o 이건 임무다. 제안이 아니라 명령이야. 실패할 시 책임을 묻겠다.

미현이 닫힌 엘리베이터 앞에 우두커니 서 있다.

#25 안기부/5차장실 - #21에 이어서

미현이 파일을 보면, 김두식의 사진과 이름만 적혀 있을 뿐 아무 정보가 없다.

민 차장   김두식. 암호명 문산. 임무 성공률 '거의' 백 퍼센트에 가까운 최정예 블랙 요원.

미현   (거의 백 퍼센트라는 말에 미묘하게 반응하는)

민 차장   조만간 김두식에게 극비임무가 주어진다. 오직 그만이 가능한 임무야.

미현   (쳐다보는)

민 차장   극비임무 수행 전에는 사상검토 과정을 거쳐야 돼. 이번엔 특히 더욱 철저해야 해. 그걸 자네에게 맡기겠네.

미현   김두식의 어떤 부분을 알아내야 하는 겁니까.

민 차장   특별히 뭘 하려고 하지 마. 자네 임무는 그저 김두식과 최대한 가까워지는 것. 그것뿐이야. 김두식에겐 부모 형제도 연인도 없어서 통제할 방법이 없어. 자네는 그저 최대한 접근만 하면 돼. 김두식이 무슨 생각을 하고 사는지, 김두식이 임무를 계속 맡을 수 있을지, 그의 심리를 분석하고 판단하게.

미현　(바로 묻는) 왜 접니까.

안기부 서열 2위인 차장에게도 미현의 질문은 망설임이 없다.
민 차장의 눈에 요것 봐라 이채가 스친다.

민 차장　자네, 정보 분석관이잖아.

미현　정보 분석관이 이런 일을 하지는 않습니다.

민 차장　어차피 소속은 상관없어. 자네가 여기서 제일 얼굴이 반반하니까.

미현　(불쾌하지만 내색하지 않는)

민 차장　(거침없고 무례한) 미모도 무기야. 자네도 한때는 블랙을 꿈꾸지 않았나. 사무 직원은 머리를 쓰고 현장 요원은 몸을 쓰잖아. (미묘한 성희롱) 현장 요원 블랙이 됐다고 생각해. 잘해봐.

미현　(입 꾹 다무는) (대답 망설이는)

민 차장　(차가운 표정으로 돌변하는) 이건, 임무다. 제안이 아니라, 명령이야.

미현　(몸 바로 하는) 네.

민 차장　실패할 시 책임을 묻겠다.

미현　네. 알겠습니다.

#26 남산 (아침)

남산타워의 불이 꺼졌다 켜지고, 한강 너머로 해가 뜨고 진다.
앙상했던 벚나무에 새순이 돋아난다.

#27 [몽타주] 안기부/정보관리국/로비/복도/주차장/자판기 앞/화장실 앞

정보관리국. 넓은 사무실에 10여 명의 직원들이 일한다.
사무실 안쪽에 국장실이 따로 있고, 국장실에서 가장 먼 곳. 이미현의
책상이 있다.

몽타주
민 차장의 대사와 미현과 두식의 만남이 교차된다.

민 차장v.o 김두식은 신변 보고와 사격 연습을 위해 월 1회 본청에 와. 그걸 주 1회
로 변경할 거야. 김두식이 도착하는 시간을 미리 알려주지.
(E) 따르르르릉…!

미현 책상의 전화벨이 울린다. '정문 보안실' 램프가 켜진다.
미현이 내키지 않는 표정으로 전화를 받는다.

민 차장v.o 꽤 시간이 걸릴 거야. 눈치채지 않게 가까워져야 해.

cut to
김두식과 장주원이 안기부 로비에 들어선다.
미현이 서류를 잔뜩 안고 로비를 가로질러 지나간다.
두식이 스치듯 미현을 본다.

민 차장v.o 암호명을 쓰기 때문에, 이름조차 알아내기 쉽지 않을 거야.

cut to
(E) 따르르르릉…!

전화벨이 울린다. '정문 보안실' 램프.

미현이 전화를 받아 짧게 대답하고 일어선다.
김두식과 장주원이 지하 사격장으로 걸어간다. 벽에 '지하 1층 사격
장' 표지.
계단 입구 복도에서 서류 뭉치를 든 미현과 엇갈린다.
김두식이 힐끗 미현을 본다.
미현이 두식에게 눈길 한 번 주지 않고 지나간다.

민 차장v.o 상황을 만들어. 모든 게 자연스러워야 해.

cut to

(E) 따르르르릉…!

전화벨이 울린다. '정문 보안실' 램프.
김두식과 장주원이 복도를 걷는다.
복도 끝 자판기 앞에서 미현이 커피를 뽑고 있다.

민 차장v.o 그에게 접근하는 방법은 자네 재량에 달렸어.

cut to

(E) 따르르르릉…!

김두식과 장주원이 차(검정색 갤로퍼)에서 내린다.
미현이 주차장에서 자신의 차(흰색 티코) 보닛을 열어 엔진룸을 들여
다보고 있다.
두식이 미현을 힐끗 보면서 지나간다.
미현이 두식의 시선을 느끼면서 외면한다.

민 차장v.o 수단과 방법을 가리지 말고,

cut to

(E)   따르르르릉…!

두식이 남자 화장실에서 나오다가, 맞은편 여자 화장실에서 나오는
미현과 마주친다. 미현이 손을 씻었는지 손을 탈탈 털면서 지나간다.
두식이 자기 손을 보더니 손 씻으러 다시 화장실로 들어간다.

민 차장v.o 자네가 알아서 잘해봐.

cut to

(E)   따르르르릉…!

지하 사격장으로 가는 복도에서 미현과 두식이 엇갈린다.
미현은 뭐가 바쁜지 서둘러 지나간다.
두식이 지나가는 미현을 곁눈질한다.

#28 안기부 / 주차장 (오후)

(E)   따르르르릉…!

김두식과 장주원이 탄 차가 주차장 안으로 진입한다.
장주원이 운전하면서 두리번거리는데 주차장이 차로 가득 찼다.
주원이 차를 몰고 주차장을 빙빙 도는데 안쪽에 비어 있는 자리가 하
나 있다.
주원이 오예를 외치면서 진입하면 흰색 티코가 안쪽 깊숙이 주차되어
있다.

주원   (중얼) 뭔 쥐똥만 한 차를 안쪽에 대놨어….

옆자리에 앉은 두식이 티코를 보며 슬며시 웃는다.

인서트

주차장 앞 벚나무에 연초록의 잎들이 피어난다.

#29 **안기부/로비/복도/엘리베이터 (오후)**

김두식과 장주원이 안기부 로비에 들어서서 복도를 걷는다.
김두식과 장주원이 엘리베이터 문 앞에 서서 엘리베이터를 기다린다.
김두식은 내내 은근히 주변을 둘러보고 있다.
엘리베이터 문이 열리고 김두식과 장주원이 엘리베이터에 올라탄다.
문이 닫히려는 순간, 저쪽에서 누가 달려오는 소리가 들린다.
김두식이 얼른 열림 버튼을 누른다. 문이 열리고 다른 직원이 들어온다.
김두식의 무표정에 살짝 금이 간다.

#30 **안기부/1층/복도/자판기 앞 (저녁)**

(E)   따르르르릉…!

김두식과 장주원이 복도에 들어선다.
복도 끝 커피자판기 앞. 미현이 의자에 앉아서 커피를 마시고 있다.
두식이 멈칫한다.
두식이 복도의 엘리베이터를 지나쳐 자판기 쪽으로 걸어간다. 주원이
뒤따라 걷는다.
두식이 가까이 올 때쯤, 미현이 일어나서 복도 옆 비상계단으로 가버
린다.
미현이 가버리자, 두식이 멈칫한다.

주원   (따라 걷다가 멈칫) 뭡니까.

두식   커피 한잔 마시려고 했는데…

주원   커피?

두식   동전이 없네. (돌아서서 걸어가는)

주원이 왜 저러나 싶은 표정으로 쳐다보다가, 의미심장하게 묻는다.

주원   근무 중에 그래도 되는 겁니까?

두식   (가만히 쳐다보다가) 커피 한잔 정도는 괜찮아. (살짝 힘주어 말하는) 신변
        보고서에 일일이 적지 않아도 돼.

주원   (웃는)

미현이 비상계단에서 둘의 대화를 듣고 있다. 미현의 귀. (c.u)

#31   남산 전경 (오전)

남산이 초록으로 물들었다. 연초록으로 싱그러운 남산에 봄비가 내린다.

#32   안기부/주차장 (오전)

안기부 건물 주차장에 제법 많은 봄비가 내린다.

민 차장v.o 애로 사항이 있으면 언제든 말하게.

두식과 주원이 우산을 들고 차에서 내린다.
마침 미현이 비를 맞으며 앞서 지나간다.
미현이 뒤에서 다가오는 발걸음 소리를 듣는다.
미현이 슬쩍 발걸음을 늦추는데,
"아가씨. 우산 빌려줘?"

돌아보면 주원이 우산을 내밀었고, 두식이 우산을 건네려다 말고 엉거주춤 서 있다.

인서트

주차장 앞 벚나무에 꽃망울이 움트고 있다.

#33 **안기부/5차장실 (밤)**

김두식과 장주원이 민 차장 앞에 서 있다.
김두식은 주머니에 손을 넣고 있다.

민 차장 신변 보고를 주 2회로 늘리겠다.

두식 (쳐다보는)

주원 (뜨악한) 월 1회를 주 1회로 늘리더니 이젠 주 2회요? 우리가 보고할 게 뭐 있다고 그럽니까.

민 차장 사격 훈련도 늘릴 겸 보고 체계를 강화하는 거니까 그렇게 알게.

주원/두식 (민 차장 쳐다보는)

민 차장 구룡포는 남고, 문산은 나가보게.

주원/두식 (서로 쳐다보는)

민 차장 자네하고만 할 이야기가 있어서 그래.

주원 김 선배와 나는 한 팀인데 무슨 비밀이 있다고….

민 차장 (표정 싸늘해지는) 야. 장주원. (확 돌변하는) 밖으로만, 나돌다 보니, 직책도, 계급도, 상사도, 다 우스워졌냐. 씨발놈아.

민 차장이 자기 책상에 놓인 명패를 가리킨다. [국가안전기획부 제5차장 민용준]
화사한 옷을 입은 비서가 커피를 들고 들어오다가 험악한 분위기에 찔끔한다.

두식   (주원에게) 장형. 나 먼저 나가 있을게.

민 차장 (두식에게) 너도 마찬가지야. 상사에게 보고할 때 주머니에서 손은 빼
       야 할 거 아냐. 들어오고 나갈 때 경례도 안 해. 씨발놈들이.

두식   (주머니에 손 넣은 채 고개만 까딱하고 돌아선다)

민 차장 (눈썹 꿈틀하는)

김두식이 비서에게 괜찮다는 눈빛을 건네고 밖으로 나간다.
민 차장이 김두식의 뒤통수를 노려본다.
분위기가 살벌해지자 주원이 얼른 나선다.

주원   저에게만 하실 이야기가 뭡니까.

민 차장 (순식간에 점잖아진) 자네 그동안 임무 수행 중에 재물손괴 건이 너무
       많았어. (응접 테이블을 가리키며) 청구서 정리해뒀으니까 그간 밀린 경
       위서를 쓰도록 해.

주원   경위서요? 언제 거부터 말입니까?

민 차장 분기별로 나눠서 다 작성해.

응접 테이블에 청구서 뭉치와 경위서 용지가 수북하다. 주원의 좆됐
다는 표정.
비서가 조심스럽게 주원이 마실 커피를 놓아준다.

#34 안기부/복도/계단 (밤)

김두식이 주머니에 손을 넣고 설렁설렁 복도를 걸어 다닌다.
엘리베이터를 지나쳐 계단으로 한 층 한 층 내려가면서 복도를 훑어
본다.
층마다 둘러보지만, 직원들은 보이지 않고 사무실들 불은 꺼져 있다.
두식이 2층까지 내려와 텅 빈 복도를 걷다가 복도 벽시계를 보면 이

미 8시 반이다.

김두식이 저도 모르게 아쉬운 한숨을 옅게 내쉰다.

맥 빠진 표정으로 계단을 내려가는데, 1층 커피자판기 앞에 누가 서 있다.

계단을 내려갈수록 보이는 미현의 뒷모습. 두식의 입가가 웃음으로 샐쭉해진다.

#35 안기부/1층/복도/커피자판기 앞 (밤)

[자막: 5분 전] 미현이 커피자판기 앞에 서 있다.

고개를 들어 비상계단 위쪽을 보는 미현의 귀가 서서히 클로즈업된다.

(E) 저벅… 저벅… 저벅… 저벅… 저벅….

인서트

미현이 듣고 있는 발자국 소리와 합쳐지는 두식의 발걸음.

위층 복도를 걷고 있는 두식의 발자국 소리를 듣고 있는 미현.

발자국 소리가 계단을 내려오자, 미현이 자판기에 동전을 넣고 커피 버튼을 누른다.

(E) 저벅… 저벅… 턱. 터벅… 터벅… 터벅….

인서트

종이컵에 커피가 내려온다.

인서트

계단을 내려오는 두식의 발.

자판기 앞에 서서 뒤돌아보지 않는 미현.
자판기 커피가 다 내려졌지만, 종이컵을 꺼내지 않는 미현.

(E) 터벅…!

인서트

미현의 뒤에 다다른 두식의 발.

미현이 커피를 꺼내고 뒤돌아본다.

미현 아. 안녕하세요.

두식 네. 안녕하세요.

미현 몇 번… 봤죠?

두식 네. 오다가다 몇 번 봤습니다.

미현 여기가 오다가다 할 만한 곳이 아닌데….

두식 나도 여기 직원입니다. 외근직이라 마주칠 기회가 적었나 봅니다.

미현 아. 그렇군요. 정보관리국의 이미현이에요.

민 차장v.o 암호명을 쓰기 때문에, 이름조차 알아내기 쉽지 않을 거야.

두식 김두식입니다.

미현이 멈칫, 김두식을 쳐다본다.
아무 사심도 경계심도 없는 김두식의 표정.

미현 네. 또 봬요. 그럼 저는 이만. (가볍게 묵례하고 가려는데)

두식 잠깐만요.

미현 네?

두식 (막상 불러놓고 할 말이 없는) 그…

미현   음?

두식   (망설이다 다급하게) 동전… 있습니까?

두식이 왠지 어색한 표정으로 말을 흐린다.

(E)   짤랑….

인서트
미현의 귀. (c.u)

미현   네. 한잔 뽑아드릴까요?

두식   네.

인서트
바지 주머니 속 두식의 손. 주머니 안에 동전들이 있다.

뒤돌아서 자판기에 동전을 넣는 미현의 입가에 옅은 미소가 번진다.

#36 안기부/5차장실 (밤)

민 차장이 책상에 앉아서 컴퓨터를 보며 지뢰 찾기 게임을 하고 있다. 주원이 응접 소파에 앉아서 한숨을 푹푹 쉬며 경위서를 작성하고 있다. 민 차장이 우아하게 커피를 한 모금 마신다. 커피 맛이 안 좋은지 인상을 구긴다.

#37 안기부/로비/1층/복도/커피자판기 앞 (밤)

[따뜻한 배경 음악] 텅 빈 로비 안쪽의 긴 복도.
중간중간 형광등 불빛이 깜빡이는 긴 복도 끝에 커피자판기가 있다.

어둑한 복도 끝. 커피자판기 불빛 아래 의자.

두식과 미현이 나란히 앉아 있다.

미현과 두식이 천천히 커피를 마신다. 자판기 기계음만 작게 들린다.

(E) 우우웅--

인서트

주차장 앞 벚나무에 벚꽃잎이 콩알처럼 피어난다.

#38 룡정호텔/연회장 - 2년 전

테이블에 엎어지고 쓰러진 조선족들 사이로 하얀 연기가 퍼져나간다.

쓰러진 조선족들은 의식이 없는 것처럼 모두 눈을 감고 있다.

연회장 안에 순식간에 매캐한 최루탄 냄새가 퍼진다.

미현과 요원들이 사격 준비 자세로 매캐한 최루탄 연기를 견딘다.

시뻘건 눈으로 콜록 콜록 기침하면서도 자세를 흩트리지 않는다.

상구 훈련들 잘 받았네. 간첩 새끼들은 얼마나 더 버티는지 보자.

상구가 최루탄 연기를 누비며 조선족들의 얼굴을 확인한다.

테이블에 엎어진 조선족 한 명이 눈을 질끈 감는다.

코를 씰룩이며 사력을 다해 참아보지만, 에췩!! 저도 모르게 재채기하
는 조선족.

(E) 푸슉!!

재채기한 조선족이 상구의 총에 맞아 죽는다.

또 다른 조선족 한 명이 벌떡 일어나 문으로 달려가지만 문이 잠겨 있다.

(E)   푸슉!!

상구의 총구가 불을 뿜는다. 조선족이 문 앞에서 죽는다.
엎드린 조선족들의 질끈 감은 눈에서 눈물이 비어져 나온다.
그 광경을 지켜보는 미현의 눈가가 떨린다.
상구가 주변을 돌아보면, 요원들이 최루탄을 견디느라 모두 눈물 콧
물 범벅이다.
요원들 사이, 미현이 충혈된 눈으로 꼿꼿이 서서 최루탄을 견디고 있다.

상구   (의외라는 듯) 최연소 수석이라더니 제법이네?
미현   (충혈된 눈 부릅뜨고 쳐다보는)
상구   (서빙카트 가리키며) 어이. 수석. 최루탄 하나 더 까봐.

미현의 충혈된 눈.
눈 한 번 깜빡이지 않았던 미현의 눈에 눈물이 고인다.

[#]39 미현 집/방 (아침)

(E)   따르르르르르--!!!

오전 6시 10분. 침대 옆 알람 시계를 누르는 미현의 손.
미현이 땀에 흠뻑 젖어 잠에서 깬다.
멍한 표정으로 앉았다가 부스스 일어선다.

[#]40 미현 집/외관 (아침)

낡은 주공아파트, 베이지색이었을 건물 색이 바래서 무채색으로 보인다.
5층에 보라색 커튼이 걸려 있는 베란다 창문이 보인다.
보라색 커튼 틈으로 거실이 보이고, 욕실에서 나오는 미현이 보인다.

미현 집/방/현관 (아침)

미현이 옷장 문을 연다. 옷장에 걸린 옷들이 전부 무채색의 정장들뿐이다.

미현이 대충 아무 옷이나 걸쳐 입는다.

출근 전 거실에 볕을 들이려고 커튼을 걷는다. 멀리 남산타워가 보인다.

미현이 다시 옷장으로 간다. 옷들의 주머니를 뒤져 백 원짜리 동전들을 챙긴다.

cut to_ 현관

미현이 신발장의 작은 접시에서 차 키를 챙겨 나간다.

42 **안기부/5차장실/비서실 (점심)**

결재서류와 종이가방을 든 여운규 국장이 문을 열고 들어온다.

책상에 앉아 있던 비서가 얼른 일어선다. 20대 초반의 비서는 연두색 정장을 입었다.

여 국장 계셔?

비서 네. 계십니다.

비서가 얼른 일어서서 커피포트를 챙기는데,

여 국장 물이나 끓여서 들여와. 니가 끓인 커피 맛없대. (들어가는)

비서 (불쌍하게 일그러지는 표정)

43 **안기부/5차장실 (점심)**

민 차장이 신문을 보고 있고, 테이블 맞은편에 여 국장이 앉아 있다.

테이블에 종이가방(8mm 비디오테이프가 든)과 결재서류가 놓여 있다.

민 차장 (보던 신문 테이블에 던지는) 이건 뭐 손발이 맞아야 해먹지….

신문 헤드라인. **[남북 특사 교환을 위한 7차 실무접촉회의 판문점 개최]**

여 국장 괜찮겠죠?

민 차장 통일 그렇게 쉽게 안 돼. 하지만 긴장 놓지 마. 바짝 긴장하고 있어야 긴장 관계가 유지되는 거야.

여 국장 네. 저희 정보관리국도 예의주시하고 있습니다. 7차 회의까지 왔지만, 남북 관계에 큰 진전이 없습니다. 그럼에도 곧 통일이 될지도 모른다는 희망에 들뜬 사회 분위기는 있습니다.

민 차장 (피식) 희망? 조만간 그 망상을 박살내주지.

여 국장 (궁금한데 차마 묻지 못하는)

비서가 들어와서 뜨거운 물이 담긴 커피잔과 커피세트를 테이블에 내려놓는다.
여 국장이 얼른 받아서 커피 병을 연다. 할 일을 뺏긴 비서가 우물쭈물 나간다.
여 국장이 본차이나 커피잔에 커피와 프림을 넣고 설탕을 두 스푼 넣는다.

여 국장 (커피 저으며) 이미현은 어떻습니까. 쓸 만하십니까?

민 차장 장주원이 걸리적거린대서 치워준 것 외에는 별다른 요청 없었네. 아직 시간이 있으니 지켜봐야지.

여 국장이 민 차장의 표정을 살피며 은근한 표정으로 커피를 밀어준다.

여 국장 왜 하필 이미현이었습니까?

민 차장 해외 파트였고, 나름 요원 출신이잖아.

여 국장 (자기 커피도 타는) 하지만 저희 팀에는 다른 직원도…

민 차장 왜? 이미현이 마음에 안 드나?

여 국장 아닙니다. 이미현이 나름 뛰어나고 이력이 특이한 것은 사실이지만…

민 차장 (결재서류 펼치며) 반반하잖아.

민 차장이 커피를 마시면서 건성으로 결재한다.
여 국장이 커피 한 모금 마시며 조심스럽게 말을 꺼낸다.

여 국장 (주저하는) 사실… 이미현이 임무를 망칠까봐 그렇습니다. 이미현이 블랙이 되지 못했던 이유가 있는데…

민 차장 (커피에 설탕 한 스푼 더 넣으며) 갈매기 작전에서 닭짓 했던 거?

여 국장 (알고 있었냐는 표정으로 놀라는)

민 차장 (피식) 희대의 멍청한 짓이었지. 힘들게 쌓은 경력을 한 방에 다 깎아 먹고, 철저한 내부 감찰에 혹독한 사상검열까지 받아야 했으니까.

여 국장 알고 계셨군요.

민 차장 큰 실패가 있었기 때문에 적임자이기도 하지. 이번 임무마저 실패하면 징계를 피할 수 없다는 걸 본인도 알거든.

여 국장 그렇군요.

민 차장 개 잡는 일에 닭 쓰는 거야. 둘이 자주 마주칠 환경을 만들어.

여 국장 네. 매일 야근 시키고 있습니다.

민 차장 (결재서류 툭 던져주) 가봐.

여 국장 (결재서류 챙기며 일어서는) 네.

여 국장이 종이가방은 놔둔 채, 결재서류를 챙겨서 일어서려는데,

민 차장 (커피잔 내려놓으며) 아.

여 국장 (얼른) 아. 네. 추가 지시사항이라도.

민 차장 다음부턴 설탕 세 스푼 넣어.

여 국장 네….

#44 남산타워/전경 (저녁)

남산타워 뒤로 저녁노을이 지고 하늘이 분홍빛으로 곱게 물든다.

#45 안기부/로비/1층/복도/커피자판기 앞 (저녁)

미현이 엘리베이터 버튼을 누른다. 문이 열리길 기다리다 옅은 미소를 짓는다.

고개를 돌려 자판기 쪽을 보는데, 복도 끝 자판기 앞에 민 차장의 비서가 서 있다.

미현이 시력을 돋궈 바라보면, 비서는 양손에 종이컵을 들고 커피를 마시고 있다.

갸우뚱하며 커피 한 모금 다시 마시는 비서. 여전히 잘 모르겠는 표정이다.

어쩐지 짠한 비서의 표정이 미현의 시선을 붙잡는다.

#46 안기부/정보관리국 (저녁)

벽시계가 5시 55분을 가리킨다. 전 직원이 자리에 앉아 업무를 보고 있다.

정각 6시. 국장실 안에서 여 국장이 전면 유리창의 블라인드를 걷는다. 여 국장이 국장실에서 나오다가 미현을 보고,

여 국장 미쓰리. 내가 준 일은?

미현 내일까지 다 끝낼 수 있을 것 같습니다.

여 국장 오늘 다 끝내고 내일 아침 출근하면 바로 보고해.

미현   (쳐다보다) 네.

여 국장 (직원들 보고) 다들 일 끝나면 알아서 퇴근들 해.

여 국장이 문을 열고 나간다.

여 국장이 나가자마자 전 직원이 일제히 퇴근을 서두른다.

직원들이 혼자 남겨진 미현에게 수고하란 말도 없이 밖으로 나가버린다.

순식간에 모든 직원이 빠져나가고 텅 빈 사무실.

미현이 기지개를 켜고 어깨를 주무르며 책상에 엎드린다.

한참 엎드려 있던 미현이 고개를 돌려 전화기를 쳐다본다.

물끄러미 전화기를 보는 미현의 시선.

(E)   따르르르릉…!

'정문 보안실' 램프등에 불이 들어온다.

미현이 저도 모르게 벌떡 일어선다.

#47 안기부 / 주차장 (늦은 저녁)

두식과 주원이 차에서 내린다. 주차장 맞은편에 미현의 티코가 보인다.

주원이 앞서 걷다 뒤돌아보면, 두식이 사이드미러를 보면서 머리를

매만지고 있다.

두식   (주원과 눈 마주치자, 괜히) 빽밀러에 뭐가 묻어서.

주원   (왜 저러나 표정)

두식과 주원이 주차장을 가로질러 안기부 건물로 들어선다.

퇴근하고 나오는 직원들과 엇갈린다. 두식이 은근히 주변을 살핀다.

안기부/복도/엘리베이터 (늦은 저녁)

두식이 로비를 느리게 걷는다. 앞서 걷던 주원이 자꾸 뒤돌아본다.
두식이 복도 끝 자판기를 쳐다본다. 주원이 엘리베이터에 먼저 도착해 버튼을 누른다.
엘리베이터 문이 열린다. 느릿느릿 걸어오는 두식을 보며 주원이 갸우뚱한다.
주원이 쳐다보자, 마지못해 엘리베이터에 들어서는 두식의 표정에 아쉬움이 비친다.
엘리베이터 문이 닫히려는데, 복도 저쪽에서 누군가 달려오는 소리가 들린다.
두식이 전광석화처럼 손을 뻗어 문을 잡는다. 주원이 반사적으로 재킷에 손을 넣는다.

주원　(재킷에서 손 빼며) 와씨 놀래라. 총 뽑을 뻔했네.

두식이 주원의 타박을 못 들은 척 딴청한다.
엘리베이터 문이 다시 열리고, 뛰어온 미현이 안으로 들어선다.

미현　아. 고맙습니다.

미현이 눈인사하자 두식이 가볍게 묵례한다.
서류 뭉치를 잔뜩 들고 달려온 미현이 숨을 고른다. 후우- 후우-
두식이 받아줄까 망설이며 손을 꼼지락거리는데, 주원이 미현과 두식 사이에 선다.
주원에 가린 미현을 곁눈질하려고 두식이 슬쩍 앞으로 나서는데

주원　(불쑥 나서서 두식 가리며) 아가씨. 자주 보네. 몇 층 가?

미현	(슥 보며) 5층 가.
주원	(어라) 응?
미현	5층.
주원	(헛웃음) 허.

주원이 버튼을 누르고 엘리베이터가 올라간다.

인서트

2층 램프 반짝.

셋은 엘리베이터의 올라가는 층수 숫자를 물끄러미 본다.

인서트

3층 램프 반짝.

두식이 눈동자만 굴려서 미현을 곁눈질한다.
미현은 두식의 곁눈질을 시치미 떼고 층수 램프만 본다.

인서트

4층 램프 반짝.

층수가 올라갈수록 초조해지는 두식. 입이 바짝바짝 마르는 두식. 마른침을 삼키는 두식의 목젖이 꿀렁거린다.
미현의 귀. (c.u) 두식의 꿀꺽 소리를 듣고 미현이 자기도 모르게 픕 웃는다.
미현의 웃음소리에 주원이 쳐다본다. 미현이 아닌 척 정색한다.

인서트

5층 램프 반짝.

(E)   떵-!

문이 슬로 모션으로 열리고오오 미현이 내리는데에에

두식   들어드릴까요.

주원   (어리둥절) 뭘.

미현   (생각해낸 게 겨우 그거냐는 표정)

두식   서류가 무거워 보입니다.

주원   (미현의 많지 않은 서류더미 보는) 뭐가.

미현   (잽싸게 서류더미 든 손이 아래로 처진다) 그러게요. 무겁네요.

두식   (엘리베이터 나가며) 장형. 먼저 올라가. 옮겨드리고 갈게.

주원   (벙찐) 주간 보고는 어떡하 (문이 닫힌다)

주원의 벙찐 얼굴을 뒤로하고 문이 스르르 닫힌다.
두식과 미현이 멀뚱하게 서로를 바라본다. 잠시 어색한 정적.
미현이 서류더미를 턱 하고 두식에게 건넨다.
두식이 서류더미를 받아 드는데 가볍다.
미현이 앞장서 복도를 걷고 두식이 서류더미를 들고 따라 걷는다.
모두 퇴근해서 아무도 없는 긴 복도를 둘이 앞뒤로 약간 떨어져서 걷는다.

(E)   또각또각 저벅저벅짤랑 또각또각 저벅저벅짤랑 또각또각 저벅저벅짤랑

미현의 귀. (c.u)

미현이 두식의 바지 주머니에 가득한 동전 소리를 듣는다.
앞서 걷던 미현이 중얼거린다.

미현　(혼잣말처럼) 아. 커피….

두식　(대뜸) 나 동전 있습니다.

미현　자판기가 1층에 있는데….

두식　가시죠.

복도를 다시 돌아서 엘리베이터 쪽으로 걷는 미현과 두식.
앞뒤로 떨어져서 따로 걷던 둘이 옆으로 나란히 함께 걸어간다.
건물 밖. 벚나무에 벚꽃이 활짝 피었다.

#49 안기부/5차장실 (늦은 저녁)

민 차장이 TV를 보고 있다. 응접 테이블에 경위서 뭉치가 쌓여 있다.
주원이 혼자 문을 열고 들어오면, 얼른 리모컨으로 TV를 끈다.

민 차장　왜 혼자야.

주원　어. 그게… 선배가 어떤 여직원 뭐 좀 도와준다고… 곧 올 겁니다.

민 차장　(씰룩) 그렇군. (경위서 뭉치 가리키며) 자네는 저거나 작성하게.

주원　(오만상)

#50 안기부/1층/복도/커피자판기 앞 (늦은 저녁)

복도 끝, 자판기 앞 의자에 미현과 두식이 나란히 앉아서 커피를 마신다.
둘은 아무 말 없이 그저 조용히 커피만 마실 뿐이다.
미현의 옆에 서류더미가 아무렇게나 놓여 있다.
커피자판기에서 새어 나오는 은은한 불빛이 따뜻하게 느껴진다.
고요한 공간. 자판기 돌아가는 기계음만 작게 들린다.

(E)　　　우우웅--

#51　　**남산타워 (밤)**

남산타워에 불이 켜진다. 남산에 온통 벚꽃이 만발한다.

#52　　**룡정호텔/연회장 - 2년 전**

매캐한 최루탄 연기가 자욱하다.

상구　　(서빙카트 가리키며) 어이. 수석. 최루탄 하나 더 까봐.

미현이 서빙카트를 들추면 각종 무기들이 있다.
요원들 몇이 최루탄 연기를 참지 못하고 눈을 깜빡인다.

상구　　(요원들에게 눈 부라리며) 눈들 똑바로 안 떠! 잘 봐. 조금이라도 움직이
는 놈들이 간첩이다.

요원들이 충혈된 눈을 치켜뜨고 조선족들을 주시한다.
눈을 질끈 감고 있는 조선족들 몇몇이 금방이라도 재채기가 터질 듯
이 움찔거린다.
미현의 귀에 조선족들의 괴로운 신음 소리가 들린다. 미현의 귀. (c.u)
요원들의 치켜뜬 눈. 조선족들의 질끈 감은 눈.

상구　　(미현 윽박지르는) 뭐 해! 최루탄 하나 더 까라니까!

미현이 서빙카트 안의 최루탄에 손을 뻗는다. 떨리는 미현의 손.

(E)　　　따르르르르르르------!!!!!!

#53 미현 집/방/거실 (아침)

미현이 손을 뻗어 알람 시계를 끈다.
오전 6시 10분. 한숨을 쉬며 침대에 앉는다.

cut to_ 미현이 거실 베란다의 보라색 커튼을 활짝 젖힌다. 남산에 벚꽃이 만발했다.
cut to_ 미현이 욕실에서 머리를 말리며 나온다.
cut to_ 미현이 4인용 식탁에 혼자 앉아서 밥을 먹는다.
cut to_ 미현이 옷장 안을 들여다본다. 옷장 안의 옷들이 전부 무채색의 정장이다.

미현이 옷을 골라보지만, 색도 디자인도 다 그게 그거다.
신중한 표정으로 제 몸에 옷을 대보다가 멈칫한다.

미현   (중얼) 나 뭐 하니.

#54 안기부/복도 (저녁)

김두식. 장주원. 이미현이 엘리베이터 문 앞에 우두커니 서 있다.
문이 열리길 기다리며 멀뚱하니 서 있는 세 사람. 우스꽝스러운 정적.

두식   (주원에게) 먼저 올라가.
미현   (멀쩡히 들고 있던 서류더미가 갑자기 무거운 듯 어깨가 축 처진다)
주원   아니. 이제 뭐가 이렇게 당연해.
두식   (미현의 서류더미를 건네받는다)
주원   (두식을 보다 미현에게) 아가씨. 이게 무거워?
미현   응.
주원   (멈칫)

주원이 잘못 들었나 싶어서 둘을 보는데, 미현도 두식도 아무렇지 않다.

주원 (애써 점잖은) 저기. 아가씨? 나도 사실 이런 거 지적하는 타입이 아니라서 말을 안 했어. 저번에는 아가씨가 그냥 말실수했겠거니 생각했지. 그런데 오늘 들어보니 실수가 아니네? 아가씨는 저번에도, 지금도, 나한테 반말을 하네? 물론, 나도 초면에 아가씨한테 먼저 반말을 한 것은 매너가 아니었지. 어. 인정. 그래. 인정해. 나도 밖에서는 그렇게 안 해. 하지만 말이야. 우리가 속해 있는 이곳은 조직의 성격을 띠고 있는 특수한… 알지? 무슨 말인지? 이건 그냥 봐도 내가 아가씨보다 나이도 훨씬 많고

미현 응. 맞아. 니가 나보다 여덟 살 많더라고.

주원 (벙찐) 니? 니이? (한숨 푹) 알았어. 알았어. 나도 나이 많다고 유세 떨지는 않겠어. 나 그런 사람 아니야. (두식 보며) 이쪽이 나한테 말 놓는다고 아가씨까지 헷갈리면 안 돼. 이 사람은 내 선배거든. (강조하며) 그렇듯, 여기, 이곳, 우리가 속한 조직은, 분명히 계급이 있는

미현 57기라매?

주원 (말문 턱)

미현 (혼잣말처럼) 우리가 속한 조직은, 분명히 계급이 있고.

주원을 보는 미현의 고개가 삐딱해진다.
주원의 표정이 왠지 불안해진다.

(E) 떵-!

경쾌한 음과 함께 엘리베이터 문이 열린다. 셋 다 타지 않는다.
정적이 흐른다. 주원이 불안한 표정으로 미현의 눈치를 살피며 묻는다.

주원	(불안한) 혹시…
미현	응. 나 54기.
주원	(놀란) 에? 에헤이 설마… 지, 진짜…? (미현의 덤덤한 표정 보고) …입니까? 아니… 나이가 얼마나 되는… 시는데…
미현	나 최연소 수료자였어.

주원이 안절부절못한다. 미현이 계속 똑바로 쳐다보자, 경례를 해야 하나 말아야 하나 손을 꼼지락거리며, 미현의 시선을 피하는데, 열렸던 엘리베이터 문이 다시 닫힌다. 두식이 손을 뻗어 닫히는 문을 다시 열어준다.

주원	(존댓말도 반말도 아닌 미묘한) 그… 본인은… 저간의 특별한 사정으로 사회생활을 하다가 특채되었기에, 요원 기수만 밀렸을 뿐… 본인은 최정예 요원으로… 같은 기간 다른 요원의 몇 배에 달하는 임무를… (당황해서 사투리 나오는) 으쑤로…
미현	응. 어쨌든 57기.
주원	(말문 막히는) 그, 그런데 제 기수는 어떻게… (두식 보는)

주원이 원망 가득한 눈으로 두식을 보는데, 엘리베이터 문이 다시 닫힌다.
두식이 다시 문을 잡아주자, 주원이 얼른 엘리베이터에 들어가 버린다.

#55 안기부/5차장실 (저녁)

혼자 들어오는 주원의 표정이 억울하다. 민 차장이 TV를 끈다.

민 차장	왜 또 혼자야.
주원	(둘러대는) 김 선배… 그… 어떤 직원 뭐 좀 도와줘야 해서….

민 차장 그래? (테이블 위 경위서 뭉치 턱짓하며) 대충 마무리 짓고 가게.

주원 (어?) 주간 보고 안 받습니까.

민 차장 (일어서며) 됐어. 매번 빤한 주간 보고는 이제 축소하지.

민 차장이 책상 위에 널려 있는 8mm 비디오테이프를 대충 서랍에 쓸어 넣는다.

주원이 얼떨떨해서 쳐다보는데, 민 차장이 뒤도 안 돌아보고 사무실을 나간다.

#56 안기부／1층／복도／커피자판기 앞 (저녁)

미현과 두식이 복도 끝 자판기 앞 의자에 나란히 앉아 있다.

두식 (커피 마시며) 제 파트너 기수는 어떻게 알았습니까?

미현 (커피 컵 들여다보며) 나는 정보 분석관이니까요. 1급 기밀 외에는 모든 정보를 열람할 수 있어요.

두식 그렇군요.

미현 그런데 파트너분 암호명이 구룡포더군요. 굉장히 과격한 암호명이어서 특이했어요. 뭔가 무협지에나 나올 만한… 그분 인상과 체격도 그렇고, 아홉 마리 용 같은… 뭐 그런 건가요?

두식 우리는 태어난 곳을 암호명으로 합니다. 제 파트너 고향이 포항 구룡포예요.

미현 아… 과메기….

두식 (끄덕)

미현이 픕 웃음을 터뜨린다. 두식이 미소 짓는다. 둘의 모습이 다정해 보인다.

저 멀리, 복도의 엘리베이터가 열리더니 민 차장이 내린다.

민 차장이 미현과 두식의 모습을 슬쩍 보더니 그대로 지나간다.
복도 끝 자판기 앞.
김두식과 이미현이 민 차장의 뒷모습을 보고 있다.
민 차장이 지나간 다음에야, 웃음을 멈추고 다시 천천히 커피를 마시는 두 사람.

두식   (커피 마시며) 민 차장이죠?

멈칫, 미현이 종이컵을 입에 댄 채 두식을 본다.
두식은 더 묻지 않는다.

미현   (컵 내리며 차분하게) 네. 역시 알고 계셨네요.
두식   미현씨도 제가 알고 있다는 걸 알고 계셨네요.
미현   (담담한) 김두식씨는 언제 아셨죠?
두식   들고 다니는 서류가 매번 같았으니까요.
미현   그랬군요.

인서트_ #24
미현의 가슴이 아닌 서류를 보고 있던 두식. 서류 서식 넘버. (c.u)

인서트_ #27
서류를 들고 두식과 엇갈리고 마주쳤던 미현. 서류 서식 넘버. (c.u)

미현이 종이컵을 내려놓는다. 미현의 옆에 놓여 있는 서류.
#24, #27과 같은 서류다.

미현   (한숨) 어쨌건, 나는 주어진 임무를 성실히 수행했으나 실패했군요.

두식	왠지 홀가분해 보이는군요.
미현	미안합니다. 민 차장님이 하달한 임무라서 어쩔 수 없었습니다.
두식	이해합니다. 민 차장, 무서운 사람입니다. 목표를 위해 수단과 방법을 가리지 않아요. 치밀하게 계략을 세우고 사람을 도구로 사용하는 데 거침이 없습니다.
미현	네.
두식	힘드셨겠군요.
미현	뭐. 이것저것. 무엇보다, 야근이 늘어서 힘들었어요.
두식	고생 많으셨습니다. 수고하셨습니다.
미현	감사합니다.

미현이 기지개를 켠다.
일이 다 끝났다는 듯, 미현이 서류를 챙겨 일어서려는데,

두식	혹시… 어떤 점이 또 힘들었는지 물어봐도 되겠습니까?
미현	난 사실 커피를 좋아하지 않아요.
두식	나도 그렇습니다.

미현과 두식이 의자에 놓여 있는 커피 컵을 본다. 두 컵 다 비어 있다.
둘이 마주 보며 옅게 웃는다.

미현	아, 그리고 야근 때마다 저녁 못 먹는 게 힘들더군요. 난 삼시세끼 다 챙겨 먹는 타입이거든요.
두식	나도 그렇습니다.

#57 남산/남산돈까스 (늦은 저녁)
식당 라디오에서 대중가요가 흘러나온다.

손님이 뜸한 식당 창가 테이블에 미현과 두식이 마주 앉아 있다.
식당 사장이 노래를 흥얼거리며 큼지막한 돈가스 두 접시를 테이블에
놓고 간다.

미현   (돈가스를 보며) 엄청 크네요.

두식   왕돈까스예요. 남산에 오는 유일한 즐거움이에요. 식사 때가 지나서
       그나마 자리가 있는 거예요. 이 집 때문에 한 20년 후쯤엔 남산이 돈
       까스로 유명해질 겁니다.

미현   와. 그래도 이건 너무 큰데… 보통 싸이즈 메뉴도 따로 있어야겠어요.

두식   (돈가스 칼질하며) 먹어보세요. 다 먹을 수 있을 거예요.

미현   (칼질하며) 돈까스 좋아하시나 봐요.

두식   (우물우물) 쏘쓰에 뭔가 비법이 있는지 엄청 맛있거든요.

       미현이 돈가스를 맛있게 먹는 두식을 본다.
       미현도 돈가스 한 조각을 입에 넣고 천천히 맛을 음미하며 씹더니,

미현   (우물우물 중얼중얼) 버터에 케찹… 설탕… 간장… 후추… 식초… 양파…

두식   (볼 불룩해서 쳐다보는)

미현   그리고… 아, 사과가 들어갔군요. (대수롭지 않은 표정으로 다시 먹는)

두식   그런 걸 맛만 봐도 알아요?

미현   내가 좀 감각이 남달라요. 조금 많이.

두식   (옅게 웃는다)

미현   (중얼) 진짠데.

두식   알아요.

미현   (음?)

       둘이 다시 말없이 돈가스를 먹는다.

식당 라디오에서 나오는 노래만 들린다.

cut to

돈가스 접시가 깨끗이 비워졌다. 두식이 식당 카운터의 커피자판기를
본다.

cut to

테이블 위에 율무차 두 잔이 놓여 있다.

두식   그나저나 임무를 실패해서 어떡합니까.

미현   (율무차 천천히 마시며) 괜찮아요. 임무 망쳐본 게 처음도 아니고.

두식   (안쓰럽다는 표정)

미현   그 표정 뭐예요?

두식   (얼른) 아닙니다. (율무차 빨리 마시는)

미현   (율무차 천천히 마시는) 김두식씨도 임무 실패해본 적 있지 않아요?

두식   전 딱 한 번입니다.

미현   (왠지 얄미운) 네에 알겠습니다. 어쩌다 한 번을 실패하셨을까나. 어쨌
            든 백 퍼센트 성공률은 아니네요. 구십구 퍼센트?

두식   임무 백 번도 훨씬 넘게 했습니다. 구십 구점 구 퍼센트라고 해두죠.

미현   장하십니다.

두식   (중얼) 속이 꽉 찬 남자 구십 구점 구….

미현   네?

식당 라디오에서 노래가 흘러나온다. 배일호 「99.9」

(F)   속이 꽉 찬 남자 구십 구점 구, 사랑도 구십 구점 구. 거짓 없는 마음
            하나로 당신만을 기다리잖아.

미현이 왜 저래 쳐다보는데, 두식은 율무차를 원샷한다.

미현   그거 맛있었어요?

두식   네?

미현   보통 커피나 차를 마시는 이유가 천천히 마시면서 대화하려고 하는
          거 아니에요?

두식   (멍청) 아….

미현   (피식 웃는)

둘이 마주 보며 웃는다. 창밖 길가에 벚꽃이 활짝 피었다. 벚꽃잎이
흩날린다.

#58 남산/길/안기부 주차장 (밤)

벚꽃잎이 흩날린다. 두식과 미현이 벚꽃이 활짝 핀 남산 길을 걷는다.
둘은 아무 말 없이 꽃잎 흩날리는 길을 한참 걷기만 한다.
한참을 더 걸어 안기부 마당에 들어서는 두 사람.

두식   (불쑥) 이제 야근은 안 하시겠군요.

미현   네. 내일 차장님께 임무 실패를 보고해야지요.

두식   (뭐라고 말하려다가 마는)

둘은 다시 말없이 걷는다. 안기부 건물 한쪽 구석에 허름한 관리실(컨
테이너)이 있다. 관리실에서 소사(60대)가 고개를 내밀었다가 분위기
를 보고 슬쩍 들어간다.

두식   임무 들킨 거 말입니다. 일부러 그런 겁니까. 대충 하다 그런 겁니까.

미현   드라마 보니까, 여자가 뭐 들고 가다가 남자랑 복도에서 부딪치고, 뭐

그렇게들 가까워지더라고요.

두식 그건 드라마고요.

미현 그럴 수도 있죠.

두식 그럴 수도 있겠죠. 하필 그 사람이 재벌 2세고요.

미현 드라마도 봐요?

두식 안 봅니다.

미현 (쳐다보는)

두식 (외면하는)

미현이 피식 웃는다. 웃음은 꼬리가 잘리고 미현이 진지하게 말한다.

미현 내키지 않는 임무가 주어졌지만, 하기는 해야 했으니까요.

두식 그렇군요.

두 사람이 주차장에 들어선다. 어색한 침묵 속에 벚꽃잎이 흩날린다.

두식 지금은 어떻습니까.

미현 네?

두식 지금도 내키지 않는 임무입니까?

미현이 대답하려는데, (E) 빠앙! 클랙슨이 울리더니 주차장 차의 상향
등이 켜진다.
주원이 운전석에 앉아 유리창을 내리면서

주원 (고개 내밀고) 선배! 어디 갔다 이제⋯ (미현을 보고 슬그머니 다시 고개 집
어넣고 유리창을 올리며 의자 밑으로 몸이 꺼진다)

미현 (급 못 본 척하는 주원 보며 웃는) 선배라길래 나 부르는 줄 알았네.

두식   (미현의 웃는 모습 보고 웃는다)

미현과 두식이 마주 웃는데 둘의 웃음이 상쾌하다.
운전석에서 둘을 보는 주원의 입가에 옅은 미소가 스친다.
미현과 두식의 웃음이 옅은 한숨과 함께 서서히 잦아든다.

두식   이미현씨. 혹시 마음에 담아두고 있다면… 임무 실패는 잊으세요. 내
            키지 않는 임무는 실패하는 게 맞습니다.
미현   요원이 그래도 되나요?
두식   사람이니까요.
미현   (쳐다보는)
두식   (힘주어 말하는) 의도된 실패는 실패가 아닙니다. 임무 성공률 구십 구
            점 구 퍼센트의 꽉 찬 선배가 하는 말이니 믿으세요. 잊으세요.

미현이 잔잔히 웃는다. 벚꽃잎이 흩날린다.

두식   수고하셨습니다.
미현   수고하세요.

두식과 미현이 묵례를 나눈 후, 더없이 쿨하게 돌아서서 각자의 차에
올라탄다.

#59 안기부/주차장 (밤)
주차장을 나선 두 대의 차가 엇갈려 각자 다른 방향으로 간다.

#60 갤로퍼/차 안/남산길/3호 터널 방면 (밤)
주원이 운전하고 두식이 옆에 앉아 있다. 둘 다 말이 없다.

벚꽃잎이 어지럽게 날려와 유리창 앞에 붙는다.
주원이 와이퍼를 켠다.

주원 (중얼) 올해는 벚꽃이 빨리 지네….
두식 아쉬운가.
주원 올해 유난히 더울 것 같아서 그럽니다.

와이퍼에 밀린 벚꽃잎들이 차창 옆으로 흐드러지게 날린다.
두식이 흩날리는 벚꽃을 보며 나직하게 혼잣말을 한다.

두식 난 아쉽군.
주원 (쳐다보는)

차창 밖으로 벚꽃잎들이 흩날린다.

#61 티코/차 안/남산길/1호 터널 방면 (밤)

미현의 차가 남산 길을 달린다. 벚꽃잎들이 날아와 유리창 앞에 붙는다.
미현이 와이퍼를 켜려다가 만다. 와이퍼를 켜는 대신 속도를 올린다.
유리창에 붙어 있던 벚꽃잎들이 바람에 날린다. 열린 창으로 벚꽃잎
이 날아 들어온다.

#62 서울 시내/도로가 (밤)

주원의 차가 길가에 선다. 두식이 차에서 내리는데

주원 선배. 이거.

두식이 앉았던 조수석 시트에 백 원짜리 동전들이 떨어져 있다.

주원   (동전 주우며) 뭘 백 원짜리를 이렇게 많이 갖고 다녀….

두식   (얼른 동전들 뺏으며) 내 거야.

주원   (구시렁) 누가 안 준댔나.

#63 미현 집/현관 (밤)

현관문이 열린다. 미현이 들어서면 현관의 센서등이 켜진다.
현관 거울에 비친 자신을 보면 머리며 옷이며 온통 벚꽃잎들이 묻어
있다.
미현이 옷을 터는데 짤랑거리는 소리가 들린다.
주머니에서 꺼내 보면 손바닥에 백 원짜리 동전이 수북하다.
미현의 머리에 얹어졌던 벚꽃잎 하나가 동전들 위로 내려와 앉는다.
미현이 옅게 웃는다. 신발장의 작은 접시에 백 원짜리 동전들을 올려
놓는다.

#64 안기부/1층/복도/커피자판기 (밤)

텅 빈 복도. 커피자판기가 홀로 불을 밝히고 있다.
커피자판기의 커피 메뉴에 '100원' 글자가 밝다.
자판기 돌아가는 기계음이 은은하게 들린다.

(E)   우우웅- 철컥-

#65 룡정호텔/연회장 – 2년 전

상구   (미현 윽박지르는) 뭐 해! 최루탄 하나 더 까라니까!

미현이 서빙카트 안의 최루탄에 손을 뻗는다.
미현의 귀가 클로즈업된다.

cut to/cut to

미현의 귀 / 곳곳에서 들려오는 조선족들의 괴로운 신음 소리들.

미현의 귀 / 살기 위해 이 악물고 버티는 억누른 울음소리들.

미현의 귀 / 재채기를 참지 못하고 터뜨리기 직전의 숨소리들.

미현의 충혈된 눈에서 눈물이 흐른다.

미현이 굳게 잠겨 있는 연회장 문을 본다. 미현의 동공이 확장된다. (c.u)

미현이 탄을 꺼낸다.

상구의 시선으로 보면, 눈을 질끈 감은 미현이 안전핀을 뽑아 연회장에 탄을 던진다.

눈을 치켜뜨고 있는 요원들과 상구. 눈을 질끈 감고 있는 조선족들.

슬로 모션

안전 클립이 튕겨지고 호선을 그으며 날아간다. 상구의 눈이 커진다.

상구   (버럭) 야이 쌍 닭대가리야!! 그건!!

(E)   뻐엉-!!!

최루탄이 아닌 섬광탄이 터진다.

굉음과 함께 폭사하는 섬광. 시야가 눈부시게 하얘진다.

#66 미현 집/방 (아침)

하얗게 부서지는 아침 햇살이 방 안에 가득하다.

미현이 눈부신 아침 햇살에 실눈을 뜬다.

알람 시계를 보면 오전 8시 50분.

미현   (머엉) 지각이네.

#67 안기부/5차장실 (오후)

응접 테이블. 여 국장과 민 차장이 마주 앉아 있다.
여 국장이 본차이나 커피잔에 커피와 프림을 넣고 설탕통을 연다.

여 국장 (설탕 한 스푼) 김두식에게 어떤 임무를 맡기려고 이렇게까지 검증하는
건지 여쭤도 되겠습니까.

민 차장 (차갑게 쳐다보는)

여 국장 (찔끔, 설탕 두 스푼 세 스푼) 김두식은 거의 모든 임무를 완벽하게 성공
했었는데 이렇게까지 하시는 이유가 궁금합니다. (커피 저으며) 7년 전
항공기 사고는 김두식이라고 해도 막을 수 없었던…

민 차장 그건 임무가 아니었어. 김두식이 단독 행동을 했던 거지. 요원이 주어
진 임무나 할 것이지, 무슨 사람을 구하겠다고.

여 국장 (민 차장 앞에 커피잔 놓으며) 그럼 김두식이 실패했다던 단 하나의 임무
는 뭐였죠?

민 차장이 느긋하게 본차이나 커피잔을 든다.

#68 안기부/1층/복도/커피자판기 앞 (오후)

미현이 자판기 커피가 담긴 종이컵을 든다.

두식 커피 싫어한다고 하지 않았나요?

두식이 백 원 동전을 자판기에 넣고 커피 버튼을 누른다.
미현은 의자에 앉아 커피를 마시고, 두식도 자연스럽게 커피를 꺼내
옆에 앉는다.
둘은 서로 여기에 올 줄 알았다는 듯 자연스럽다.

미현   오늘 지각했어요.

두식   지각이요?

미현   일부러 시계 알람도 안 맞추고 그냥 푹 잤어요. 한번 그래보고 싶었어
        요. (웃는) 개운하더라구요.

두식   (쳐다보는)

미현   김두식씨 말이 맞아요. 의도된 실패는 실패가 아니에요.

두식   선배로서의 조언이 유용했다니 다행입니다.

미현   그래서 이만 잊기로 했어요.

차분한 표정의 미현의 얼굴.

69 룡정호텔/연회장 – 2년 전

눈 감고 있는 미현의 얼굴.

슬로 모션/Mute

그 앞으로 미현이 던진 섬광탄이 허공을 날아간다.

눈을 뜨고 있는 요원들. 눈을 감고 있는 조선족들.

찰나의 순간 상구가 미현에게 소리를 지른다. "야이 쌍 닭대가리야 그
건…!" (묵음)

상구의 비명 소리에 모든 요원들이 섬광탄을 쳐다본다.

섬광탄의 격철이 눌러지고, 신관의 불꽃이 튀는 찰나의 순간,

미현이 연회장 문의 잠금장치와 경첩 위치를 확인하고, 눈을 감는다.

(E)   뻐엉–!!!

섬광탄이 터진다.

눈을 뜨고 있던 요원들과 상구가 얼굴을 감싸며 넘어진다.

눈 감고 있던 조선족들도 폭음에 놀라 양쪽 귀를 감싸 쥔다.
모두가 패닉을 일으킨 상황에서, 미현이 감았던 눈을 뜬다.
섬광의 여운이 지속되는 공간에서, 미현의 시야가 화이트 노이즈로
흔들린다. 미현이 벼락같이 총을 든다.

(E)　　푸슉-! 푸슉-! 푸슉-!

총탄이 날아가 연회장 문의 잠금장치와 경첩에 적중한다.
연회장 문이 부서져 넘어간다.

#70　안기부/5차장실 (오후)

민 차장이 커피잔을 내려놓는다.

민 차장　통발이 풀려버리는 바람에 작전에 실패했지. 무고한 자들도 있었겠지
만, 표적들도 빠져나갔어. 그 난리통에 갈매기의 뒤를 받쳐줄 독수리
까지 최종 마무리에 실패했지.

여 국장　(놀라는) 그, 그럼… 갈매기 작전?

인서트_ #18

상구　통발 설치 완료. 모든 갈매기 위치로. 독수리는 대기 바랍니다.

민 차장　김두식이 독수리였지.

커피잔 바닥. 녹지 않은 설탕가루들이 엉겨 있다.

#71　안기부/1층/복도/커피자판기 앞 (오후)

두식이 쥔 종이컵. 커피를 다 마시고 비었다.

미현	(두식의 빈 컵 보며 피식) 커피 싫어한다고 하지 않았어요?
두식	그랬죠. 그런데…
미현	(웃으며 두식을 보는데 두식의 표정이 진지하다)
두식	이제는 커피가 좋아졌습니다.
미현	(어…?)

두식의 진지한 태도에 미현이 오히려 살짝 당황한다.
이건 뭔가, 갑자기 고백하는 분위긴가, 난데없는 상황에 미현이 어색
하게 웃는다.

미현	하하. 하….
두식	(아무 말 없는)
미현	(말 돌리는) 나도 물어보죠. 김두식씨는 내가 의도적으로 접근했다는 것을 알았으면서도 왜 나를 피하지 않았죠?
두식	(너무 진지한 표정으로 쳐다보는)
미현	(진지한 분위기 못 견디고) 왜요? 내가 예뻐서? 내 얼굴 보고?
두식	네.
미현	(멈칫)

어색한 정적이 흐르는데, 두식이 차분하게 말한다.

두식	얼굴 보고 반했습니다.

#72 [에필로그] 룡정호텔/12층 외부 - 2년 전/두식 시점

룡정호텔 건물 밖. 두식이 공중에 떠 있다.
창문 밖에서 보면, 섬광탄을 던지는 이미현의 뒷모습이 보인다.
찰나의 순간, 섬광탄을 확인하고 눈을 감는다.

폭음이 들린 후, 실눈을 떠서 보면 이미현이 연이어 총을 세 발 쏜다.

두식이 부리나케 미현의 뒤통수에 총을 겨눈다.

총 세 발을 쏜 미현이 그대로 총을 떨군다.

미현을 겨누고 있는 김두식의 총구가 떨린다.

쓰러져 있던 조선족들이 바닥을 기며 일어서는데 그 수가 많다.

그때, 미현이 돌아서서 그들을 외면한다.

김두식이 미현의 얼굴을 본다. 미현은 이미 눈을 꼭 감고 있다.

수많은 조선족들이 엎어지고 구르며 열린 문으로 도망간다.

섬광에 눈이 먼 요원들이 속수무책으로 조선족들을 놓친다.

창문 너머, 두식의 총구 앞에 서 있는 미현.

두식이 총구를 겨눈 채 갈등한다.

그때, 미현이 한숨을 쉰다. 눈에서 안도의 눈물이 흐른다.

두식의 표정이 짙어진다.

#73 안기부/5차장실 (오전)

커피포트의 물이 끓는다. 테이블에 두 개의 커피잔이 놓여 있다.

민 차장이 소파에 앉아서 신문을 본다.

맞은편에 앉은 사람의 손이 커피포트의 뜨거운 물을 찻잔에 따른다.

커피와 프림을 넣고 설탕을 하나, 둘, 셋, 세 스푼을 넣고 정성껏 젓는다.

민 차장 앞에 커피를 놓아주는 사람. 안경을 벗은 이미현이다.

민 차장 (미현 앞의 빈 커피잔을 보며) 자네도 한잔 마시지.

미현   괜찮습니다. 커피를 좋아하지 않습니다.

민 차장 (커피 마시며 음미하는) 음. 좋군. 그래, 임무는 잘 되고 있고?

미현   네. 잘 진행되고 있습니다.

표정을 알 수 없는 미현의 얼굴에서—

제9화
휴머니스트

안기부/5차장실 (오전)

민 차장이 신문을 보고 있다. 책상 옆에 8mm 비디오테이프들이 쌓여
있다.

신문기사 헤드라인 - [미·북 3단계 고위급 회담 뉴욕에서 실무접촉] *1994.
5. 9.

신문기사를 보는 민 차장의 표정에 짜증과 초조함이 섞인다.

이어지는 헤드라인 - [남북 합의서 바탕 평화체제 정부 구체방안 추진]
*1994. 5. 9.

민 차장이 신문을 팽개치고 전화기의 호출 버튼을 누른다.

비서F (전화기 스피커) 네. 차장님.

민 차장 정보관리국 이미현이 오라고 해.

2 안기부/정보관리국 (오전)

비서F (전화) 차장님이 찾으십니다.

미현 네. 알겠습니다. (수화기 놓는)

수화기를 내려놓으려는 순간, 수화기에서 또 다른 수화기 놓는 소리
가 들린다.

미현이 수화기를 천천히 내려놓으면서 국장실 쪽을 본다.

창문을 가린 블라인드 사이로 여운규 국장이 수화기를 내려놓는 모습
이 보인다.

미현이 조용한 사무실을 둘러본다. 짧은 순간, 직원들 모두와 눈이 마
주쳤다.

직원들이 재빨리 자기 일에 몰두하는 척 고개를 돌린다.

미현이 자연스럽게 안경을 벗고 일어서며 순식간에 사방을 훑는다.

몽타주

직원 1. 누르지도 않은 볼펜을 쓰는 척하고 있다.

- 버튼 안 눌린 모나미 볼펜 끝. / 동공이 확장된 미현의 눈. (c.u)

직원 2. 수화기를 들고 통화하는 척한다.

- 우우웅 소리가 들리는 수화기. / 미현의 귀. (c.u)

직원 3. 모니터 들여다보며 타자 치는 척한다.

- 직원 안경에 반사된 텅 빈 바탕화면. / 동공이 확장된 미현의 눈. (c.u)

인서트

건물 외부 시점. 미현이 혼자 서 있고 직원들 모두 일하는 척한다.

미현이 자연스럽게 다시 안경을 쓰고 사무실 밖으로 나간다.

미현이 문을 닫고 나가자마자, 조용하던 사무실에 직원들의 소음이 웅성거린다.

#3 **안기부/정보관리국 앞/5층 복도 (오전)**

미현이 닫힌 문에 기대어 서서 얕은 한숨을 쉰다.

미현이 무표정한 얼굴로 고개를 든다.

형광등이 까물거리는 어둡고 긴 복도를 미현이 혼자 걸어간다.

멀어지는 뒷모습에 타이틀 '무빙'과 소제목 '제9화: 휴머니스트'가 타이핑된다.

#4 **안기부/5차장실 (오전)**

미현이 차장실에 들어온다.

미현   부르셨습니까.

민 차장   커피 한잔 하지.

미현 네.

응접 테이블에 찻잔 세트와 커피포트가 있다.

민 차장 (전화기 호출 버튼 누르며) 물.

비서F 커피 가져다드리겠습니다.

민 차장 물이나 받아와.

민 차장이 신문을 들고 테이블로 와서 앉는다.
여비서(파란색 정장 치마에 하이힐)가 주전자를 들고 들어와 커피포트에
물을 채운다.
짧은 치마를 입은 여비서가 불편한 자세로 커피포트에 물을 붓다 흘
린다.
얼른 티슈를 뽑아 흘린 물을 닦는데, 민 차장 눈에 벌써 짜증기가 돈
는다.
잔뜩 주눅 든 비서가 책상에 널브러진 신문들을 얼른 정리한다.
마음은 급한데, 하이힐이 삐끗, 책상 옆에 쌓아둔 8mm 비디오테이프
들을 무너뜨린다.

민 차장 (짜증 확) 아이 쌍. 넌 좀 시키는 거나 잘해. 냅둬 쫌.

비서 (울상) 죄, 죄송합니다. (쩔쩔매며 밖으로 나가는)

민 차장 (못마땅한) 에이, 저건 자판기보다도 커피를 못 타. 일 못 하는 것들은
다 내보내야지. (미현 들으라는 듯) 가뜩이나 안기부 조직 통폐합돼서
인원 감축 중인데. 문민정부는 씨발.

민 차장의 말에 미현의 표정이 어두워진다.

cut to_ 8화 엔딩에서 이어지는

커피포트의 물이 끓는다. 민 차장이 소파에 앉아서 신문을 본다.
테이블 맞은편의 미현이 힐끗 신문기사를 본다.

인서트

신문기사 - [남북 합의서 바탕 평화체제 정부 구체방안 추진] *1994. 5. 9.

민 차장이 커피포트를 턱짓한다. 미현이 고급 찻잔에 뜨거운 물을 따른다.
수증기로 안경에 김이 서리자, 미현이 안경을 벗는다.
미현이 커피잔에 커피와 프림을 두 스푼씩 넣고 설탕을 하나. 둘. 셋.

인서트

고개 숙여 설탕을 넣으며, 민 차장의 표정을 살피는 미현의 동공.
설탕 세 스푼째에 민 차장의 입꼬리가 미묘하게 올라간다.

미현이 설탕을 세 스푼까지 넣고 오래오래 커피를 젓는다.
민 차장이 신문 너머로 지그시 쳐다본다.
미현이 민 차장 앞에 커피잔을 놓아준다.

민 차장   자넨 안 마시나.

미현   (다시 안경 쓰며) 괜찮습니다. 커피를 좋아하지 않습니다.

민 차장   (피식)

민 차장이 커피를 한 모금 마시고 달달한 맛에 만족한 표정을 짓는다.

민 차장   임무는 잘 되고?

미현   네. 잘 진행되고 있습니다.

표정을 알 수 없는 미현의 얼굴.
미현의 앞에 놓여 있는 비어 있는 커피잔.

#5 [플래시백] 안기부/1층/복도/커피자판기 앞 - 8화 #71에 이어서

미현의 종이컵에 커피가 남아 있다.

두식   얼굴 보고 반했습니다.
미현   (되레 당황해서 커피 들이켜는) 켁. (뜨거운)
두식   (놀란) 괜찮아요?

cut to

비어 있는 두 개의 종이컵.
커피를 다 마셨음에도 여전히 앉아 있는 두 사람.
일어서기 아쉬운 분위기가 흐르는데, 두식이 먼저 침묵을 깬다.

두식   민 차장은 두 번의 실패를 용납하지 않을 겁니다.
미현   (민 차장의 말 떠올리는)
민 차장v.o 이건 임무다. 제안이 아니라 명령이야. 실패할 시 책임을 묻겠다.
미현   단순히 징계 정도로 끝나지는 않겠군요.
두식   쓸모가 없다고 판단하면 바로 폐기하는 사람이니까요.

두식이 미현의 무거워진 표정을 살핀다.
커피자판기의 기계 돌아가는 소리만 들린다.

(E)   우우웅--

두식   (침묵을 깨는) 실패하지 않은 걸로 하죠.

미현   네?

두식   이 임무 계속하시면 안 되겠습니까?

미현   (가만히 쳐다보다가) 왜죠. 나를 위해서인가요.

두식   내가 원해서입니다.

미현   무슨?

두식   그래야 미현씨를 계속 볼 수 있으니까요.

두식을 바라보는 미현의 미묘한 표정.

#6 안기부/5차장실 (오전)

미현v.o 네. 잘 진행되고 있습니다.

민 차장이 지그시 쳐다본다. 미현의 얼굴에 창문의 햇살이 비친다.
방범창 창살의 그림자가 길게 드리워져 창살에 갇힌 것 같다.

민 차장   사고로 다쳤다던 시력은 괜찮나?

미현   (미현의 안경 클로즈업) 네. 업무에 지장 없습니다.

민 차장   자초한 사고니 지장 없어야지.

미현   (눈가 꿈틀)

민 차장   갈매기는 눈이 좋지. 닭은 눈이 나쁘고.

미현이 움찔 고개를 숙인다.
미세한 반응에 민 차장이 슬며시 웃는다.

민 차장   (깔아보며) 내가 아픈 상처를 건드렸나.

미현   (고개 숙인 채) 아닙니다.

민 차장 갈매기 작전의 실수를 만회할 기회야. 이번 임무를 잘 마치면 승진도 약속하지.

미현 (고개 숙인 채) 네. 감사합니다.

민 차장 (압박하는) 물론, 반대의 경우도 생각해야 하고.

미현 네.

고개 숙여 감춰진 미현의 표정은 의외로 담담하다.
미현의 표정을 보지 못한 민 차장이 느긋하게 묻는다.

민 차장 그래. 자네가 보기에 김두식은 어떻던가.

#7 **[플래시백] 남산/남산돈까스/외부 (늦은 저녁)**

미현과 두식이 식당 문을 열고 들어간다.

식당 사장v.o 어서 오세요~ 어이쿠 두 분 또 오셨네요. 권양아. 단골손님 좋은 자리 안내해드려라~

#8 **[플래시백] 남산/남산돈까스/내부 (늦은 저녁)**

창가 자리는 만석이다.
미현과 두식이 식당 구석의 좁은 테이블에서 돈가스를 먹는다.
두식이 전망 좋은 창가 자리를 힐끗거린다.

두식 (부러운) 드라마 보면 주인공들은 어딜 가도 좋은 자리에 앉던데….

미현 (혼잣말처럼) 드라마 많이 보네. 뭐.

두식 (아차 싶은) (우물우물)

식당 안은 만석이고, 식당 밖에 대기 손님들이 줄을 서고 있다.

두식   이 집 장사 너무 잘돼서 심야영업도 한다네요.

미현   (줄 서 있는 손님들 보며) 이런 음식도 배달되면 참 좋을 텐데.

두식   배달이요?

미현   야근하다 먹을 수 있는 배달 음식이 중국집뿐이거든요. (중얼) 아, 중국집도 한 그릇 배달은 잘 안 해주지.

두식   원래 그렇게 야근이 많아요? 그리고… 한 그릇?

미현   내가 좀 유난히 야근이 많아요. (돈가스 썰며) 난 이문동 소속이었거든요. 문민정부 들어서고 조직이 축소되면서 이문동 해외 파트도 남산으로 옮겨왔잖아요. 국내 파트였던 남산 팀은 자기들 자리 줄어드니 당연히 나를 달가워하지 않죠. 게다가, (포크로 돈가스 한 점 푹 찍으며) 우리 부서에 해외 파트 출신은 나 하나라서, 약간… 이지메?

두식   이지메?

미현   요즘 유행하는 나쁜 말이에요. 집단 따돌림 같은 거.

미현이 힘든 처지를 담담하게 말한다.
두식이 분위기를 돌린다.

두식   (먹으며) 언젠가는 모든 음식이 다아 배달되는 날이 올 거예요. 막 한 그릇도 배달해주고.

미현   설마요.

두식   (웃으며) 두고 봐요.

미현이 피식 웃는다. 두식이 돈가스 소스를 소매에 묻힌다.
얼른 손으로 닦으려는데, 미현이 냅킨을 집어 내민다.
두식이 닦아주려나 보다 소매를 내미는데, 미현은 뭘 더 바라냐 냅킨을 까딱거린다.
머쓱해진 두식이 냅킨을 받아 소매를 닦는다.

미현   (두식의 소매 보며) 그래도 그거 하나는 괜찮네요.

두식   뭐가요?

미현   옷에 뭐 묻어도 티도 안 나는 거요. 우리 회사는 다들 맞춘 듯이 검정
        색 계열 옷만 입잖아요. 건물은 온통 회색. 사람들은 검정색.

        두식이 자신을 보니 검은색 재킷 안에 검은색 티셔츠를 입고 검은색
        바지를 입었다.

두식   (회심의 유머) 난 블랙이니까요.

미현   (뭐래)

두식   (머쓱)

미현   다음부터 농담 시작할 때, 나 이제부터 농담합니다. 하고 말해주세요.

        두식이 미현을 보면, 미현의 옷도 상하의 모두 진회색 정장이다.

두식   우리는 남들 눈에 띄지 않아야 하는 직업이니까요.

미현   상조회사 직원들 같아서 오히려 눈에 띄거든요. 우리는 남들 눈에 띄
        지 않기 위해서가 아니라 조직 안에서 튀지 않으려는 건지도 몰라요.

두식   왜 그럴까요.

미현   튀면 공격 대상이 되니까요.

두식   미현씨는 어떤 색이 좋아요?

미현   어두운 무채색만 아니면 다 좋아요. 내 차는 흰색이에요. 일부러 검은
        색이 없는 차종을 샀어요. 제일 싼 차니까 뭐라고 못 해요. 사무실에
        서 주차장을 내다보면, 내 차는 김밥 말기 전에 김 위에 잘못 떨어진
        밥풀 하나 같아요.

        인서트_ 8화 #28

주차장에서 미현의 흰색 티코를 발견하고 웃는 두식.

두식   난 그 밥풀이 좋았어요.

미현   (뭐래니)

두식은 옅게 웃으며 저세상 감상으로 혼자 가고 있다.

두식   (곱씹으며) 하얀색 좋아하시는구나. 겨울 되면 참 좋아하시겠다. (불쑥
          아련한) 언젠간 꼭 보여드리고 싶군요. 눈 내리는 날 하늘을 날며 아래
          를 내려다보면 온 세상이 하이얀

미현   (싹둑) 아니요. 난 보라색 좋아해요. 보라색.

두식   보라색이요?

미현   하도 어두운색에 묻혀 살아서 그랬는지, 알록달록한 색이 좋아지더니
          언제부턴가 보라색이 제일 좋더라구요. 우리 집 커튼도 죄다 보라색
          으로 했어요. 그거 알아요? 보라색 좋아하면 미친년이래요.

두식이 맞장구를 쳐야 하나 망설이는데,
그 모습을 보고 미현이 웃고 만다.

미현   (피식) 내가 참 많이 풀어졌네요. 상사 앞에서 조직 흉도 보고.

두식   (해맑은) 그래서 좋습니다.

미현의 손이 오그라진다.
두식을 쳐다보면 물색없이 웃고 있다.

미현   (좀 적당히 하라는 표정) 김두식씨는 어쩜 그렇게 좋다는 말을 아무렇지
          도 않게 자주 하죠.

두식   (웃는) 저도 많이 풀어졌나 봅니다.

미현   (의심스러운) 원래 이런 캐릭터였어요?

두식   저 원래는 안 이렇습니다?

미현   원래는 어떤데요?

두식   빈틈없고 냉정하고 과묵합니다. 다들 그렇게 알고 있죠.

미현   근데 지금은 왜 이래요.

두식   미현씨 앞에서는 솔직하고 싶어서 그런가 봅니다.

미현   (물끄러미)

두식   지금 미현씨가 내 앞에 있잖아요. (마주 앉아 있는 둘)

미현   자꾸 농담을 하시니, 장난하는 건지 진지한 건지 헷갈리네요.

두식   난 진지한데요.

미현   (지그시 쳐다보는)

두식   (보란 듯 돈가스 먹으며) 지금, 진지, 하잖아요. (씨익 웃는)

미현의 손이 저도 모르게 돈가스 칼을 움켜쥔다.

인서트

민 차장v.o 자네가 보기에 김두식은 어떠냐고 물었네.

#9   안기부/5차장실 (오전)

민 차장의 목소리에 미현이 퍼뜩 현실로 돌아온다.

미현   (차분하게) 진지한 사람이었습니다.

미현이 어이없는 농담을 하던 김두식을 떠올린다.

두식v.o 지금, 진지, 하잖아요.

미현이 얼른 고개를 숙인다.

고개 숙인 미현의 콧구멍이 살짝 벌름거린다.

민 차장 그렇겠지. 김두식은 철두철미하고 냉정한 프로페셔널이야. 어떤 상황

에서도 감정을 드러내지 않아.

두식v.o 다들 그렇게 알고 있죠.

미현이 새어 나오는 웃음을 참느라 손을 꼭 쥔다.

민 차장 그 외에 다른 특별한 점은 알아내지 못했나.

미현 (고개를 드는데, 순식간에 표정 싹 바꾼) 어떤 점을 말씀하시는 건지.

민 차장 (미현을 뚫어져라 쳐다보며) 몰라…?

미현 네?

민 차장 김두식의 비밀을 아직 모르는군.

미현 비밀이요?

민 차장 아직 김두식이 자네에게 완전히 마음을 열지는 않았군.

미현 (멈칫)

민 차장 그의 비밀을 알기까지 자네는 그와 완전히 가까워진 것이 아니야.

미현 어떤 비밀입니까.

민 차장 (싸늘한) 자네가 알아내야지.

미현 네.

민 차장 가보게.

미현이 돌아서는데 민 차장이 재차 강조한다.

민 차장 김두식과 더 많이 가까워져야 해.

미현 노력하겠습니다.

민 차장	노력만으로는 안 되지. (살벌한 눈빛) 결과에 책임을 저야 하는데.

햇빛을 등진 민 차장의 눈빛이 음산하게 번뜩인다.

민 차장	잊지 마. 이건 임무야.
미현	네. 알겠습니다.

#10 안기부/5차장실/비서실 (오전)

미현이 차장실 밖으로 나오자, 문 앞에 앉아 있던 비서가 인사한다.
책상 위에 티슈 뭉친 것들이 있고, 비서의 눈가가 빨갛다.

인서트_ 8화 #45

자판기 커피 맛을 보며 전전긍긍하는 비서.

미현이 차마 지나치지 못하고 조심스럽게 말을 건넨다.

미현	(작은 목소리) 커피와 프림은 두 스푼, 설탕은 세 스푼 넣으세요.
비서	네…?
미현	(속삭이는) 단 것을 좋아하는 것 같으니, 설탕이 완전히 녹을 때까지 천천히 오래오래 저으세요.
비서	(빨개진 눈으로 멍하니 쳐다보는)
미현	(파란색 옷차림 보며) 무채색 계열의 옷을 입어요. 검은색이 무난해요. 눈에 띄는 옷은 작은 실수도 도드라져요. 굽 낮은 구두를 신어요. 굽 높은 하이힐은 보기에도 불안하고 오래 앉아 있기에도 불편해요.
비서	(얼굴 붉어지는) 네….
미현	혼자 힘들죠.
비서	(끄덕)

미현	힘내요. 나도 여기서 혼자예요.

미현이 따뜻한 눈길을 보낸다. 비서가 그만 울컥한다.

비서	(고마움에 눈시울이 그렁그렁해지는) 고마워요. 언니.
미현	(차마 외면 못 하고 덧붙이는) 마스카라 번지면 닭아도 피곤해 보여요. 피곤해 보이면 일 잘하는 것처럼 보이지 않고요.
비서	(울먹이며 끄덕)
미현	우는 거 버릇돼요. 버릇은 약점이 되고요.
비서	(울음 참는)
미현	(웃으며) 정말, 정말 정말로, 속상할 때만 울어요.
비서	(울음 꾹 참고, 웃으며 끄덕)

#11 안기부/6층/복도 (오전)

미현이 차장실을 나와서 빠른 걸음으로 긴 복도를 걸어간다.
어둑한 복도에 미현의 굽 낮은 구두 발자국 소리만 울린다.

두식v.o	미현씨 앞에서는 솔직하고 싶어서 그런가 봅니다.
민 차장v.o	아직 김두식이 자네에게 완전히 마음을 열지는 않았군.

미현의 얼굴에 쓸쓸한 표정이 묻어난다. 미현의 걸음이 느려진다.
기운 없는 발걸음 소리가 복도에 흩어진다.

#12 안기부/정보관리국 (오전)

미현이 자기 책상으로 가는데 국장실 문이 열리더니 여 국장이 부른다.

여 국장	미쓰리. (손가락 까딱)

미현이 국장실로 들어가자, 여 국장이 삐딱하게 앉아서 쳐다본다.

여 국장 어디 갔다 왔어.

미현 민 차장님 호출이었습니다.

여 국장 다녀왔으면 나한테 보고해야지.

미현 개인 면담이었습니다.

여 국장 (차가운) 개인 면담? 아. 그 비밀 임무. 그래서 그게 그렇게

미현 (국장실 문 닫으려는) 잠깐만요. 문 닫겠습니다.

여 국장 문은 왜?

미현 듣는 귀가 많습니다.

여 국장 (무안함에 되레 목소리 커지는) 뭐 그냥. 여기 다 내부 사람들인데 무슨 듣는 귀가 어쩌고야.

문밖의 직원들이 못마땅한 표정으로 미현을 쳐다본다.

여 국장 (비아냥) 요원 출신은 다르다는 거야? 자리를 비웠으면 직속 상사에게도 업무 내용을 보고해야 할 거 아니야.

미현 민 차장님께 다이렉트로 보고하게 되어 있습니다.

여 국장 (더 발끈하는) 다이렉트? (직원들 들으라는 듯) 미쓰리는 오자마자 벌써 조직 서열 2위인 차장님과 다이렉트가 가능해졌네. 우리 부서 직원들 누구도 아직 차장님과 말도 섞지 못하는데. 다들 차곡차곡 호봉 쌓고 성실하게 진급 절차 밟느라 바쁘거든.

미현을 향한 직원들의 시선이 더욱 차가워진다.

여 국장 그래, 미쓰리. 내가 준 업무는?

미현 1/4분기 자료 정리 중입니다.

여 국장	내일 출근하자마자 나한테 다이렉트로 결제 받아.
미현	(쳐다보는)
여 국장	왜? 할 말 있어?
미현	제 직책은 분석관이고, 직급은 7급 주사입니다. 이미현씨, 또는, 이 주사로 불러주시기 바랍니다.

여 국장이 미현을 노려본다.
미현이 여 국장의 사나운 눈빛을 담담하게 받아낸다.

여 국장	가서 일 봐. 미쓰리.
미현	…네.

미현이 직원들의 따가운 시선을 받으며 자기 자리로 돌아간다.

#13 안기부/주차장/남산타워 (저녁-밤)

주차장에 가득했던 차들이 하나둘씩 빠져나간다.
멀리 남산타워에 불이 켜진다.
어두워진 텅 빈 주차장. 미현의 하얀색 티코가 눈에 띈다.

#14 안기부/1층/복도/커피자판기 앞 (밤)

복도 끝 커피자판기. 은은하게 새어 나오는 자판기 불빛.
자판기 돌아가는 기계음만 작게 들린다.

(E) 우우웅--

#15 안기부/5층/복도 (밤)

복도에 늘어선 사무실 문들이 모두 닫혀 있다.

불 꺼진 어두운 복도에 녹색 비상구 표시등만 켜져 있다.

#16 안기부/컨테이너 관리실/내부 (밤)

안기부 마당 구석의 낡은 컨테이너 관리실.
늙은 소사가 낡은 흑백TV로 롯데자이언츠 야간 경기를 보며 욕을 한다.

소사   (TV 보며) 하이고 마 심판 저 문디 새끼 저거, 눈까리가 삔나. 와 즈게 스트라이크고!

소사가 응원에 열을 올리는데, 관리실 창밖으로 새 같은 것이 휙 날아 간다.

#17 안기부/정보관리국 (밤)

모두 퇴근한 사무실.
국장실 문은 닫혀 있고 블라인드가 비스듬히 쳐져 있다.
띄엄띄엄 켜놓은 형광등 아래, 미현이 혼자 남아서 야근하고 있다.

노크 소리E (창문 두드리는) 똑. 똑.

뒤에서 들려오는 노크 소리에 미현이 뒤를 돌아본다.
미현의 눈이 커진다.
창밖에 두식이 서 있다. 미현이 깜짝 놀라 벌떡 일어선다.
창밖의 두식이 창문을 열어달라며 손짓한다.
미현이 얼른 창문을 열며 말한다.

미현   여긴 5층인… (두식의 뒤로 로프 같은 것이 보이지 않는) 데에엑!!!!!!

미현이 깜짝 놀라서 두식의 먹살을 콰악 붙잡아 당긴다.
아래를 보면 두식의 두 발이 허공에 떠 있다.

미현 (먹살 잡으며) 김두식씨 이게 어떻게 된 거예요!!! (두식의 손이 뒤로 감춰
져 있다) 뭐 하는 거예요!!! 창살 잡으라고 어서!!!!!!

먹살 잡힌 두식이 방범창 창살에 얼굴이 껴서 꼼짝달싹 못 한다.

두식 (창살에 얼굴이 끼인) 켁. 므, 메헌씨 즘끈므요.
미현 (바락) 미쳤나봐 진짜!!!
두식 큭. 즘끈므, 이것 즘 놔줘으.

미현이 그제야 뭔가 이상하다는 느낌이 들어 두식을 본다.
창살에 끼어 일그러진 두식의 표정. 가만히 보면 어색하게 웃고 있다.
미현이 떨리는 손으로 먹살을 놓는다.
두식이 풍선처럼 둥실 떠올라 공중에 선다.
미현이 놀라서 바닥에 털썩 주저앉는다.

미현 (떨리는 목소리) 뭐, 뭐야 이게….

주저앉은 미현을 보기 위해 창밖의 두식이 더 떠오른다.
미현이 두식을 올려다보며 벌어진 입을 다물지 못한다.

미현 당신… 뭐예요…?
두식 놀라게 해서 미안해요. 나름 이벤트 같은 거 해보려다가.
미현 (후들거리는 무릎 짚고 일어서며) 이벤트… 맞네… 대단하네….

미현이 일어서자, 두식이 다시 조금 밑으로 내려와 마주 본다.

미현 (떨리는) 김두식씨… 하늘을 날아요…?
두식 네.

미현이 놀란 가슴을 진정하느라 한숨을 내쉰다.
두식이 감추었던 손을 내미는데, 비닐봉지에 랩으로 싼 그릇과 보온
병이 담겨 있다.

두식 배달입니다.
미현 에?
두식 짜잔. 돈까스입니다.
미현 짜잔? 미치겠네, 진짜. 돈까스가 놀랍겠어요, 김두식씨가 그러고 있는
게 놀랍겠어요.

미현이 화난 기색마저 보이자, 두식이 창살 사이로 비닐봉지를 스윽
내밀며

두식 (자신 없는 목소리) 슈웅… 날으는 돈까스….
미현 짜증 나….
두식 (입 다무는) …….

미현이 음식 담긴 비닐봉지를 받는다.
두식이 쑥스러운 표정으로 입을 달싹거리는데,

미현 (불쑥) 김두식씨.
두식 네.

미현	이벤트라고요? 그게 어떤 관계에서 하는 건지는 알아요?
두식	그… 남녀가 호감을 가진….
미현	서로 깊은 호감을 가져야죠. 김두식씨가 남녀관계를 드라마 보고 배워서 그래요. 그런 게 우리 관계랑 맞아요?
두식	우리 관계가 어떤 관계죠?
미현	직장 선후배 관계.
두식	(쳐다보는)
미현	보다는 조금 더 가까운….
두식	(좋다고 웃는)

두식의 웃는 모습에 미현도 따라 웃고 만다.
두식의 뒤로 밤하늘에 달이 둥그렇게 차오르고 있다.

미현	고마워요.
두식	네. 맛있게 먹어요. 장국은 보온병에 담아 와서 아직 뜨거우니까 조심
미현	김두식씨 비밀을 알려줘서 고맙다고요.
두식	(얼굴 활짝 펴지는)
미현	더 많이 가까워진 기분이 드네요.
두식	(스윽 다가오는) 그런데 미현씨 생각보다 많이 안 놀라네요. 이 상황을 자연스럽게 받아주는 느낌?
미현	많이 놀랐어요. 하지만…
두식	(손을 뻗어 창살 잡는)
미현	사람은 누구나 다 비밀이 있으니까요.
두식	미현씨도 있나요?
미현	(희미하게 웃는)
두식	(그윽하고 은근해지는 분위기) 뭔데요.
미현	나중에요.

두식	(처다보는)
미현	안 가요?
두식	(당황) 아. 네? 나. 가, 가요?
미현	안 힘들어요?
두식	하나도 안 힘든데요?
미현	거기 떠 있는 거 누가 보면 어쩌려고 그래요.
두식	(아쉬운) 맛있게 먹어요.

두식이 엘리베이터 버튼 누르는 시늉을 하며 "5층." 말하더니,
엘리베이터에 탄 것처럼 수직으로 스으윽 날아 올라간다.

미현	(중얼) 못 말리겠다 진짜….

#18 남산/남산타워 (밤)

맑은 밤하늘. 제법 둥그런 보름달이 남산타워 옆에 떠 있다.

#19 안기부/컨테이너 관리실/내부 (밤)

롯데 타자가 공을 치는 순간, TV 화면에 노이즈가 낀다.

소사	(TV 탕탕 치며) 머고. 테레비 와 이라노. 와 갑자기 전파가 안 잡히노. 여가 송신탑 근처라 이랄 리가 없는데.

#20 안기부/정보관리국 (밤)

미현이 사무실 한쪽의 회의 테이블에 앉아 그릇들의 랩을 벗긴다.
돈가스와 밥과 샐러드까지 차곡차곡 담아왔다.
보온병 뚜껑을 열자, 장국의 뜨거운 김이 안경에 확 서린다.
미현이 안경을 벗고 돈가스를 야무지게 썰어 먹는다.

창문 밖으로 남산타워가 보인다. 남산타워가 보름달을 등지고 있다.

#21 남산/남산타워/꼭대기 (밤)

불 밝힌 남산타워 꼭대기. TV 전파 송신탑이 솟아 있다.
두식이 송신탑에 걸터앉아서 멀리 안기부 건물을 바라본다.
5층 사무실만 불이 켜져 있다. 미현이 있는 곳이다.
거리가 너무 멀어서 보이지 않지만, 미현이 있는 곳만 봐도 그저 좋은
표정이다.

#22 안기부/정보관리국 (밤)

미현이 돈가스를 먹는다.

두식v.o 언젠간 꼭 보여드리고 싶군요. 눈 내리는 날 하늘을 날며 아래를 내려
다보면 온 세상이 하이얀

미현의 포크가 멈칫한다.

미현 (나직하게) 그 말이 농담이 아니었구나… 진짜였을 수도 있겠어….

미현이 가만히 고개를 든다. 김이 서린 안경은 벗어놓았다.

미현 미안해요.

미현이 창밖 멀리에 있는 남산타워를 보며 말한다.
동공이 확장된 미현의 눈. (c.u)
남산타워의 바늘처럼 보이는 송전탑 위. 보름달을 등지고 앉아 있는
김두식이 보인다.

너무 멀지만 미현에게는 보인다. 미현이 두식을 보며 웃는다.

#23 남산/남산타워/꼭대기 (밤)

미현이 자신을 보는지도 모르고 마냥 바라보는 두식.
거리가 멀어도 마주 본다.

#24 안기부/지하/사격연습장 (저녁)

사격 표적지(인물 전신 표적지) 레일을 타고 타라라라라라락 멀어져간다.
장주원과 김두식이 나란히 서서 사격 연습을 한다.

(E)   탕-! 타앙-! 타앙-! 타앙-! 탕-! 탕-! 타앙-!

주원이 먼저 쏘고 두식이 이어 쏜다.
주원은 정식 두 손 사격을 하고, 두식은 변칙적인 한 손 사격을 한다.

(E)   탕-! 탕-! 탕-! 탕-! 탕-! 탕-! 탕-!

탄창을 다 비운 주원과 두식이 방음 헤드셋을 벗는다.
버튼을 누르자 표적지들이 다가온다.
표적지를 확인하는 주원의 표정이 일그러진다.
주원의 표적지는 중구난방으로 구멍이 뚫려 있는데, 두식의 표적지는
타깃의 늑골(우폐와 기관지 사이) 부분만 적중해서 여러 구멍이 한 구멍
처럼 뚫려 있다.
두식의 표적지. 놀라울 정도로 정확한 '우폐와 기관지 사이' 총구멍들.

주원   (두식의 표적지 보며) 항상 같은 곳만 노리는군요.

두식   즉사시키지 않고 제압할 수 있는 부위니까.

주원	팔이나 다리를 쏘면 되지 않습니까.
두식	은밀하게 침투해야 하니까. (표적지 구멍 보며) 폐와 기관지 사이를 압박해야 목소리가 안 나오거든.
주원	어차피 총 맞으면 내부 출혈로 다 죽지 않습니까.
두식	운이 좋으면, 응급처치하면 살아남겠지.
주원	(쳐다보며) 표적 사살 외에 불필요한 희생을 피하는 방법이군요.
두식	그나마 내가 할 수 있는 방법이야.
주원	휴머니스트군요.

주원이 엉망진창인 자신의 표적지를 보며 한숨 쉰다.

주원	나도 김 선배처럼 자세를 바꿔야 하나….
두식	장형 자세가 맞아. 나는 이게 익숙해서 그럴 뿐이고.
주원	하긴, 공중에서 쏘려면….
두식	그리고, 나는 그간 사격 연습을 꾸준히 했으니까.

표적지를 갈아 끼우고 버튼을 누르자, 새 표적지가 레일을 타고 저쪽으로 간다.
사격 교관이 탄창을 들고 와서 거치대에 내려놓으며 말한다.

교관	두 분 오랜만에 오셨으니 많이 준비했습니다.
주원	(갸우뚱) 오랜만? (두식 쳐다보며) 오랜마안?

두식이 벼락같은 손놀림으로 촤각촥촥 탄창을 교체한다.

주원	김 선배. 어떻게 된 거요. 주간 보고 축소됐어도 혼자 사격 연습하겠다면서 자주 왔던 걸로 아는데, 여기 와서 맨날 뭐 한 거 (E) 타앙!!! 뭐

했 (E) 타앙!!! 뭐 하느라 (E) 타앙!!! 뭐 했느냔 (E) 타앙!!! 알았다고!!! (E) 타앙!!! 귀청 떨어지겠 (E) 타앙!!! 그만!! 그만!! (E) 타앙!!! 안 물어볼게!!!

두식　(총 내려놓으며) 후우….

미처 방음 헤드셋을 끼지 못한 주원과 사격 교관이 얼얼한 귀를 틀어막는다.
두식이 아무 일 없었다는 듯 탄창을 비운다.

두식　(총기 정리하며) 나 먼저 갈게.

주원　(귓구멍 후비며) 아. 아. 아. 고막이야. 같이 갑시다.

두식　장형은 사격 연습 더 해야지.

주원　사격 연습은 무슨. 저녁 시간인데 밥이나 같이 먹 (다시 벼락같이 탄창 끼우는 두식) 아닙니다. 난 연습 더 해야겠습니다.

두식이 총을 내려놓고 사격장 밖으로 걸어 나간다.

교관　왜 저러십니까?

주원　(탄창 갈아 끼우며) 봄이잖아.

교관　네?

주원　(헤드셋 끼며 피식) 봄바람이 좋잖아.

교관　무슨 말씀이신지….

주원　(사격 자세) 헤드셋 안 껴?

교관　히익!! (기겁해서 헤드셋 끼는)

(E)　타앙-! 탕-! 타앙-! 타앙-! 탕-! 탕-! 타앙-!

주원이 정자세로 연사를 한다.

주원의 표적지에 중구난방으로 구멍이 뚫린다. 이전보다 더 못 쐈다.
주원의 표적지 옆. 두식이 한꺼번에 총을 쏘고 나간 표적지.
표적지의 심장 부근이 하트 모양으로 뚫려 있다.

#25 안기부/정보관리국 (저녁)

미현이 혼자 남아서 야근하고 있다.

노크 소리E 똑. 똑.
미현 (고개 숙인 채) 네에.
두식 (문 열고 얼굴 들이밀며) 일해요?
미현 네. 오늘도 야근이네요.
두식 (미현의 태연한 반응에 살짝 당황한) 들어가도 됩니까?
미현 모두 퇴근했어요. 들어오세요.

두식이 휘적휘적 걸어 들어와 주변을 하릴없이 서성이며 기웃거린다.
미현이 일에 집중한다. 두식이 머쓱하다.

두식 안 놀랐어요?
미현 (서류 보며) 뭐가요.
두식 나 이렇게 불쑥 찾아온 거.
미현 올 줄 알았어요.
두식 (뭔 말인가)
미현 (서류 보는)
두식 안 반가워요?
미현 (서류 보는) 우리 어제도 봤잖아요.

미현이 계속 일에 집중한다.

두식이 의자를 끌어다가 미현의 옆에 앉는다.

두식 (한숨) 흐음….

두식의 얕은 한숨 소리에 살짝 서운함이 묻어난다.

미현 (고개 숙이고 일하며) 올 줄 알았다는 건, 총소리를 들었거든요.
두식 (어?)
미현 김두식씨 사격 소리는 속도가 빠르고 간격이 일정해요. 김두식씨 외에 그 누구도 그렇게 정확하고 빠른 연사를 구사하지 못해요.
두식 지하 사격장 총소리가 여기까지 들려요?
미현 난 청력이 좋아요.
두식 여기 5층인데….
미현 난 청력이 좋아요. 아주 많이.

두식이 갸우뚱하는데, 미현이 다시 서류를 들여다본다.
조용한 사무실에 서류 넘기는 소리만 들린다.
두식이 미현 옆에 정자세로 앉아 있다. 벽시계는 오후 6시 10분.

cut to_ 시간 경과
많이 얇아진 서류. 벽시계는 오후 7시 25분.
미현이 허리를 펴며 옆을 보면, 두식이 일에 방해되지 않게 가만히 기다리고 있다.
두식은 한 시간 넘게 조금도 흐트러짐이 없다.

미현 부동자세 유지가 대단하군요. 처음 봤어요.
두식 뭘요?

미현　김두식씨 요원다운 모습이요.

두식　아… 그랬군요.

두식이 어색하게 웃는다. 미현이 다시 서류를 들여다보며 말한다.

미현　처음엔 조금 당황스러웠어요. 김두식씨는 전설적인 블랙 요원이잖아요. 생각했던 이미지와 다르더라고요. 자꾸 실없는 농담을 하는 것도 그렇고, 너무 쉽게 감정을 드러내는 것도 같았고요.

두식　좀… 깼나요?

미현　솔직히 좀 의외였죠. 진지하지 못하다고 생각했을 뿐이에요.

두식　(진지하게) 제가 사실… (말을 망설인다) 후우.

미현　(기다려주는)

두식　(정색하고) 평생 어두운 쪽의 일만 하고 살았습니다. 그래서, 사람을 많이 못 만나봤습니다. 그래서, 사람을 대하는 게 어설픕니다.

미현　(쳐다보는)

두식　미현씨에게 잘 보이고 싶은 마음이었습니다. 나는 어쩌면… 딱딱한 사람으로 보이고 싶지 않았던 것 같습니다. 그게 지나쳐서 장난치는 걸로 보였다면 죄송합니다. 나는 다 진심이었습니다.

두식이 진심을 담아서 이야기한다. 미현이 물끄러미 쳐다본다.

미현　진심이었던 건 아는데요?

두식　에.

미현　행동이 진지하지 못한 것과는 다르지 않나요?

두식　(말문 턱)

미현　진심이었던 것을 알고 있으니 이렇게 계속 만나죠.

두식　어, 어떻게 아는데요?

미현   좀 전에 말했잖아요. 난 청력이 좋다고. 그것도 아주 많이.

미현이 책상 서랍에서 비닐봉지를 꺼내 건넨다.
비닐봉지에 깨끗하게 설거지한 그릇들과 보온병이 담겨 있다.

미현   그릇 가지러 왔죠? (창밖 눈짓하며) 어젯밤에 저기 한참 앉아 있다 갔잖
         아요.

두식   (놀란 눈으로 멀리 남산타워 바라보는) 여기서 저기 저 꼭대기에 나 앉아
         있던 게 보였어요? 그것도 밤에?

미현   난 시력도 좋아요.

두식   (버엉)

미현   아주 많이.

두식이 입을 허 벌리고 미현을 쳐다본다. 미현이 담담하게 말한다.

미현   그거 알아요? 대부분의 사람들이, 닭은 눈이 안 좋다고 알고 있죠. 하
         늘을 날지 못하는 새는 멀리 볼 필요가 없어서 시력이 퇴화된다고 생
         각하죠. 그거, 사람들이 잘못 알고 있는 거예요. 실제로 닭은 눈이 아
         주 좋아요. (안경 벗는) 날지 못한다고 눈까지 나빠질 이유는 없죠.

미현이 안경을 벗고 두식을 똑바로 쳐다본다.
(안경 벗으니 더 예쁜) 미현이 눈을 맞춰주니 두식의 심장이 쿵덕쿵덕
방망이질 친다.

미현   이 안경은 시력이 나쁜 척하느라 쓰고 다니는 거예요.

두식   (허어)

미현   내 선택이에요. 다시는 그런 임무를 맡기 싫었거든요. (쌓여 있는 서류뭉

치를 바라보며) 나는 임무보다 사무를 택했어요.

두식이 미현의 마음을 이해한다. 둘 사이에 따뜻한 교감이 흐른다.

미현   (갑자기 고개 휙 돌려 두식 보며) 있잖아요.
두식   (화들짝) 네?

미현이 손을 뻗어 두식의 의자를 주욱 잡아당긴다.
의자 바퀴가 드르륵 소리를 내며, 두식이 의자 채로 미현에게 바짝 당겨진다.

미현   (속삭이며) 나는 지금 내 비밀을 알려주고 있는 거예요.
두식   (꿀꺽)
미현   나는 오감 능력이 남들과 달라요. 김두식씨가 하늘을 나는 것처럼.

미현의 곁에 바짝 붙은 두식의 심장이 미친 듯이 쿵쾅쿵쾅 뛴다.
미현이 두식의 손을 잡아 두식의 왼쪽 가슴에 얹어준다.

미현   잘 들어봐요. (입으로 소리 내는) 쿵쾅 쿵쾅 쿵쾅 쿵쾅 쿵쾅 쿵쾅.

미현이 두식의 귀에 바짝 대고 속삭인다.
두식의 귓볼에 미현의 입김이 닿는다.

미현   맞아요? (입으로 소리 내는) 쿵쾅쿵쾅쿵쾅쿵쾅 어라, 더 빨라졌네 쿵쾅쿵쾅쿵쾅쿵쾅쾅쾅쾅 맞죠?
두식   (끄덕이는)
미현   (물러서며) 안 되겠다. 너무 빨리 뛰네요. 이러다 죽겠다.

미현이 두식이 앉은 의자를 다시 밀어내는데, 두식이 미현의 의자를 잡아당긴다.

두식의 손에 미현의 의자가 딸려오고, 의자들의 바퀴 소리가 경쾌하게 드르륵 울린다.

미현과 두식이 의자와 함께 나란히 미끄러지듯 이동한다.

두식   죽어도 좋습니다.

미현   (어우 뭐야)

두식   진짭니다.

미현   들려요.

미현과 두식이 입을 맞춘다.

#26 남산/남산타워 (늦은 저녁)

남산타워에 불이 켜진다.

저 멀리 안기부 건물 5층— 아직도 입을 맞추고 있는 두식과 미현이 보인다.

#27 안기부/정보관리국 (늦은 저녁)

두 개의 의자에 나란히 앉아 입 맞추고 있는 미현과 두식.

(E)   드으으… 으윽….

의자 바퀴가 밀려 벌어지고, 두식은 여전히 입 맞추느라 엉거주춤하다.

두식이 키스 마무리를 어떻게 하나 난감한 그때,

미현   (빵 터지며 고개 뒤로 젖히는) 푸학!

두식   (입술 내민 자세 그대로 어쩔 줄 모르는)

의자 끝에 엉덩이를 겨우 걸치고 앉아 있는 두식의 얼굴이 벌겋다.
미현이 겨우 웃음을 참으며 정색한다. 두식이 다소곳하게 다리를 모
아 앉는다.

미현   (서류 정리하며) 비밀 하나 더 알려줄까요?
두식   네?
미현   내가 아까부터 왜 이렇게 일에 집중했을까요.
두식   에?
미현   (서류 파일 탁 덮으며) 빨리 끝내고 같이 밥 먹으러 가려고요.

두식이 바보처럼 웃는다.

#28 안기부 / 남산 / 서울 / 남한 / 북한 / 우리나라 위성사진

안기부 외부. 미현과 두식이 있던 창문에 불이 꺼진다.
안기부 건물이 멀어지고, 남산이 보이고, 한강이 보이고, 서울이 보인다.
어두운 밤 지상에서 반짝이는 불빛들로 아름다운 야경을 이룬다.
이어서 남한 전체가 보이고, 더 멀리 북한까지 보인다.
하늘에서 내려다본 한반도.
남한은 아름다운 불빛들이 빛나지만, 북한은 평양을 제외한 거의 모
든 지역이 어둡다.

#29 [몽타주] 시간의 흐름

차장실_ 신문을 보는 민 차장의 표정이 어둡다. 신문 헤드라인. [IAEA
사찰단. 북한 핵 사찰 활동 시작] *1994. 5. 18.
남산길_ 남산길을 산책하는 미현과 두식. 두식이 또 썰렁한 농담을 하

고, 미현이 마지못해 웃어준다.

관리실_ 관리실에 컬러TV를 들이고 뿌듯해하는 소사.

사격실_ 사격 연습하는 주원과 두식. 두식의 표적지는 모두 늑골 부분만 명중해서 뚫렸고, 주원의 표적지는 중구난방으로 뚫렸다.

정보관리국_ 깊은 밤. 두식이 돈가스 봉지를 들고 5층 창밖에서 유리창을 두드린다. 미현이 두식을 보며 웃는다.

관리실_ 컬러TV로 야구를 보는 소사. 롯데가 이긴 듯 밝게 웃는다.

비서실_ 검은색 정장 바지를 입은 비서가 신중하게 커피를 타고 있다.

정보관리국_ 건물 밖에서 보면 방범창 창살에 빈 그릇을 담은 봉지가 매달려 있다.

차장실_ 신문을 보는 민 차장의 표정이 미묘하다. 신문 헤드라인. [북한, IAEA 핵 특별사찰 결의 시 NPT 탈퇴하겠다고 위협] *1994. 6. 6.

남산길_ 산책하는 미현과 두식. 두식이 괴상한 표정으로 썰렁한 농담을 한다. 미현이 익숙해진 듯 이제는 정말로 웃는다.

정보관리국_ 똑. 똑. 음식 봉지를 들고 유리창을 두드리는 두식. 웃는 미현.

정보관리국_ 방범창 창살에 매달려 있는 빈 그릇을 담은 봉지.

차장실_ 신문을 보는 민 차장의 표정이 밝다. 신문 헤드라인. [북한. IAEA 탈퇴 발표. 유엔제재는 선전포고로 간주하겠다는 입장] *1994. 6. 13.

정보관리국_ 유리창 노크하는 손/방범창에 매달린 그릇 봉지/유리창 노크하는 손/방범창에 매달린 그릇 봉지.

민 차장이 신문을 구겨 집어 던진다.
신문기사의 헤드라인이 클로즈업된다.
[김일성 주석. 남북정상회담 개최용의 표명] *1994. 6. 17.

#30 **안기부/5차장실 (늦은 저녁)**

구겨진 신문의 [김일성 주석. 남북정상회담 개최용의 표명] 한 글자 한 글자 확대된다.
민 차장이 전화기 호출 버튼을 누른다.

비서F (전화기 스피커) 네. 차장님.

민 차장 이미현이 오라고 해.

비서F (전화기 스피커) 저, 차장님. 이 시간이면 직원들 이미 퇴근

민 차장 (버럭) 찾아서 당장 오게 해!!!!!!

cut to

민 차장이 차갑게 가라앉은 눈으로 미현을 쳐다본다.

민 차장 김두식은 자주 만나나.

미현 네.

민 차장 많이 가까워졌어?

미현 네.

민 차장 잤어?

미현 (모멸감 참는) 아닙니다.

민 차장 김두식의 비밀이 뭐야.

미현이 짧은 순간 갈등한다.
민 차장이 꿰뚫을 것 같은 시선으로 미현을 쳐다본다.
미현이 한 호흡 느리게 대답한다.

미현 아직 모르겠습니다.

민 차장 아직도 몰라?

미현 네.

민 차장 (지그시 노려보는)

미현 (무표정하게 마주 보는)

정적이 흐른다. 미현이 민 차장의 눈을 피하지 않는다.
짧은 정적을 민 차장이 깬다.

민 차장 수고했어.

미현 네?

민 차장 임무를 종결하지.

미현 종결이라고 하셨습니까.

민 차장 그동안 잘해주었어. 가봐.

미현 (잠시 멈칫하다가) 네. 알겠습니다. 감사합니다.

미현이 돌아서는데, 순간 민 차장의 입꼬리가 올라가는 것을 본다.
미현이 문을 열고 나가는데, 뒤에서 민 차장의 새는 숨소리가 들린다.
민 차장의 웃음소리를 알아챈 미현의 목에 소름이 돋는다.

#31 안기부/5차장실/비서실 (늦은 저녁)

미현이 문밖에서 여 국장과 마주친다.
여 국장이 들고 있던 종이가방을 슬쩍 감춘다.

여 국장 여기서 뭐 해.

미현 차장님 호출이었습니다.

여 국장 그 비밀 임무? 그거 여태 안 끝났어?

미현 방금 끝났습니다.

여 국장 그래? (피식) 나도 이제 됐네, 그럼.

여 국장이 그대로 차장실로 들어간다.

미현이 불안한 표정으로 닫힌 문을 쳐다본다.

비서가 미현을 쳐다본다.

미현이 비서에게 무슨 말을 하려다가 차마 못 하고 나간다.

#32 안기부/복도 (늦은 저녁)

모두 퇴근하고 아무도 없는 텅 빈 복도를 미현이 혼자 걷는다.

미현na 왜지…?

미현의 표정에 알 수 없는 불안감이 깃든다.

#33 안기부/5차장실 (늦은 저녁)

여 국장이 종이가방에서 8mm 비디오테이프들을 꺼내 민 차장에게 건넨다.

여 국장 이미현에게 임무 종결을 시키셨다고요.

민 차장 그리했네. 계획대로 됐지.

여 국장 차장님. 용인술이 정말 대단하시네요.

민 차장 용인술?

여 국장 사실, 처음에는 차장님께서 저런 닭대가리를 신뢰하시는 게 이해되지 않았어요. 아무리 요원이었다고 해도 큰 임무를 말도 안 되는 실수로 망쳤던 하자가 있는 직원을 굳이….

민 차장 이미현이 실수로 임무를 망쳤다고?

여 국장 네. 그 갈매기 작전.

민 차장 실수가 아니야.

여 국장 네?

인서트

[구형 타자기 자막: 2년 전] 안기부 감찰반. [묵음]

안기부 감찰반에 임무 실패 사유를 설명하는 연변작전 팀장 마상구.

상구는 억울하다는 표정으로 미현을 욕하고 있다.

감찰실 이중창 밖에서 듣는 민 차장의 표정에 의혹이 가득하다.

민 차장 갈매기 작전 내부 감찰에 참관했었지. 상황을 들을수록 뭔가 수상했지. 마치 누군가 일부러 놓아준 것 같은 느낌이 들었거든.

여 국장 네…?

민 차장 갈매기 작전은 이미현이 실수로 섬광탄을 던져서 실패했지. (안경 고쳐 쓰며) 그게 실수였을까?

여 국장 그럼…!!

민 차장 이미현은 모든 훈련 과정에서 안기부 창설 이래 최고 득점자야. 그런 이미현이, 최루탄과 섬광탄을 헷갈리는 초보적인 실수를 했을까.

#34 안기부/정보관리국 (늦은 저녁)

모두 퇴근하고 텅 빈 사무실. 혼자 남은 미현이 생각을 더듬는다.

두식v.o 민 차장, 무서운 사람입니다. 목표를 위해 수단과 방법을 가리지 않아요. 치밀하게 계략을 세우고 사람을 도구로 사용하는 데 거침이 없습니다.

민 차장과 여 국장이 했던 말을 떠올린다.

민 차장v.o 그동안 잘해주었어. 가 봐.

여 국장v.o 나도 이제 됐네, 그럼.

미현이 고개 들어 국장실을 본다.

국장실 전면 유리창의 블라인드가 걷혀 있다.

#35 안기부/5차장실 (늦은 저녁)

민 차장 이미현을 감찰하며 주변을 모두 털었지만, 수상한 점은 없었어.

여 국장 그럼 왜….

민 차장 남는 건 하나야. (비웃는) 그놈의 싸구려 휴머니즘.

여 국장 휴머니즘이요?

민 차장 당시 상황을 녹취해보니 마음 약해빠진 휴머니스트들이라면 충분히 흔들릴 만하겠더군.

여 국장 그렇다면… 이미현이 자기 경력을 다 망칠 걸 감안하고 그런 짓을 했단 말입니까? 경력은 차치하고 자칫하면 간첩으로 몰릴 텐데요?

민 차장 그런 인간이 또 있었거든.

여 국장 네?

민 차장 김두식.

#36 안기부/정보관리국 (늦은 저녁)

미현이 국장실로 다가간다. 국장실 문을 열어보지만 잠겨 있다.

블라인드 사이로 국장실 안을 유심히 들여다본다.

불은 꺼져 있고 컴퓨터도 꺼져 있다. 벽과 바닥 천장에도 수상한 것이 보이지 않는다.

책상 위 집기들. 스탠드 조명. 펜꽂이. 연필깎이. 서류함 등 별다른 게 보이지 않는다.

돌아서려는 순간, 미현이 멈칫한다.

#37 안기부/5차장실 (늦은 저녁)

민 차장 김두식은 7년 전 단독 행동을 했어. 이미 늦은 상황에서, 혼자서라도 사람들을 구하겠다고 목숨을 걸었지. 휴머니즘이 넘치지 아주.

플래시백_ 8화 #8
필사적으로 항공기를 불시착시키려는 김두식.

여 국장 그럼 차장님께서 감찰 과정에서 이미현을 알게 됐고, 비슷한 성향의 김두식을…

민 차장 순서가 바뀌었어.

여 국장 네?

민 차장 내가 이미현 따위에게 관심을 가질 이유가 없잖아. 김두식이 유일하게 실패했던 갈매기 작전을 조사하다가 이미현을 알게 됐지.

여 국장 아…!! 그럼, 갈매기 작전 당시에 김두식과 이미현이 이미 접촉했었다는 말입니까?

민 차장 가능성이 아주 높다고 보네.

플래시백_ 8화 #72
룡정호텔. 미현에게 총구를 겨눈 두식.

민 차장 그 철두철미한 김두식이 왜 실패했을까. 과연 실패였을까. 그 상황을 묵과한 것은 아니었을까?

플래시백_ 8화 #72
룡정호텔. 차마 미현을 쏘지 못하는 두식.

민 차장 이미현의 의도된 실수. 김두식의 석연치 않은 실패. 둘은 같아.

그때, 노크 소리가 들리고, 비서가 들어와서 커피 두 잔을 테이블에 놓고 나간다.

비서는 굽이 낮은 구두와 검은색 정장 바지를 입었다.

민 차장 동류는 동류에게 끌리지. (비웃는) 그래서 둘을 엮어보기로 했네.

여 국장 그래서… 둘은 가까워졌습니까?

민 차장 김두식은 블랙이야. 누군가 접근하면 즉시 제거하거나 상부에 보고해야 하지. 그런데 안 하더군.

여 국장 이미현에게 빠졌군요. 계획대로 되신 건가요?

민 차장 (커피 마시며) 한쪽만 그래선, 엮인 게 아니지. 둘이 단단히 얽혀져 하나로 묶여야 그게 엮이는 거지.

여 국장 그럼 이미현도… 김두식에게 빠져야 하는데….

민 차장 그렇게 됐어.

여 국장 그걸 어떻게….

민 차장 거짓말을 하더군. 임무를 어기면서까지.

여 국장 네?

민 차장 (만족스러운 표정으로 커피 마시는) 봤거든. 내가.

응접 테이블의 8mm 비디오테이프. 민 차장 책상 옆의 TV.

차장실 문이 살짝 열려 있다.

#38 안기부/정보관리국 (늦은 저녁)

불 꺼진 국장실 유리창 앞에 서 있는 미현.

미현이 유리창에 바짝 붙어 국장의 책상 위를 뚫어져라 본다.

스탠드 조명. 펜꽂이. 연필깎이. 서류함. 캘린더. 책꽂이. 그런데, 연필이 없다.

미현이 안경을 벗는다. 미현의 동공이 확장된다.

유리창에 바짝 붙어 연필깎이에 시선을 집중한다.

연필깎이의 연필 넣는 구멍 안쪽이 막혀 있는 느낌이다.
미현이 연필깎이 구멍의 각도를 바라본다.
연필깎이 구멍의 방향이 유리창 건너편의 이쪽 사무실 전경이다.
미현이 유리창에 귀를 바짝 갖다 댄다. 미현의 귀. (c.u)
미현의 귀에 아주 미세한 기계음이 들린다.

(E) 우우웅….

최대한 청력을 돋우는 그때,

(E) 따르르르릉…!

미현의 책상 전화벨이 울린다.
전화기의 '비서실' 램프가 반짝인다. 미현이 전화를 받는다.

비서F (속삭이는) 거짓말한 걸 봤대요.

비서는 그 말 한마디만 하고 전화를 바로 끊는다.
미현이 수화기를 떨군다.
잠시 멍하니 서 있던 미현이 찬물을 뒤집어쓴 표정이 된다.
서랍에서 클립 한 움큼을 집어 들고 사무실 밖으로 달려 나간다.

#39 [몽타주] 안기부/5층-1층 계단/커피자판기 앞/복도

5층부터 1층까지 달려 내려가는 미현의 표정에 불안감이 가득하다.
미현이 계단에서 발을 헛딛다가 다시 일어나 달려 내려간다.
정신없이 뛰는 미현의 모습 위로 민 차장의 모습이 겹쳐진다.

플래시백_ 8화 #56

커피자판기 앞의 미현과 두식을 슬쩍 보고 돌아서는 민 차장.

미현이 1층 비상구 문을 열고 미끄러지듯 달려와 커피자판기 앞에 선다.
자판기에서 은은하게 들려오는 기계음. 미현이 자판기에 귀를 바짝
갖다 댄다.
미현의 귀. (c.u) 크게 들리는 기계음.

(E)   우우웅….

클립 두 개를 자판기 열쇠 구멍에 밀어 넣고 돌린다.

(E)   철컥…!

열쇠 구멍이 돌아가고, 미현이 자판기 덮개를 열어젖힌다.
미현의 눈이 커진다.
자판기 안쪽, 커피 이미지 뒤에 8mm 초소형 캠코더가 설치되어 있다.

플래시백_ 9화 #4

민 차장 책상에 쌓여 있는 8mm 비디오테이프들.

미현이 절망적인 표정으로 초소형 캠코더를 본다.
초소형 캠코더에서 테이프에 녹화되면서 나는 소리.

(E)   우우웅….

미현이 열린 자판기 앞에 우두커니 서 있다.

인서트

자판기 속 초소형 캠코더와 국장실의 연필깎이가 겹쳐진다.

우두커니 서 있는 미현의 뒷모습.
미현의 뒷모습에서 멀어지며 캠코더 소리가 이어진다.

인서트

자판기 시점 – 자판기 앞 의자에 앉아서 대화 나누는 두식과 미현.
"실패하지 않은 걸로 하죠."

인서트

연필깎이 시점 – 창밖 공중에 떠 있는 두식을 바라보는 미현.
"김두식씨 비밀을 알려줘서 고맙다고요."

소음처럼 깔리던 캠코더 돌아가는 소리가 뚝 멈춘다.

인서트

"특별히 뭘 하려고 하지 마. 자네 임무는 그저 김두식과 최대한 가까워지는 것. 그것뿐이야."

인서트

"김두식에겐 부모 형제도 연인도 없어서 통제할 방법이 없어."

미현이 허물어지듯 주저앉는다.

인서트

"김두식의 비밀이 뭐야."

"아직 모르겠습니다."

"아직도 몰라?"

"네."

미현이 자판기 앞에 주저앉아 있다.

화면 서서히 어두워지며 암전된다.

미현na 나는 그의 인질이 되었다.

#40 안기부/5차장실 (오후)

TV 화면 - 미현이 국장실 유리창 안을 들여다보고 있는 모습.

민 차장이 일시정지를 누른다. 책상에 8mm 비디오테이프들이 쌓여 있다.

민 차장 대단한데? 연필깎이에 카메라가 숨겨진 건 어떻게 알았지?

미현 연필꽂이에 연필이 없었습니다.

민 차장 (내심 감탄하는) 역시 사무직원으로 쓰기엔 아까운 인재였어. (차갑게 쳐다보는) 그래. 왜 찾아왔나?

미현 드릴 말씀이 있어서 왔습니다.

민 차장 뭔데. (차가운) 건방지게 겨우 7급 주사 따위가, 서열 2위 차장에게 개인 면담을 요청했는데, 드릴 말씀이 뭔데.

미현 저에게 맡겨진 임무는 두 가지였습니다. 김두식씨와 가깝게 지낼 것.

민 차장 (끄덕)

미현 그리고, 김두식씨의 임무 수행 가능 여부 분석. 저는 아직 그것을 분석하지 못했습니다.

민 차장 그것도 잘해주었어.

미현 네…?

민 차장 임무 수행의 끝은 복귀야. 완전히 혼자인 김두식은 미복귀 및 잠적 가능성이 있어서 이번 극비임무를 맡기기가 불안했지. 그래서, (미현의 위아래를 훑으며) 돌아와야 할 구멍이 하나쯤 필요했어.

미현의 눈가가 가늘게 떨린다. 민 차장의 눈이 뱀처럼 차갑다.

미현 그렇게까지 김두식에게 임무를 맡기는 이유가 뭡니까. 다른 블랙 요원들도 있지 않습니까.

민 차장 그는 독보적이야. 신기에 가까운 사격 솜씨. 그리고, 하늘을 날 수 있지. 이걸 누가 상상이나 할 수 있겠나. 그곳이 어디든, 완벽하게 은밀한 침투가 가능한 유일무이의 존재가 김두식이야.

미현 대체 어떤 임무를 맡기려고.

민 차장 (싸늘한) 주제넘은 질문인데?

미현 (입 다무는)

민 차장 나가. 상급자의 호의는 여기까지다.

미현 (주저하는)

민 차장 나가라고 했어. 널 언제든지 자를 수 있는 상급자의 명령이다.

미현이 마지못해 묵례하고 돌아서서 문으로 걸어간다.
그때, 뒤에서 들려오는 민 차장의 음침한 목소리.

민 차장 자네도 김두식과 같은 상황인 것을 잊지 마.

미현 (멈칫)

민 차장 이해송. 1941년생. 아내와 사별 후 뇌경색으로 8년째 요양 중. 현 거주지 경기도 양평 요양병원. 일부 국가기관의 공무원 직계 가족에게만 의료혜택이 있는 국가 지정 보훈병원. 병원비에 요양비까지 어지간한 봉급으론 엄두도 못 낼 텐데, 하나밖에 없는 딸이 국가기밀 기관의 공무원이라 다행이야.

미현이 천천히 뒤돌아본다. 미현의 표정이 담담하다.
감정을 드러내지 않는 미현을 보며 민 차장이 내심 감탄한다.

민 차장 주말마다 내려가던데 요즘은 야근이 밀려서 자주 못 봤지? 아버님은
국가가 잘 돌봐주고 계시니 걱정 말고.
미현 (흔들리지 않는 표정) 알겠습니다.
민 차장 자네 임무는 끝났어. 항상 지켜보겠네. 나가봐.

미현이 조용히 문을 열고 나간다.

#41 안기부/5차장실/비서실 (오후)
미현이 문을 닫고 비서 앞을 지나간다.
비서가 미현을 보고 당황한다.

비서 (나직하게) 정말, 정말로 속상하시구나….

#42 안기부/5차장실 앞 복도 (오후)
복도를 걸어가는 미현의 눈에서 애써 참았던 눈물이 흐른다.

#43 안기부/정보관리국 (늦은 저녁-밤)
안기부 건물 외관. 5층 정보관리국의 불이 켜져 있다.
미현이 5층 창가에 서서 멀리 남산타워 꼭대기를 바라본다.
밤이 찾아오고 남산타워의 불빛이 켜진다.
미현이 안경을 벗는다. 남산타워를 하염없이 바라본다.

미현na 그는 오지 않았다.

#44 남산돈까스 (저녁)

미현이 구석 자리에 혼자 앉아서 돈가스 접시를 쳐다본다.
식당에 손님이 들어올 때마다 습관처럼 문을 바라본다.

cut to

미현이 자리에서 일어선다. 접시에 음식이 그대로 남아 있다.

미현na 그의 연락처도 그가 사는 곳도 몰랐다.

#45 남산길 (밤)

미현이 혼자 남산길을 걷는다.
벚나무의 꽃이 떨어진 가지에 버찌 열매가 알알이 열려 있다.
미현이 버찌 열매들 사이로 밤하늘을 올려다본다.

미현na 기다리는 것 말고 할 수 있는 게 없었다.

#46 안기부/1층/복도/커피자판기 앞 (늦은 저녁)

미현이 자판기 앞에 혼자 앉아 있다.
손에 쥔 커피가 식어 프림이 떠 있다.

미현na 열흘이 넘게 그를 만날 수 없었다.

#47 남산길 (새벽)

환경미화원이 남산길을 빗자루질한다.
쓰레받기 안에 스포츠 신문지가 보인다.

신문기사 헤드라인 - [94월드컵 독일에 2:3 석패. 아쉬운 16강 진출 실패]
*1994. 6. 29.

미현na 7월이 되었다. 그는 오지 않았다.

#48 [몽타주] 안기부/곳곳

안기부의 사무실들이 교차되며, 긴박한 분위기가 이어진다. [묵음]

미현na 그리고 7월 9일. 중국발 미확인 첩보가 안기부 내부를 휩쓸었다.

울리는 전화벨들. 밀려 나오는 팩스들. 팩스와 전화를 받고 당황하는
직원들. 사방에 전화를 걸어 사실 확인하는 직원들. 패닉에 빠진 직원
들. 복도의 각 부서 문이 열리고 쏟아져 나오는 직원들. 찢어진 팩스
들을 들고 복도를 달리는 직원들.

정보관리국_ 여 국장이 팩스를 받아보고 경악한다. 쉴 새 없이 밀려
나오는 팩스들. 정보관리국 직원들이 저마다 팩스를 확인하며 놀란
다. 미현이 쏟아지는 팩스 한 장을 집어 든다. 미현의 눈이 커진다.

5차장실_ 팩스를 움켜쥔 여 국장이 문을 박차고 들어와 민 차장에게
전달한다. 민 차장이 팩스를 받아 읽는다. 민 차장의 입꼬리가 슬쩍
올라간다.

#49 [몽타주] 서울 시내 곳곳

새벽을 달리는 신문 수송 트럭들.
신문보급소에 신문 수송 트럭이 들어선다.
배달원들이 신문을 받아서 골목골목으로 흩어진다.

미현na 　미확인 첩보는 사실로 확인되었으며, 북한의 공식 발표가 있었다.

　집집마다 던져지는 신문들의 1면 헤드라인.
　[김일성 사망] *1994. 7. 10.

미현na 　북한의 1호가 사망했다.

　신문가판대 곳곳에서 신문을 읽는 시민들. [김일성 사망]
　시내 빌딩 전광판에 크게 뜨는 뉴스 화면들. [김일성 사망]
　버스터미널 대합실에서 TV 뉴스를 보는 시민들. [김일성 사망]

미현na 　남북정상회담이 열리기까지 불과 보름밖에 남지 않은 시점이었다.

　남산타워 꼭대기의 TV 전파 송신탑이 멀어진다.

#50 안기부/5차장실 (오전)
　신문을 보는 민 차장의 눈이 꿈틀거린다.
　신문 헤드라인. [金日成 사망]

미현na 　북한 1호가 사망했다는 첩보를 조금 먼저 알았을 뿐,

　기사를 보는 민 차장의 표정이 의혹으로 가득 찬다.
　헤드라인 [金日成 사망] 밑의 문구 [北 "8일 새벽 2시 심근경색으로" 발표]

미현na 　안기부조차 정확한 사망 원인을 북한의 공식 발표로 알게 되었다.

　민 차장이 신문을 구긴다.

미현na 세계 어느 정보기관도 북한의 공식 발표를 믿지 않았다. 민용준 차장은 더욱 그랬다.

구겨진 신문의 '심근경색' 문구가 도드라진다. (c.u)

미현na 그리고 그는 복귀하지 않았다.

cut to

민 차장과 여 국장이 은밀한 대화를 나눈다.

cut to

각 부서의 국장과 실장들이 민 차장 앞에 도열해 서 있다.
정보수집에 실패한 부서장들이 침통한 표정으로 입을 열지 못한다.
무거운 분위기 속에서 민 차장이 입을 연다.

민 차장 (단언하는) 이번 사건은 문산의 단독 행동으로 보인다.
간부들 (놀라는)
정보실장 단독 행동이 가능합니까? 이건 상부의 명령이 있어야 가능한
민 차장 (말 끊는) 상부 어디? 우리가 상부 아닌가?

민 차장이 살벌하게 노려보자 정보실장이 찔끔 입을 다문다.
누구도 말문을 열지 못하는데, 여 국장이 나서서 상황을 정리하듯 말한다.

여 국장 모든 열쇠는 문산이 쥐고 있습니다.
민 차장 문산의 행방을 파악하는 것이 관건이겠군.
여 국장 마지막 행적은 7일 밤 22시 북으로 넘어간 것으로 확인되었습니다.

간부들의 놀란 시선이 여 국장에게 쏠린다.

정보실장 이봐. 정보관리국장. 그 정보를 어디서

여 국장 (대뜸) 이봐요. 정보실장님. 지금 우리 정보관리국의 정보라인을 오픈
하라는 겁니까.

정보실장 (발끈하는) 이건 우리 조직이 생긴 이후 최대 사건이야. 이 사안은 정보
를 공유해서 좀 더 면밀히

여 국장 (반박하는) 이건 정보팀의 역량 차이 아닙니까? 지금 정보관리국의 성
과를 가로채려는 겁니까?

간부들이 일제히 웅성거린다.
사태를 관망하던 나이 지긋한 대공수사국장이 나선다.

수사국장 (점잖게 타이르는) 여 국장. 젊은 사람이 유도리가 없구만. 지금 우리가
성과를 다투자는 게 아니잖아. 일이라는 게 순서가 있지 않나. 정보의
진위여부를 분석하기 위해

민 차장 (말 끊는) 조용.

민 차장의 낮은 목소리에 간부들이 순식간에 조용해진다.

민 차장 이미 확인된 정보의 뒤를 다시 캘 시간이 있나. 김두식이 북에 가서
무슨 짓을 어떻게 했는지 알아내는 게 중요해. 잠적해버린 김두식의
행방을 쫓아야 할 것 아냐.

수사국장 (차분하게) 5차장님. 지금 김두식, 그러니까 문산이 단독 행동으로 북
에 갔다는 것을 전제로 말씀하시는데, 그걸 먼저 확인해야

민 차장 (대공수사국장 노려보며) 씹새끼가 진짜….

민 차장의 갑작스런 폭언에 나이 지긋한 대공수사국장이 아연실색한다. 찬물을 끼얹은 것처럼 분위기가 경직되고, 민 차장이 살벌한 눈빛으로 좌중을 훑는다.

간부들이 민 차장과 눈도 못 마주치는데, 여 국장 혼자 득의만면한 표정으로 꼿꼿하다.

분위기가 이상하게 돌아가는 것을 눈치챈 간부들이 입을 다문다.

민 차장 (싸늘한) 간부라는 새끼들이 지금 중요한 게 뭔지 모르겠나. 김두식은 우리 소속이야. 김두식이 입을 어떻게 놀리느냐에 따라서 우리 조직의 존립 자체가 흔들리는 거 모르겠어.

간부들 (조용)

민 차장 (씹어뱉듯) 니들 싹 다 모가지 날아가기 싫으면 내 말 잘 들어. 각자 부서의 모든 인력을 총동원해서 어떻게든 김두식을 잡아와.

간부들이 앞서거니 뒤서거니 달려 나간다.

미현na 민 차장은 조직을 총동원해서 그의 행방을 쫓았다.

#51 안기부/5차장실 앞 복도 (오전)

5차장실 문이 열리고 간부들이 쏟아져 나온다.
석연치 않은 표정의 간부들이 저마다의 계산을 굴리며 복도를 걸어간다.
제각각이었던 간부들의 표정이 서서히 적대감으로 같은 표정이 된다.

미현na 그는 안기부 전체의 적이 되었다.

#52 안기부/정보관리국 (오후)

사무실이 고요하다. 낡은 선풍기 돌아가는 소리만 들린다.

모든 직원들이 업무에 열중하는 척 미현을 훔쳐본다.
미현의 작은 움직임에도 전 직원이 움찔한다.

미현na 나도 그와 마찬가지였다.

#53 요양병원/병실 (오후)

미현이 침대에 누운 아버지 입에 죽을 떠 넣어준다.
미현의 아버지가 무의식적으로 죽을 받아먹는다.
병실 문밖. 요원으로 보이는 남자 둘이 미현을 지켜보고 있다.
미현이 그들을 외면한 채 아버지에게 죽을 떠먹인다.

#54 안기부/컨테이너 관리실 (오후)

소사가 관리실 밖에 앉아서 부채질을 하고 있다.
주차장이 텅 비어 있다. 주차되어 있는 검은 차들에서 더운 열기가 피
어오른다.

미현na 그리고 그해, 1994년의 기록적인 폭염이 시작되었다.

#55 안기부/주차장 (오후)

한낮의 하늘에 태양이 불타오른다.

미현na 나는 자꾸 하늘을 보는 버릇이 생겼다.

미현이 주차장 앞 벤치에 앉아 하늘을 올려다보고 있다.
점심식사를 마친 직원들이 그늘로 걸어오다가 미현을 보고 돌아간다.
삼삼오오 몰려가는 직원들의 표정이 모두 더위에 지쳤다.

미현na 모두가 이 더위가 끝나기를 바랐다. 모두가 비를 기다렸다.

주차장 구석의 아스팔트 바닥에 비둘기 한 마리가 떨어져 죽어 있다.
비둘기의 날개 깃털이 빠삭 말라 푸석하다.

미현na 나는 그를 기다렸다.

#56 **안기부 / 1층 / 복도 / 커피자판기 앞 (늦은 밤)**

미현이 커피자판기를 물끄러미 본다.
커피자판기가 신형으로 교체되어 있다.
프리미엄 자판기 메뉴에 'ICE 커피' 버튼이 새로 생겼다.

미현na 그는 돌아오지 않았다.

미현의 목덜미에 땀이 흐른다. 그럼에도 'HOT 커피' 버튼을 누른다.

#57 **남산길 (저녁)**

매미가 벚나무에 붙어서 운다. 빗방울이 떨어진다.

미현na 8월이 되었다. 기다리던 비가 내렸다.

남산 너머로 천둥과 벼락이 친다. 빗방울이 거세진다.
매미가 빗물에 쓸려 바닥에 떨어진다.

#58 **미현 집 / 거실 (밤)**

창밖으로 빗소리가 들린다.
보라색 베란다 커튼에 가려진 집 안이 어둑하다.

미현na　나는 그의 인질이 되었다.

미현이 집 안의 불을 모두 끈 채 소파에 웅크리고 앉아 있다.

미현na　그는 나를 그만큼 소중하게 생각할까.

(E)　꽈릉--!!

천둥 번개가 치고 창밖이 환해진다.
커튼에 투과된 벼락 빛이 거실을 보라색으로 밝혔다가 어두워진다.
빗소리가 다시 커진다.

미현na　사람을 많이 만나보지 못했다던 그는 모든 것이 서툴렀다.

　　인서트

　　자꾸 어색한 농담을 건네던 두식.

미현na　모든 것이 서툴렀지만 모두 진심이었다.

　　인서트

　　음식 봉지를 들고 창밖에서 노크하는 두식.

미현na　그는 돌아와서는 안 된다. 그가 위험해진다.

　　인서트

　　"죽어도 좋습니다." 말하며 키스하는 두식.

미현na　하지만, 그가 내게 했던 모든 농담은 진심이었다.

(E)   꽈릉--!!

또다시 천둥 번개가 친다. 미현의 눈동자가 커진다.
커튼을 투과한 빛이 거실 바닥을 보라색으로 물들인다.
미현이 소파에서 일어나 베란다 창가로 걸어간다.

(E)   꽈릉--!!

베란다 밖이 환해지는 순간, 커튼에 사람의 그림자가 찍힌다.
미현이 커튼을 잡아떼듯이 걷어내고 베란다 창문을 연다.
빗방울이 열린 창문으로 들이친다. 미현이 창밖을 보며 말한다.

미현   어떻게 왔어요?
두식   (웃는) 보라색.

쏟아지는 빗속. 거뭇하게 돋은 수염. 지치고 마른 얼굴.
김두식이 창밖에 떠 있다.
미현이 안타까운 표정으로 창밖의 김두식을 쳐다본다.

미현   (울먹이는) 왜… 왜 왔어요?

미현의 눈물이 빗물과 섞여 흐른다.
두식이 영원처럼 웃으며 말한다.

두식   죽을 것 같아서요.

미현이 창밖으로 몸을 내밀어 두식을 끌어안는다.

미현과 두식이 키스한다.

미현na 사람을 많이 만나보지 못했다던 그는 모든 것이 서툴렀지만 모든 것이 진심이었다.

미현을 끌어안은 두식의 등에 레이저 조준기의 빨간 점들이 찍힌다.
맞은편 아파트에 잠복한 저격수들이 두식을 조준하고 있다.
아파트 주차장의 차들에서 요원들이 쏟아져 나온다.

미현na 그가 내게 했던 모든 농담은 진심이었다.

미현과 두식이 더욱 온 힘을 다해 끌어안는다.

미현na 아니, 사랑이었다.

제10화
괴물

[흑백] 울산/나이트클럽/계단/홀 (여름/오후)

암전된 화면. [구형 타자기 자막: 1990년 여름. 울산]

[롱테이크 시작] 화면을 가렸던 남자가 걸어 나가자, 화면이 밝아진다.

나이트클럽 지하 계단을 걸어 내려가는 남자의 뒷모습을 따라간다.

계단을 장식한 알전구들이 군데군데 깨져 불빛이 깜빡거린다.

벽과 바닥에 온통 피가 튀었고, 계단 곳곳에 피투성이가 된 조폭들이 쓰러져 있다.

남자의 무표정한 등이 쓰러진 조폭들을 무심하게 넘어 계단을 걸어 내려간다.

피칠갑이 된 계단이 바닥을 알 수 없는 무저갱처럼 실제보다 더 깊게 느껴진다.

남자가 지하에 내려서면, 벽에 거대한 '울산 최대 나이트클럽 국빈관' 간판이 있다.

(E)   콰지직!!

남자가 주먹을 아크릴 간판에 쑤셔 박아 벽을 훑으며 걸어간다.

아크릴과 형광등이 깨져 불꽃이 튀는데도 아랑곳하지 않는다.

피투성이가 된 팔뚝으로 문을 열고 들어서면 홀 안은 온통 난장판이다.

깨진 술병들과 부서진 집기들의 건너편, 홀 중앙에 울산과 포항 조폭 패거리와 포항 조폭 패거리가 대치 중이다. 두 파는 각자 두목을 둘러 싸고 대치 중인데, 포항 조폭의 수가 더 많아서 이미 전세는 기울어진 느낌이다. 하지만, 10여 명밖에 남지 않은 울산파의 기세가 워낙 살벌 해서 포항 조폭들이 마무리를 주저하고 있는 모양새다.

남자가 다가서자, 포항 조폭 행동대장 민기가 반색하며 길을 열어준다.

포항 조폭들의 무리가 갈라지며 무표정한 장주원의 얼굴이 드러난다.

[롱테이크 끝]

주원이 산책하듯 지나가면, 포항파 조폭들이 바라보는 표정에 경외감
이 가득하다.
부하들에게 둘러싸여 있던 포항파 보스 김광진이 주원을 반긴다.

광진   (안도하며 타박하는) 와 이리 늦었노. 또 길 못 찾았나.

주원   (꾸벅)

광진   (서류 건네며) 일 봐라.

주원   (서류 받는) 예.

주원이 서류를 받는데 팔뚝의 상처가 어느새 다 아물었다.
광진이 슬쩍 옆으로 비켜주고, 주원이 울산파를 향해 뚜벅뚜벅 걸어
간다.
울산 조폭들의 시점에서 보면, 주원이 살벌한 대치 공간을 아무렇지
않게 걸어온다.
일순간 이해되지 않는 상황. 울산 조폭들의 어리둥절한 시선이 주원
에게 집중된다.

(E)   뚜벅. 뚜벅. 뚜벅. 뚜벅….

적막 속에서 주원의 발자국 소리만 울린다.
울산 조폭들의 뒤로 울산파 보스 전재성이 테이블에 앉아 있다.
재성이 느긋하게 안주 접시의 커피땅콩을 집어 먹는다.
열세의 상황에서도 꿀리지 않는 재성의 태도에서 만만치 않은 기운이
느껴진다.
빨간 재킷을 입은 울산 조폭 행동대장(빠따)이 주원의 앞을 가로막는다.

빠따   (야구배트 들고 주원의 앞을 막아서며) 니 머고.

주원   (계속 걷는) 비키라.

빠따   (배트 휘두르는) 이 개새끼가 도랐나?!!

(E)   뻐억!!

빠따가 주원의 머리통을 후려친다. 피가 튄다.

주원na 가진 것이라고는 튼튼한 몸뚱이밖에 없었다.

주원의 무표정한 얼굴에 피가 흐른다.
뭐 이런 게 다 있나 빠따가 주춤한다.

주원na 그런데 그 몸뚱이가 지나치게 튼튼했다.

포항 조폭들은 쳐다보고만 있고, 심지어 몇은 피식 웃는다.
주원이 울산파 보스 재성에게 계속 걸어간다.
울산 조폭들이 각종 연장들을 치켜든다.
야구배트와 손도끼와 회칼들이 주원의 앞을 가로막는다.

주원na 나는 이 몸으로 할 수 있는 가장 쉬운 일을 택했다.

울산 조폭들이 일제히 주원에게 달려든다.
주원이 맨주먹을 움켜쥔다.

#2 **인천/신포동 먹자골목/거리 (겨울/자정)**

먹자골목 입구에 걸려 있는 큼지막한 플래카드 위로 싸락눈이 내린다.
'연말연시 음주운전 집중 단속기간. 1990.11~1991.1. 인천지방경찰
청장'

골목 안쪽의 횟집 앞에 대리기사들이 기다리고 있다.

식당 셔터 문이 열리고 만취한 회사원들이 쏟아져 나온다.

함께 나온 종업원이 기다리던 대리기사들에게 얼른 차키들을 나눠 준다.

만취한 중년들이 서로, 너 먼저 가라, 아니다 한잔 더 하자, 심야영업 금진데 어딜 가냐, 어쩌고 떠들썩하다. 중년들의 실랑이가 잦아들고 몇 대의 차가 먼저 출발한다.

직장 상사들이 먼저 가고, 말단 직원인 중년 남자가 혼자 남았다.

중년 남자가 제 손바닥에 입김을 내어 술 냄새를 맡아본다.

제 딴엔 괜찮겠다 싶었던지 골목에 주차된 자동차로 비틀비틀 걸어간다.

멀찌감치 골목 밖에서 누군가 훔쳐보더니 중년 남자를 따라간다.

중년 남자가 주변을 슬쩍 확인하고 자동차에 얼른 올라타서 시동을 켠다.

골목 밖으로 자동차를 몰고 나오는데, 누군가 달리는 자동차 앞으로 뛰어든다.

(E) 끼이이이익…!! 꽝!!

눈 내리는 밤하늘. 싸락눈 사이로 큰 눈송이가 하나가 천천히 떨어진다.

눈송이를 따라 내려오면, 눈 쌓인 도로에 장주원이 차에 치여 누워 있다.

한눈에 보기에도 주원의 모습이 심상치 않다. 가죽 잠바 속 오른쪽 어깨는 빠져서 팔이 괴상하게 늘어져 있고, 왼쪽 다리는 발목 아래가 부러져 반대로 돌아가 있다.

수염이 무성한 주원의 얼굴. 주원이 살짝 인상을 찡그린 채 눈을 감고 있다.

주원의 머리에서 피가 흘러나와 하얀 눈 바닥을 빨갛게 물들인다.

중년 남자가 차에서 뛰쳐나와 아이고 이걸 어떡해 비명을 지른다.

큰 눈송이가 유영하듯 천천히 떨어져 주원의 눈꺼풀에 내려앉는다.

다 듣고 있으면서 눈 감고 있는 주원의 표정이 씁쓸해 보인다.

주원na 나는 이 몸으로 할 수 있는 가장 쉬운 일을 택했다.

하얀 눈 위에 빨간 피가 번진다.

#3 [흑백] 울산/나이트클럽/홀 (여름/오후)

쌓인 눈이 하얀 대리석 테이블로 이어지고, 그 위에 핏방울이 떨어진다.
우그러진 야구 배트가 바닥에 떨어지고, 빠따가 허물어지듯 쓰러진다.
쓰러진 빠따의 뒤를 보면, 울산 조폭들이 모두 홀 바닥에 널브러져 있다.
지옥 같은 광경 속에 주원이 혼자 우뚝 서 있다.
홀 건너편, 주원을 바라보는 포항 조폭들의 눈빛에 존경심이 가득하다.
주원이 그대로 재성 앞으로 걸어가 선다. 재성이 애써 침착하게 양주
를 마저 마신다.
주원의 몸은 칼과 도끼에 베이고 찍혀 너덜너덜하고 배에 회칼 하나
가 꽂혀 있다.

재성 (양주 마시며) 니였나. (커피땅콩 집어 먹는) 포항 촌놈들 버르장머리 고쳐
놀라 캤는데, 독종새끼 하나 때미 안 된다 카데.

주원 (대구 없이 테이블에 서류 올려놓는)

재성 (서류 보며) 머꼬 이게.

주원 여 업소 운영권 양도 계약서. 싸인.

재성 머? (노려보는) 느그가 여 무을 수 있다고 생각하나.

주원 (무표정) 싸인.

뒤에서 울산 조폭들이 비틀거리면서 다시 일어난다.
포항 조폭들은 보고만 있다.

재성　니 이대로 무사할 것 같나.

주원　싸인.

재성　(주원 뒤로 접근하는 부하들을 슬쩍 보며) 포항에서 꽁치나 잡아 말리던 촌 놈 새끼들이 어데 감히 울산까지 기내려 와가….

주원　도발한 기 누군데. 우리 끌어들인 거, 니 아이가.

재성　이기 지금 뭔 개소리고.

주원　니가 몰르면 누가 알겠노. 이 개양아치십새끼야.

재성　(발끈) 니 이 새끼, 간이 아주 배 밖으로 나와봐야 정신 차리제?

주원　너메 간땡이 갖꼬 말라꼬. 와. 끄집어내가 보여주까. (배에 꽂힌 칼자루 잡고) 간땡이가 이쯤이가. (박힌 칼 더 밀어 넣는)

제 몸에 칼을 밀어 넣는 주원의 돌발행동에 재성이 저도 모르게 흠칫 한다.

(E)　끄기기기기긱…!

칼이 들어가며 갈비뼈 긁히는 소리가 들린다.
주원에게 접근하던 울산 조폭들도 오금이 저린 듯 그 자리에서 멈춰 선다.
칼을 밀어 넣는 주원의 이마에서 땀이 송골송골 새어 나온다.

#4　인천/신포동 먹자골목/거리 (겨울/자정)

주원의 눈꺼풀에 내려앉은 눈송이가 녹아 물방울처럼 흘러내린다.
눈을 감은 주원이 중년 남자의 목소리를 듣는다.

중년남　(울먹) 이, 이봐요…! 이, 이, 이… 이봐요!!!

중년 남자가 덜덜 떨며 다가와서 주원의 얼굴을 들여다보다 피를 보고 놀란다.

중년남 (기겁하는) 허윽! 피!! 어, 어뜩해!! (두리번) 구, 구, 구급차!! 119!!

심하게 말 더듬는 중년 남자가 공중전화 박스를 향해 허둥대며 달려간다.

주원 (눈 뜨는) _끄응_…! (고개 돌려 부르는) 어이.
중년남 (뒤돌아보는) 어어?!! 저, 정신이 드세요?!! (뛰어오다 미끄러지는) 아이고 하, 하, 하나님 가, 감사합니다!!! 아, 아니다! 자, 잠깐만요!! (허둥대며) 가, 가만히 있어요!!! 우, 우, 움직이면 안 돼요!! (다시 공중전화로 달려가는) 내, 내가 지금 구급차를 부를 테니까!! 자, 잠깐만요!!
주원 어이!
중년남 (멈칫) 네, 네? 네!!
주원 (이상한 말투) 일로 옵니다↗↑.
중년남 머, 먼저 벼, 병원을
주원 (버럭) 쫌 오라고!

주원이 부스스 일어나 앉으면 중년 남자가 엉거주춤 다가온다.
경상도 사투리를 감추며 따지는 주원의 말투가 괴상하다.

주원 차로 사람 치아뿔고 신고하게요↗↑?
중년남 (당황하는)
주원 니 음주운전 했죠↗↑?
중년남 (울상)
주원 내 합의해주께↗.

150

중년남 (망설이다) 아, 아, 아닙니다. 우, 우선 벼, 병원에 가야…!

주원 (왜 이래) 거, 진정 좀 하고요↗.

중년남 제, 제, 제가 원래 마, 말을 마, 많이 더, 더, 더듬어서요….

주원 내 알아서 치료할 테니까 합의금이나 주어→.

중년남 하, 하지만… 벼, 벼, 병원 먼저… (주원 보며) 어깨가… 발목이….

주원 에헤이 그으 참….

주원이 돌아간 제 발목을 움켜잡고 힘껏 돌리자, 뼈 으스러지는 소리
가 난다.
중년 남자가 허옇게 질리며 바닥에 털썩 주저앉는다.
주원이 무릎을 짚고 끄응차 일어서자 뿌드득 발목이 끼워지는 소리가
난다.
중년 남자가 놀라서 입을 틀어막는다.
주원이 엉거주춤 허리를 숙인 채 몸을 좌우로 건들건들 흔든다.
어깨에 매달려 늘어진 주원의 오른팔이 시계추처럼 덜렁거린다.
주원이 좌우 반동에 맞춰 빠진 팔의 팔꿈치를 잡아 어깨에 박아 넣는다.
뚜둑 소리와 함께 팔이 끼워진다. 주저앉은 중년 남자의 턱이 덜덜 떨
린다.

주원 30에 합의 봅시다↗↑.

중년남 (턱을 덜덜 떨며 말 더듬는) 괴… 괴, 괴….

옅은 한숨. 주원의 무표정한 얼굴.

#5 [흑백] 울산/나이트클럽/출 (여름/오후)

주원의 무표정한 얼굴. 주원의 배에 밀어 넣은 칼이 손잡이만 보인다.

재성   (주원의 몸 보면서) 이… 이기 사람이가…! 니 먼데 도대체?!

주원   (계약서 가리키며) 싸인.

재성   (질려버린) 괴… 괴물 같은 새끼…!

주원   맞다.

재성   뭐?

주원na 나는 괴물이라고 불리었다.

주원의 등. 칼끝이 튀어나와 면티를 붉게 적신 피가 멎어 있다.
주원의 얼굴 옆으로, 구형 타자기로 타이틀 '무빙'과 '제10화: 괴물'이
타이핑된다.

#6   **인천/산곡동/골목 (겨울/새벽 1시)**

주원이 눈 쌓인 골목길을 걷는다. 주원의 머리통에 자해공갈의 핏자
국이 남아 있다.
싸락눈은 함박눈으로 바뀌었고, 아무도 밟지 않은 눈길을 걸어간다.
한참을 걷던 주원이 멈춰 서서 주변을 두리번거린다.

주원   (중얼) 어데고. 또 까뭇네….

눈 쌓인 골목 여기저기에 길을 못 찾은 주원의 발자국이 찍혀 있다.
길을 헤매는 주원의 옆으로 커피 배달 스쿠터를 탄 여자(황지희)가 지
나간다.

#7   **인천/파크텔/외부 (겨울/새벽 1시)**

야트막한 언덕길. 스쿠터 바퀴 자국을 따라 걸은 발자국이 찍혀 있다.
여관 건물 앞에 '엄지다방' 상호가 붙은 스쿠터가 세워져 있다.
스쿠터를 따라 걸은 발자국을 따라가면 여관으로 들어가는 주원의 뒷

모습이 보인다.

낡은 간판을 자세히 보면, '신세계 여관'을 지우고 '뉴-월드 파크텔'이라고 썼다.

#8 인천/파크텔/408호/화장실 (겨울/새벽 1시)

어둑한 여관방. 주원이 문을 열고 들어오면 현관의 센서등이 켜진다.

주원이 방 불을 켠다. 깜빡이던 형광등이 켜지면 낡은 여관방의 정경이 펼쳐진다.

여관방 곳곳에 주원이 오래 생활한 흔적들이 보인다.

재떨이에 담배꽁초가 쌓여 있고, 창가의 빨랫줄에 손빨래한 옷들이 걸려 있다.

빨래 여기저기 핏자국들이 얼룩덜룩 옅게 배어 있다. 창문이 활짝 열려 있다.

주원이 주머니에서 돈을 꺼내면 겨우 5만 원. 갑티슈 통 안에 5만 원을 구겨 넣는다.

갑티슈 통의 다방 안내문구. '엄지다방 · 커피배달 · 심야영업 773-0121'

주원이 침대에 걸터앉아 멍하니 쉬는데, 옆방의 소리가 다 들린다.

옆방E (벽 너머의 소리로 아주 작게) 아. 아아… 아아…. (침대 삐걱 소리)

남녀의 신음 소리가 들리더니 벽을 쿵쿵 울리는 소리가 들린다.

주원이 리모컨을 들어 TV를 켜면 정규방송이 끝났다.

채널을 2번으로 돌리면 AFKN에서 WWF(미국 프로레슬링)를 방송한다.

주원이 볼륨을 높인다. TV 화면 속의 환호성이 옆방의 신음 소리를 먹는다.

화면 속에선 헐크 호건이 챔피언 벨트를 치켜올리고 있다.

주원   (혼잣말 중얼) 헐크 점마, 또 이기네.

TV를 보던 주원이 벽거울에 비친 제 모습을 본다. 뒤통수에 아직 피
가 묻어 있다.

cut to_ 화장실
주원이 세면대의 수도꼭지를 틀고 뒤통수의 핏물을 닦는다.
세면대 배수구로 핏물이 휘르르 빨려 들어간다.

#9 **[흑백] 울산/나이트클럽/화장실 (여름/오후)**
세면대 배수구로 핏물이 휘르르 빨려 들어간다.
주원이 세면대 앞에 서서 자기 배에 박힌 칼을 뽑아낸다.

주원   (억누른 신음) <u>끄으으…</u>.

거울에 비치는 주원의 얼굴이 찡그려진다.
화장실의 열린 문틈으로 민기가 보고 있다.
티셔츠를 벗으면 회칼을 뽑아낸 자국에 끔찍한 자상이 남아 있다.

민기   (조심스럽게 문 열고 들어오며) 행님. 개안심니꺼.
주원   (거울로 슥 보며) 개안타. 와.

주원이 티셔츠를 물에 헹궈 상처를 닦아낸다.
벌어진 상처가 조금씩 아물어간다.

민기   큰행님께서 행님 모시고 싸우나 하고, 근사한 데 가가 식사하라고 차
키 주셨습니다.

주원　(몸 닦으며) 싸우나는 대따. 글고 운전이야 알라들 시키믄 되지 그런 심부름까지 민기 니가 하나.

민기　내 좋아서 하는 깁니더. 내 행님 오른팔 아입니꺼.

주원　(싫지는 않은) 하이고 알랑방구. 밖은 다 정리 댔나베.

민기　하모예. 괴물이 떴는디 당연하지예. 행님 억쑤로 존경합니데이.

주원　됐다 마.

민기　(너스레 떠는) 하이고 마. 우리가 포항의 째깐한 포구에서 시작해가, 중간에 경주 접수하고, 울산까지 내려온기 솔직히 다아 행님 덕 아입니꺼. 아따 마 괴물이 떴다 하면 뭐, 다 껍뻑 쥐기삐는 거지예.

주원　치아라 마.

민기　울산 놈들이 행님 제낄라고 칼잽이들을 억쑤로 마이 보내지 않았심니꺼. 아무 소용 없었지예. 괴물이 달래 괴물이겠심꺼.

주원　니 내 별명 놀리나? 니는 머라캤지?

민기　(민망해하는) 그… 양덕동 피비린내 손도끼….

주원　(피식) 쥐기네.

민기　행님은 그냥 확 마 "괴! 물!" 두 글자로 다 통하지 안심니꺼. 내는 행님을 행님이라 부르는 것만도 영광입니더.

주원　(웃는) 머라카노. 이 바닥에선 어차피 다 행님이고 동생 아이가.

민기　예. 행님! 찬찬히 나오이소. 차 에어컨 씨언하게 틀어놓겠심더. (나가려다) 쩌… 근데 행님 여기… 여자 화장실인 건 아셨습니꺼…?

주원　잉? (둘러보면 소변기가 없는) 그기 머 중요하노. 나가바라.

민기가 나가고, 주원이 거울에 비친 제 모습을 본다.
칼에 찔렸던 상처는 완전히 아물었고 옅은 흉터만 남았다.
자세히 보면, 온몸에 실금 같은 흉터들이 밭고랑처럼 가득하다.
주원이 피로 더러워진 면티와 회칼을 쓰레기통에 버린다.

#10 [흑백] 울산/나이트클럽/복도 (여름/오후)

주원이 여자 화장실에서 나오는데, 남자 화장실로 들어가려던 포항 조폭이 흠칫한다.

포항 조폭1 (화장실 남녀 표지판 확인하는)

주원 뭠마.

포항 조폭1 아임니더! (꾸벅) 행님! 수고하셨습니다!

주원이 복도에 나선다. 점령군이 된 포항 조폭들이 긴 복도를 메우고 있다.
출구를 찾지 못해 두리번거리는데, 포항 조폭들이 앞다퉈 주원에게 인사한다.

"행님! 수고하셨습니다!" "오야. 오야." / "행님! 수고하셨습니다!" "일 들 본나." / "행님! 존경합니다!" "치아라 마." / "행님! 사랑합니데이!" "엥가이들 해라이."

형님, 형님, 소리가 싫지 않은 듯, 주원이 인사를 받으며 지나간다.
주원이 걸음을 내딛을 때마다 조폭들이 비켜서며 길이 열린다.

주원na 이게 내 길이라고 생각했다.

주원이 어두운 복도 길을 걸어간다.

#11 [흑백] 울산/해안도로 (여름/오후)

고급 세단의 중형차(각그랜저)가 해안도로를 달린다.
카메라 다가가면, 민기가 운전하는 중형차의 뒷좌석에 주원이 앉아 있다.

주원   (감탄하는) 큰행님 쌔 차 언제 뽑았노.

민기   (룸미러 보며) 쥑이지예? 와. 기똥차게 잘 나갑니더.

주원   (웃는) 니도 성공해가 하나 뽀바라.

민기   (따라 웃는) 두고 보이소. 내 꼭 그리 될 낍니더. 행님. 머 드시고 싶습니
       꺼. 말씀만 하이소.

주원   (잠시 생각하다) 여긴 개복치 고긴 없긋제?

민기   개복치예? 그건 와예? 포항 음식 생각나십니꺼? 와아 내는 개복치 고
       기는 뭔 묵 맨키로 아무 맛 없어가 도저히 못 묵겠던데예.

주원   머라카노. 포항 사람이 개복치 맛을 모르나. 큰행님도 개복치 잘 드신
       다. 니도 마이 무우보면 알끼다.

민기   개복치 여선 흔치 않을낀데… 함 찾아나 보겠심더.

주원   아이다. 울산도 포항 맹키로 물회 잘 한다카드라. 물회나 묵자.

민기   예. 행님! 알겠심더!

주원이 차창 밖으로 시선을 던진다.
울산의 푸른 바다가 햇빛에 반짝이며 일렁인다.
차창 밖 바닷물이 서서히 클로즈업되면서 감청색으로 일렁인다.

#12 인천/파크텔/408호/외부 (겨울/새벽 4시)
암흑 속 일렁이는 이미지. 주원의 옅은 신음 소리가 들리며 점점 커진다.

주원   (막힌 숨 몰아쉬는) 푸아!! 헉! 헉! 허억…!!

땀범벅이 된 주원이 잠에서 깬다. 여관방 창문이 열려 있고 형광등도
켜져 있다.

벽시계가 새벽 4시를 가리킨다. 밤새 켜놓은 TV에서 화면조정 화면이 나온다.

냉기로 가득한 텅 빈 방. 악몽에서 깬 주원이 손목을 주물럭거린다.

cut to_ 여관 외부

여관 건물에 전부 불이 꺼졌는데, 408호의 열린 창문만 불이 켜져 있다.

#13 인천/파크텔/408호 (겨울/일상)

열려 있는 창문 밖으로 아침이 찾아온다. 창밖으로 인천 주안동 유흥가가 보인다.

유흥가의 네온사인이 꺼져 있어 다른 건물들과 구별이 되지 않는다.

창문으로 들어오는 햇빛은 눈부신데, 여관방은 습하고 우중충한 느낌이다.

방바닥에 과자봉지와 무협지들이 널려 있다. 주원의 할 일 없는 일상이 이어진다.

cut to_ 주원이 침대에 누워 과자를 먹으며 무협지(설산비호)를 읽는다.

cut to_ 방 불을 켜고 잔다.

cut to_ 다시 깨서 무협지 읽는다.

cut to_ 방문을 열고 나와 복도를 지나간다. 복도의 403호 문이 열려 있고 자욱한 담배연기가 나온다. 힐끗 보면 노름꾼들이 모여 앉아 포커를 치고 있다.

cut to_ 컵라면을 사 들고 돌아온다. 403호에서 노름꾼들이 여전히 포커를 친다.

cut to_ 여관방에 들어와 무협지를 읽으며 컵라면을 먹는다.

cut to_ 변기에 앉아 신문을 읽는다. 신문 헤드라인 [국감 현장. 「범죄와의 전쟁」 실적 올리기 식 아닌가.] *1990. 12. 1.

cut to_ 화장실에 쭈그리고 앉아 손빨래를 하고 이를 닦고 세수한다.

cut to_ 빨랫줄에 빨래를 널어놓는다.

cut to_ 이불을 뒤집어쓰고 TV를 본다. *전설의 고향「내 다리 내놔」

cut to_ 열린 창밖으로 다시 어둠이 찾아온다. 멀리 유흥가 네온사인이 다시 켜진다.

cut to_ 가죽 잠바를 걸쳐 입고 방 밖으로 나간다.

#14 인천/파크텔/복도 (겨울/밤)

주원이 방문을 열고 나오는데, 옆방에 커피 보따리를 든 여자(황지희)가 들어간다.

주원이 지희를 지나쳐서 복도를 걸어간다.

#15 인천/파크텔/1층/카운터 (겨울/밤)

주원이 현관을 나서려는데, 카운터 창구가 열리며 여관 주인이 고개를 내민다.

여관 주인 408호 총각. 방값 줘야지.

주원 (어색한 서울 말씨) 어제 줬잖아요.

여관 주인 (까칠한) 그건 밀린 방값이고. 계속 있을 거라며? 앞으로 묵을 방값. 장박은 선불이 원칙이야.

주원 네 알겠심니다. 최대한 빨리 드리겠습니다.

여관 주인 앞으로 얼마나 더 묵을 건데. 찔끔찔끔 일주일치씩 주지 말고 한 달치 아예 끊어서 줘. 그럼 방값 쫌 더 깎아줄게.

주원 일주일치씩 드리겠심니다.

여관 주인 (쌀쌀맞게) 그러든가. 그럼 안 깎아줘. (창구 문 닫아버리는)

#16 인천/파크텔/외부 (겨울/밤)

159

여관 앞에 스쿠터 한 대가 서 있다.
주원이 스쿠터에 인쇄된 '엄지다방'을 보며 지나친다.
운동화를 신은 주원의 발이 거친 시멘트 바닥을 걷는다.

#17 [흑백] 울산/나이트클럽/VIP룸 (여름/밤)

삼선 슬리퍼를 신은 주원의 발이 대리석 바닥을 걷는다.
사방에서 건달들이 형님 형님 꾸벅꾸벅 인사를 올린다.
주원이 복도 끝 VIP룸의 문을 열다가 멈칫한다.
룸 안에서 울산 보스 재성과 포항 보스 광진이 함께 술을 마시고 있다.

광진   (주원 보고 살짝 당황한) 아, 왔나.

주원이 얼떨떨한 표정으로 재성과 광진을 쳐다본다.
광진은 뭐라도 들킨 양 민망해하고, 재성은 삐딱하게 주원을 쳐다본다.

주원   행님. 지금 무슨… (재성 보며) 일마가 왜 여기….
광진   (난처한) 중요한 얘기 중이다. 벨 일 아이다.
주원   (재성 노려보는) 니 와 여 있는데.
광진   (씁) 쫌.
재성   (피식) 아이다. 개안타. 니 광진이라 캤나? 니가 차근차근 설명해라.
주원   (욱하는) 이 양아치새끼가 우리 행님한테 슬쩍 말 놓네?
재성   (피식) 괴물아. 니 분위기 파악이 안 되는갑제?
주원   (도끼눈 뜨는) 넌 아가리 닥치라. (광진에게) 행님. 이게 우째 된 겁니꺼.
        우리가, 포항이, 울산 먹은 거 아입니꺼?
광진   (답답한) 그기 아이고… 하 쫌. 그 주디 좀 다물으라!
재성   (비아냥대는) 저 모지리새끼를 우야면 좋노? 닌 지금 뭐가 어케 돌아가
        는지 통 모르제?

주원	뒤질래. 끼지 말라캤는데.
광진	(끼어드는) 마! 쫌! 니 쫌 나가 있어라!
재성	(커피땅콩 집어 먹으며) 광진아. 쟈는 도저히 안 되겠다. 광진이 니가
주원	니 한 번만 더 우리 행님 이름 알라처럼 부르면 지금 바로 뒤진다.
재성	(멈칫)
주원	해바라. 바로 뒤지나 안 뒤지나.

바로 저지를 것 같은 주원의 살벌한 기에 재성이 긴장한다.

재성	퉤! (커피땅콩 뱉는)
주원	뭘 쑤셔보노! 이 썹새끼가 확 ㅆ
광진	(버럭) 주디 닥치라!!!
주원	행님!
광진	나가. 난중에 이야기 하게.
주원	아. 행님!
광진	(눈 부라리는) 나가라고.

주원이 차마 거역 못 하고 문이 부서져라 열고 나가버린다.
재성이 문밖을 보면, 조폭들이 주원에게 행님 행님 고개 숙여 인사한다.
주원이 복도의 인파를 가르며 걸어간다. 재성이 멀어지는 주원의 뒷
모습을 노려본다.

#18 인천/해장국집 (겨울/밤)

택시기사들이 몰려 앉아 해장국을 먹으며 소주병을 기울인다.
주원이 식당 구석에 웅크리고 앉아 해장국을 먹고 있다.
기사들이 식사를 마치고 나가는데, 소주를 한 병 반 이상 마셨다.
주원이 기사들을 쫓아 나가다 멈칫한다.

식당 밖에서 경찰들이 음주측정기를 들이밀고 기사들과 실랑이한다.
주원이 얼른 고개를 숙이고 다시 식당 안으로 들어온다.

식당 주인 에? 손님. 왜요?

주원 밥 다 안 먹었어요.

주원이 테이블에 돌아가 앉는데, 앉고 보니 다른 손님들 테이블이다.
(방향치)
주원이 슬그머니 제자리로 돌아가 먹다 남은 해장국을 퍼먹는다.

#19 [흑백] 울산/나이트클럽/현관/복도/사무실 (여름/저녁)

'울산 최대 나이트클럽 국빈관'.
주원이 더 화려해진 간판을 물끄러미 쳐다본다.
조폭 한 명이 달려와 90도로 머리 숙여 인사한다.

울산 조폭3 행님 안녕하십니까!

주원 누고?

울산 조폭3 저 울산 쪽입니다.

주원 그랬나. 민기 어딨노.

울산 조폭3 누구예?

주원 배민기. 포항. 내랑 붙어 다니던. 빠마머리에 입술 두꺼분 애.

울산 조폭3 관리부장님예? 복도 끝 왼쪽 방이 사무실입니더. 거기 계실 낍니더.

주원 관리부장?

주원이 복도를 걸어가 오른쪽 문 앞에 섰다가(방향치) 아 맞다 왼쪽 문
을 연다.
문을 열면, 민기가 어수선한 짐들을 정리하고 있다.

민기 (벌떡 일어서며) 행님 오셨능교?

주원 으이. 그래, 수고가 많네.

민기 행님. 그간 와 이리 뜸하셨능교.

주원 (웃는) 내 여서 할 일도 읎고, 걍 맨날 호텔에서 먹고 자고 퍼져 지냈다. (사무실 둘러보며) 넌 마이 바빴는갑네.

민기 (머리 긁적) 헤헤. 행님. 죄송합니더. 할 게 많아가꼬예.

주원 (웃는) 들었다. 니 여 기도부장 됐다매.

민기 (흠칫하다 쑥스러워하는) 에이. 행님. 기도부장이 뭡니꺼. 관리부장입니더.

주원 하이고 마 잘났다. 우리 민기 출세해뿐네. 부장님도 다 되고.

민기 행님. 부끄럽심더. (둘러보며) 어디 앉을 데가… (소파 위 짐들 치우며) 행님 일단 여기 앉아보이소.

cut to

민기가 주원의 눈치를 보며 짐들을 정리한다.
주원이 소파에 앉아 명함 '국빈관 관리부장 배민기'를 들여다본다.

민기 (민망해하는) 관리부장은 행님께서 해야 할 낀데 동생인 제가 먼저….

주원 (웃는) 아이다. 순서가 머 중요하노. 내는 이런 일 어케 하는지도 모른다. 큰행님이 다 생각이 있지 않았겠나. 앞으로 잘 해바라.

민기 감사합니다 행님.

주원 (명함의 '국빈관' 문구 보며) 간판 이름 안 바꿨데?

민기 그냥 그대로 가기로 했다데요. 회장님이 그냥 내비두라 하셨답니더.

주원 회장님…?

민기 (찔끔) 그 울산 보스 되시는….

주원 (싸늘한) 뭐? 니 돌았나? 그 새끼 말을 왜 듣는데?

민기 (우물쭈물) 그, 그기 아이라… 큰행님께서….

그때, 사무실 문이 열리며 포항 보스 광진이 들어온다.

광진   내가 시켰다.

민기   (얼른 일어서며) 큰행님. 오셨습니꺼!

주원   (광진에게) 행님. 이게 지금 뭐 우째 된 겁니꺼?

광진   (한숨 쉬며) 둘 다 따라 나온나. 한잔하면서 얘기하자.

#20 [흑백] 울산/바닷가/횟집 (여름/밤)

테이블 위 접시에 개복치 고기 한 접시가 올려져 있다.
주원과 광진이 입을 꾹 다물고 있고, 민기가 분위기를 풀어보려고 수선을 떤다.

민기   (소주병 뚜껑 까며) 하이고 마. 우리 포항에서나 먹을 수 있던 개복치 고기 아입니꺼. 큰행님께서 행님 멕일라고 특별히 주문했다 안 합니꺼.
(두 손으로 광진에게 소주 따르는)

광진   민기가 그라데. 니 개복치 찾았다고. (민기에게 소주병 받아서 주원 따라주는) 와. 니 포항에서 묵던 거 생각나나.

주원   (묵묵히 술잔 받는)

민기가 덩달아 소주잔을 내미는데, 광진은 소주병을 내려놓고 개복치를 집어 먹는다.
민망해진 민기가 슬그머니 소주병을 들어 제 잔에 따른다.
식당 유리창 밖으로 광진의 각그랜저가 보인다. 셋이 말없이 소주를 마신다.

광진   (소주 크으) 주원아. 내 말 잘 들어라. (한숨 휴우) 우린 어차피 울산 못 묵는다. 포항이 우예 울산을 묵겠노?

주원   행님. 뭔 소립니꺼? 그 새끼가 분명히 양도계약서 싸인 했잖아예.

광진   (답답한) 쫌 말 좀 들어라. 그게 안 된다 안 카나. 싸이즈가 다르다이까. 그기 아이라고.

주원   (발끈) 아니면 먼데?

광진   (달래는) 그쪽에서 합병을 제안한 기다. 협약 같은 기다.

주원   합병? 협약? 뭐 기업이가?

광진   (조곤조곤 설명하는) 내 몇 번을 말하노. 울산이랑 포항이랑 싸이즈가 다르다이까? 여기 중공업이 몇 개고. 자동차 공장은 또 을마나 크노. 앞으로 크다란 백화점이 세 개나 들어오고, 아파트 대단지도 들어선 다 카드라. 지금 그깟 룸빵, 캬바레, 클럽, 몇 개가 문제가 아이라이까. 이건 마 확, 와 싸이즈가 달라.

주원   (짜증) 그니까 먼 싸이즈!

광진   (버럭) 머긴 머겠노!! 돈 싸이즈지!!

돈 얘기에 주원의 말문이 막힌다.
광진이 폭발한 짜증을 억누르며 소주를 들이켠다.
한눈에 봐도 깡패들의 험악한 분위기에 주변 손님들이 조용해진다.
주원이 한참 만에야 광진의 잔에 술을 따르고, 이어서 제 잔에 술을 따른다.
민기도 얼른 잔을 받으려는데, 주원이 소주병을 그대로 내려놓는다.
민기가 또 민망해지지만 주원과 광진은 신경 쓰지 않는다.

주원   (창밖의 각그랜저 보며) 행님. 결국 돈이었나.

광진   (감정 격해지는) 글먼 돈이 아이고 머겠노! 니나 내나 우린 어차피 깡패 들 아이가? 깡패도 직업이야! 직업은 돈 벌라고 하는 거고! 니 깡패짓 왜 하는데. 우리가 와 포항에서 여 울산까지 왔겠냐고!! 깡패답게!! 다 돈 벌라고 온 거 아이가!!!

주원	(끊는) 아이다.
광진	뭐?
주원	낸 우리 아아들 지킬라고 한 기다.
광진	(멈칫)
주원	(목소리 커지는) 울산 놈들이 우리 포항 자꾸 침범해가! 행님이 더 이상 우리 아아들 안 다치게 하겠다 캐서! 그래가 아예 다시는 개짓거리 몬 하게! 우리가 물라고 온 거 아이가! 근데 행님은 오자마자 메칠이나 지났다고 그 양아치 섀끼 돈 얘기에 홀라당 넘어가는데!!!
광진	(한숨 쉬고) 그라믄 안 되나. 돈에 좀 넘어가믄 안 되나 말이다. 우리가 와 칼밥 먹고 사노? 다 돈 때미 아이가?
주원	행님. 칼밥 무으봤십니꺼.
광진	(말문 막힌)
주원	내는 무으봤십니더. 마이 무으봤십니더.
광진	(아무 말 못 하는)
주원	그리고. 내는 한 번도 남을 찔러본 적 없심니더.

접시 위에 개복치 고기가 먹음직한데 아무도 손대지 않는다.

#21 인천/파크텔/408호 (겨울/저녁)

짜장면 한 그릇이 방바닥에 놓인다. 주원이 짜장면 값을 건네려는데, 배달부가 배달통에서 군만두 한 접시를 더 꺼낸다. 짜장면 한 그릇에 군만두가 딸려왔다.

주원	(어색한 서울 억양) 만두 안 시켰는데요?
배달부	(꾸벅) 행님요. 제가 따로 신경 썼다 아임니까.
주원	왜요.
배달부	행님 단골 아임니까. (일부러 더 사투리 쓰며 친한 척) 그리고… 행님 서울

말씨 억쑤로 어색한 거 알지예?

주원 (뜨끔) 내가요?

배달부 요짜 붙인다고 다 서울말 아니거든예. 행님 포항 아이믄 경주지예? 내 경북 영천입니다. 같은 경북이면 다 행님 동생 아입니까. 그지예?

주원 (입 꾹 다물고 눈 끔벅끔벅)

배달부 포항 쪽 맞지예?

주원 (말 돌리는) 그니까 왜 내한테 신경을 써주느냐고요.

배달부 에이. 와 이캅니까. 요짜 이상해애. 그라고예. 이래 젤루 바쁜 시간에 한 그릇 배달해주는 짱깨집 봤심니까. 내가 마 행님 딱 보이 감이 와 가꼬, 그래가 마 내 써비스 드리는 겁니다. 행님. 그. 쩌… 맞지예?

주원 머를요?

배달부 (은근히) 제가예, 지금은 그릇 날르고 이래도예, 저도 마, 사실 쫌 했심 다. 제가 그 영천의 불타는 마후라 아입니까. 그래가 분위기만 딱 보 면 압니다. 행님 건달 맞잖아예? 그지예?

주원 (표정 싸늘해지는)

배달부 아따. 행님 표정 와 그라신데예. 행님 제가 지금 당장 우야하자 카는 게 아이고요, 나중에 혹시 행님께서 사업을 하시믄

주원 누가.

배달부 예?

주원 누가 니 행님이냐.

주원의 차가워진 표정에 배달부가 찔끔한다.

주원 (사투리) 끄지라.

배달부 예, 행님?

주원 니 한 번만 더 행님 소리 하면 아가리 짼다.

배달부 (침 꿀꺽)

주원　알았나.

배달부　(겁먹은) 네. 아… 알겠심드… (서울 말씨) 알겠습니다.

주원　(다시 서울말) 꺼져.

#22 인천/파크텔/복도 (겨울/밤)

주원이 다 먹은 짜장면 그릇을 들고 일어선다.

휴지 뭉치와 젓가락과 먹다 남은 단무지를 포갠 짜장면 그릇이 지저분하다.

문을 열고 그릇을 내놓으려는데 복도가 시끄럽다.

고개를 내밀어 보면, 복도 저쪽에서 지희와 403호 투숙객이 실랑이하고 있다.

403호　(지희 손목 잡고) 거 더럽게 비싸게 구네. 야. 내가 커피만 마시자고 널 불렀겠냐. 티켓 끊는다니까.

지희　(손목 잡힌) 내가 싫다잖아, 오늘은 컨디션이 아니라고.

403호　컨디션? (아하) 뭐 어때. 내가 괜찮다니까.

지희　(손 뿌리치는) 아 드런 변태새끼. 야. 꺼져.

지희가 403호의 손을 뿌리치다가 커피 보따리를 놓친다.

보따리가 풀려 멜라닌 컵들과 보온병이 와르륵 쏟아져 바닥에 나뒹군다.

403호　(발끈하는) 뭐, 뭐? 더러운 변태새끼이?!! 야? 야아?!! 이게 미쳤나!! 그러고 보니 얘는 커피 팔러 와서 오빠 소리 한 번을 안 하네?!!

지희　오빠 같은 소리 하네. 오빠 소리 들으려면 니 부모한테나 부탁해.

403호　에?

지희　(방들 가리키며) 여기 방 많네. 니 부모 불러. (문밖에 엉거주춤 나와 있는 주원과 눈 마주치는)

403호 이게 진짜 말이라고…! 너 이 씨발 커피 값 만 원 내놔!!

403호가 소리 지르는데, 지희는 그러거나 말거나 제 할 말만 한다.

지희 (쪼그리고 앉아 보따리 챙기는) 커피 마셨잖아.
403호 야. 야. 그래! 커피 마셨어 그래! 커피 값 1200원 빼고 8800원 내놔!
지희 뭐라는 거야. 그걸 왜 돌려줘.
403호 (보따리 발로 차는) 장난해?!! 커피 한 잔에 만 원이나 하겠냐!!

지희가 굴러가는 컵을 잡으며 403호를 노려본다.
차가운 눈빛에 403호가 살짝 쫀다.

지희 (보따리 다시 챙기며) 와서 먹으면 1200원. 배달은 기본 두 잔에, 심야배
달료 포함 만 원. (보따리 들고 일어서며) 알고 시킨 거 아니야?
403호 그거, 니 몸 만지는 값 아니야!! 내가 뭘 했다고!!
지희 배달 값이지. 씨발놈아.
403호 너 이씨 확…!!
지희 (끊는) 그리고 너. 반말하지 마. 나이도 어린 새끼가. 나 서른 넘었어.

복도의 소동에 객실 문들이 열리고 투숙객들이 내다본다.

403호 확… 씨….
지희 배달 다닌다고 사람 무시하지 마라. 개만도 못한 새끼야.
403호 뭐, 뭐…?!!
지희 개새끼도 지 먹던 밥그릇은 발로 안 찬다.

지희가 그대로 돌아서고, 사람들의 시선을 의식한 403호가 방으로 들

어가 버린다.

주원이 제 손에 들린 짜장면 그릇을 본다. 짜장면 그릇이 지저분하다.

cut to_ 시간 경과

408호 문 앞. 복도에 다시 내놓은 짜장면 그릇이 깨끗하게 설거지 되어 있다.

#23 [흑백] 울산/나이트클럽/사무실 (여름/점심)

주원이 복도를 걷는다. 웨이터들과 조폭들이 주원에게 까딱 인사를 한다.

안녕하십니까. 안녕하십니까. 인사 건네는 조폭들의 표정이 이전과 다르게 어색하다.

주원   (중얼) 행님 소리를 안 하네….

주원이 그런가 보다 하고 걸어가서 민기의 사무실 문을 연다.
장부를 들여다보던 민기가 엉거주춤 일어나 인사한다.

민기   (꾸벅) 행님. 오셨습니꺼.

주원이 행님 소리에 옅게 웃으며 소파에 앉는다.
민기가 다시 장부를 들여다본다.

주원   니 밥 뭇나? 내랑 점심이나 무까.
민기   (장부 들여다보며) 아아들하고 아침을 늦게 먹었심더.
주원   (쩝) 그랬나. 아라따. 내 알아가 먹지 뭐.
민기   죄송합니더. 제가 모시야 되는데 가게 일이 바빠가꼬예.

주원 (일어서며) 아이다. 바쁠 텐데, 일 바라.

민기 행님. 식사 맛있게 하이소.

주원이 문을 닫고 나간다.

장부를 보던 민기가 고개를 들어 닫힌 문을 바라본다.

#24 [흑백] 울산/바닷가/횟집 (여름/밤)

식당이 만석이다. 창가 자리에 주원이 혼자 앉아 있다.

주원의 테이블에 혼자 먹기엔 너무 많은 쓰키다시와 큼지막한 도미회
가 놓여 있다.

회 떠진 도미가 아직 살아서 입을 뻐끔거린다.

주원 (혼자 소주 따르다가 사장에게) 아지매. 오늘 개복치는 없나.

횟집 사장 없어예. 포항에서나 먹지, 여선 내놔도 잘 안 팔려가꼬.

주원 하긴 머 글켔네.

손님들로 떠들썩한 식당 안.

혼자 소주를 따라 마시는 주원의 모습이 외로워 보인다.

뻐끔거리던 도미가 죽었다. 텅 빈 도미의 눈이 클로즈업된다.

#25 인천/유흥가/외진 도로 (겨울/밤)

어둡고 외진 도로. 바닥에 부서진 사이드미러가 떨어져 있다.

길게 이어진 스키드마크를 따라가면, 라이트가 깨진 우그러진 승용차
가 서 있다.

차주가 쩔쩔매며 주원에게 돈을 건네면, 주원이 부스스 일어나 앉아
돈을 받는다.

주원이 돈을 세는 사이, 차주가 승용차에 올라타서 도망치듯 멀어진다.

주원이 귀에서 물 빼듯이 머리를 툭툭 치면, 피가 푸슉 푸슉 나와 목덜미에 흐른다.

아무도 없는 텅 빈 거리. 주원이 일어나서 목덜미에 묻은 피를 닦으며 걸어간다.

#26 인천/파크텔/1층/카운터 (겨울/밤)

주원이 카운터 창구에 돈뭉치를 내민다. 만 원과 천 원 여러 장이 섞여 있다.

여관 주인이 창구 밖으로 손만 내밀어 돈을 받는다.

여관 주인 (침 묻혀 돈 세며) 4천 원 더 내면 보름치 되는디. (8천 원 거슬러 주려다) 4천 원 더 없어?

주원 없습니다.

여관 주인 (8천 원 놓지 않고) 요 주변에 장박 받는 곳 여기밖에 없어. 항상 만실인데 내가 총각 방은 빼주는 거야.

주원이 창구 안을 보면 열쇠걸이에 객실 열쇠들이 거의 다 걸려 있다.

주원 (거스름돈 받으려는) 네. 알겠습니다.

여관 주인 (거스름돈 다시 가져가는) 에이. 기분이다. 깎아줄게! 대신 수돗물 너무 많이 쓰지 마. 밤에도 방 불 켜두던데 전기세 많이 나가. 맨날 창문 열어놓을 거면 차라리 보일러를 끄고.

주원 (쳐다보는)

여관 주인 왜? 뭐?

주원 빡빡하네요. 방 청소도 안 해주는데 청소 비용 빠지지 않나요.

여관 주인 어머머머, 장기 투숙은 원래 청소가 옵션에 없는 거야. 여기가 무슨 호텔이야? 아 그러려면 호텔로 가던가.

여관 주인의 얄미운 말투에 주원의 표정에 슬그머니 짜증이 올라온
다. 그때,

지희   (뒤에서 불쑥) 아줌마. 몇 호죠?

주원이 돌아보면 커피 보따리를 든 지희가 있다.
여관 주인이 옳다구나 말을 돌린다.

여관 주인 어. 왔어? (다방 거래장부 내미는) 이거 먼저 써야지.

지희가 앞으로 나서서 장부에 '엄지' '황' '1'이라고 사인한다.
지희가 사인하느라 주원이 비켜서고, 여관 주인이 얼른 8천 원을 챙
겨 넣는다.

지희   (장부 덮으며) 아줌마. 몇 호냐고요.
여관 주인 (열쇠걸이에서 열쇠 없는 방 찾으며) 407호. 그리고 넌 맨날 아줌마가 뭐
       니. 딴 애들은 다 이모, 아니, 언니라고 부르는데.
지희   피 한 방울 안 섞였는데, 언니는 무슨. (가버리는)
여관 주인 저, 저 오봉년 저거. 다방 레지 주제에 나긋나긋한 맛이 하나도 없어.
       저따위로 뻐덕뻐덕하게 구니 티켓도 잘 못 팔아먹지. (주원에게) 아무
       튼. 4천 원이나 깎아줬어~ (창구 문 잽싸게 닫는)

주원이 닫힌 창구 앞에 잠시 섰다가 계단으로 간다.

cut to_ 여관 계단
주원이 계단을 걸어 올라가는데, 계단 위에서 지희가 고개를 쑥 내민다.

지희   이봐요. 거기. 아저씨.

주원   (쳐다보는)

지희   (목덜미 가리키며) 거기 피 묻은 거 알아요?

주원   (얼른 가리며) 예. 압니다.

지희   아는구나.

지희가 다시 계단을 올라간다. 주원이 털레털레 따라 올라간다.

cut to_ 4층 복도

주원이 4층에 들어서면, 저 앞에 지희가 407호 문으로 들어간다.
주원이 407호를 지나쳐서 옆방 408호로 들어간다.

#27 인천/파크텔/408호 (겨울/밤)

주원이 침대에 걸터앉는다. 꺼진 TV의 브라운관에 주원의 얼굴이 비친다.
주원이 물끄러미 제 얼굴을 본다. 제멋대로 자란 수염이 얼굴을 덮었다.
얇은 벽으로 옆방 소리가 들린다. 언뜻 지희 목소리가 들리자 TV를 켠다.
AFKN에서 WWF가 방송 중인데, 헐크 호건이 일방적으로 얻어맞고 있다.

주원   (중얼) 헐크는 맨날 나오네… 저러다 또 이기겠지 머.

주원이 TV 볼륨을 최대로 높인다.

#28 [흑백] 울산/나이트클럽 (여름/오후)

주원이 나이트클럽 홀을 가로질러 지나가는데 뭔가 느낌이 이상하다.

웨이터와 건달들이 서로 눈치만 볼 뿐 아무도 주원에게 인사하지 않는다.
낌새가 이상해서 둘러보면, 낯선 웨이터와 조폭들이 많아졌다.
주원이 주변을 돌아보자, 조폭들 사이에 빨간 재킷이 눈에 띈다.

주원　　빠따. 니 여서 머하노.

빨간 재킷 입은 남자, 주원에게 야구배트를 휘둘렀던 울산 조폭 행동대장 '빠따'다.
주원이 빠따를 노려본다. 빠따 옆으로 10여 명의 울산 조폭들이 다가와 선다.

빠따　　(시비조) 하이고 마, 괴물이 내를 다 기억해주네. 영광이네 영광.
주원　　니 와 여서 얼쩡대노. 니 또 처 맞고 싶나.
빠따　　머라카노?
주원　　머.
빠따　　먼데?
주원　　머가.
빠따　　머긴.
주원　　한 번만 더 머머거리면 뒤진다.
빠따　　(멈칫)

빠따가 주원의 살벌한 눈빛에 눌려 딴소리를 한다.

빠따　　아. 니 암껏두 몰르나? 찌끄레기 됐나베?

뭔 말이지. 주원이 VIP룸으로 걸어간다. 문을 확 여는 주원의 얼굴.

#29 인천/파크텔/복도 (겨울/밤)

수염으로 덥수룩한 주원의 얼굴.

지희   아우 깜짝이야!

주원과 갑자기 맞닥뜨린 지희가 커피 보따리를 떨어뜨린다.
주원이 잽싸게 커피 보따리를 잡아채지만, 커피잔들이 와그륵 굴러간다.

지희   (보자기만 쥔 주원 보며) 아까봉.
주원   예? 아까봉이요?
지희   아깝다고요. 아싸봉 비슷한 거지 뭐.
주원   (웅얼) 서울말인 줄 알고… (보자기 건네며) 죄송합니다.
지희   (쪼그리고 앉아 커피잔들 챙기는) 죄송할 거 없어요. 같이 부딪쳤는데 뭐.
         꼭 드라마 한 장면 같네요. 남녀가 복도에서 지나가다가 딱 마주치고
         뭐 떨어뜨리고. 같이 줍고.
주원   (함께 주우며) 드라마는 그런가요?
지희   맨날 레슬링이나 보니까 뭐 아시나.
주원   (중얼) …벽이 쪼매 얇지요.
지희   나 일할 때 일부러 TV 볼륨 크게 트는 옆방 사람은 첨 봤거든요.

주원을 쳐다보는 지희의 눈빛이 언뜻 따뜻하다.
지희가 커피 보따리를 챙겨 일어선다.

지희   (불쑥) 근데, 아저씨 몇 살이에요?
주원   왜요.
지희   수염 때문에 나이를 가늠할 수가 없네. 말투가 좀 이상하지만 나 같은
         사람한테 꼬박꼬박 존댓말 하는 것도 특이하고. 이런 데서 마주치는

나이 많은 아저씨들은 보통 다짜고짜 반말 찍찍 하는데.

주원　그쪽 같은 사람이 어떤 사람인데요.

지희　(커피 보따리 슥) 몰라서 물어요? 다방 레지.

주원　근데요?

지희　(멈칫, 주원을 쳐다보는 눈에 이채가 스친다)

주원　나이 안 많습니다.

지희　사십은 돼 뵈는데….

주원　(중얼) 삔나. [눈이 삐었나]

지희　(뭔 말인지 모르는) ??

주원이 지희를 지나쳐 복도를 걸어간다.
지희가 주원의 뒷모습을 보다가 돌아선다.
주원이 408호 문을 열고 들어간다.

#30 [흑백] 울산/나이트클럽/룸 (여름/오후)

주원이 VIP룸 문을 열고 들어서다 멈칫한다.
광진, 민기, 재성이 여자들을 끼고 술을 마시고 있다.
광진과 민기가 들킨 것처럼 당황하고, 재성이 주원을 지그시 노려본다.

민기　(엉거주춤 일어서며) 해, 행님 오셨습니까?

광진　(겸연쩍은) 어. 와, 왔나. 웬일이고. 연락도 없이.

민기　(맞장구) 그, 그러게요. 행님 웬일이십니꺼.

주원　(착 가라앉은 목소리) 여가 일 없으면 내는 못 오는 곳이가.

주원의 말에 분위기가 싸늘하게 가라앉는다.

주원　(재성 보며) 닌 왜 또 왔는데.

광진과 민기가 당황해서 재성의 눈치를 보고, 재성이 피식 웃는다.

민기   (애써 밝게) 아따 마. 그게 아이고요, 울산 큰행님하고 긴히 나누실 말
       쏨이 있어가 제가 자리를 맹글어

주원   (노려보는) 니는 행님 소리가 그르케 쉽게 나오드나.

민기   (찔끔) 그, 그게 아이고요….

재성   (안주 접시의 커피땅콩 집어 먹으며) 아이고 무서버라.

주원   (재성 보며) 맛있냐?

재성   (주원을 쳐다보는 눈가에 살기가 서린다)

광진   (한숨) 주원아. 거 서 있지 말고 니도 들어와가 한잔하자. 내 진짜 니한
       테 할 말 있다. 싹 다 얘기하께.

주원   (우두커니 서서 쳐다보는)

광진   내 니 행님 아이가? 햄 말 좀 들어라. 쫌 들어와가

재성   (끊는) 아니지. 아니지. 광진이 모하노? 결정은 내가 하기로 안했나.

주원   (꿈틀) 내 분명히 우리 행님 이름 아아처럼 부르지 말라캤는데.

재성   광진아. 쟈 아직도 뻣뻣하네. 도저히 안 되겠다. 우짜노 광진아.

주원   (룸 안으로 들어서며) 너 이 쌍

광진   (재성에게 머리 숙이며) 죄송합니다. 행님!

주원   (멈칫) 행님도… 쟈를 행님이라 부르심니꺼?

광진이 대답 못 하고 주원의 눈길을 피한다.
재성은 이 상황을 즐기듯 비아냥거린다.

재성   여 들어올라믄 내한테 행님 하고 불러바라. 그라믄 니도 끼아줄게.

주원   (쿵 들어서는) 닌 오늘 죽는다.

광진   (가로막으며 주원 멱살 잡는) 쫌 엥간히 해라 쫌!!!

주원   (답답한) 행님요. 저 새끼 때매 병원에 누버 있는 우리 아아들이 멫인

지 벌써 잊어뿟나!

광진 (발끈하는) 다 보상해주믄 될꺼 아이가!! 일이 좀 되게 해야 할끼 아이가!! 행님이랑 한 식구 되면 그깟 보상, 일도 아이라니까!!

주원 (손 뿌리치며) 칵 씨. 그노매 행님 소리!!!

광진 (폭발하는) 행님 소리가 머 어때서!! 난 백 번도 부를 수 있다!! 행님 동생 하는 거, 뭐 그리 어렵노!! 니는 뭐 그리 유세를 떠나 말이다!! 지금 다 잘 돼가고 있는데 니 하나 때매!!!

주원 (울화통 터진) 행님 그게 지금 내한테 할 소리요?! 내는 몬한다! 저 새끼가 보낸 쫄따구들한테 내 허구헌날 칼 맞았던 거 잊었나! 행님이 시키가 내 칼받이 했던 거 잊었나! 내 행님 대신 칼 맞아가매, 내 포항에서 여 울산 올 때까지 연장질 멫 번 당한지 아나!! 저 양아치 새끼가 나 죽일라고 몇 번이나 칼빵 논지 아나 말이다!!!

광진 (소리 지르는) 씨발, 니는 안 아프잖아아아아!!!!!!!!

광진의 말에 주원의 말문이 턱 막힌다.
주원이 억울함과 허탈함이 섞인 표정으로 멍하니 광진을 쳐다본다.

광진 니는 어차피 괴물이잖아아아!!!!!

주원의 표정이 무너진다. 화면 어두워진다.

#31 **인천/파크텔/408호 (겨울/밤)**

어두운 밤. 혼자 불이 켜진 방. 주원이 웅크리고 앉아 TV를 본다.
TV에서 뉴스가 흘러나온다. *1990년 12월 26일

앵커F 치안본부는 지난 10월 13일 노태우 대통령의 특별선언으로 '범죄와의 전쟁'을 선포한 이후 조직폭력배 107개 파 548명을 검거했다고 발

표했습니다. 또한, 이 기간 동안 유흥업소의 휴폐업이 크게 늘어 휴폐업을 한 유흥업소가 17.5% 증가했으며… [뚝]

주원이 TV를 끈다.
적막한 방에 우두커니 앉아 있던 주원이 방문을 열고 나간다.

#32 [흑백] 울산/나이트클럽/룸/복도 (여름/오후)

주원이 허탈한 표정으로 VIP룸 문을 열고 나온다.
울산과 포항 조폭들이 복도를 막고 서 있다.
VIP룸 안에서 재성이 부른다.

재성 어이. 괴물 새끼야. 마지막 기회다이.

주원 (돌아보는) 머를.

재성 (커피땅콩 씹으며) 행님아 하고 불러바라.

주원 (이 으드득)

재성 (땅콩 오독오독) 몬하겠나?

주원이 움켜쥔 주먹을 부르르 떠는데, 옆의 광진과 민기의 모습이 눈에 밟힌다.
광진이 원망과 난처함이 섞인 표정으로 주원을 쳐다본다.

주원 (돌아서는) 그거나 마이 처무라.

재성 내 분명히 마지막 기회라 캤다.

주원이 뒤도 돌아보지 않고 걸어간다. 복도를 막아선 조폭들이 주원의 눈을 피한다.
포항 조폭이 주원에게 인사하려다가 옆 조폭에게 옆구리를 찔리고 입을 다문다.

주원이 복도를 걸어간다. 모두 외면할 뿐 아무도 주원에게 인사를 하지 않는다.

혼자 복도를 걷는 주원의 얼굴에 그늘이 진다.

#33 인천/거리 (겨울/새벽)

주원의 얼굴에 헤드라이트가 확 비친다.

(E)   꽝--!!

주원이 차 지붕을 타고 뒤로 넘어가 얼굴부터 떨어진다.

(E)   끼이익--!!

주원이 쓰러진 채 자동차의 급브레이크 소리를 듣는다.

인적 없는 새벽의 골목. 차에서 내린 운전자가 쓰러진 주원을 보고 안절부절못한다.

주원이 엎어진 채 기다리는데, 운전자가 아무도 없는 주변을 확인하고 차에 올라탄다.

주원   (눈 감은 채) 어…? (눈 부릅뜨는) 뺑소니…?!!

자동차가 그대로 출발한다.

주원이 부리나케 일어나 한쪽 다리를 절며 쫓아간다.

cut to

승용차 안. 뺑소니차 운전자가 룸미러를 보고 기겁한다. 한쪽 다리를 절뚝이며 쫓아오는 주원의 모습이 공포스럽다. *전설의 고향 「내 다리 내놔」

뺑소니 (룸미러 보며 경악하는) 히이익!!!

뺑소니차 운전자가 차를 몰아 좁은 골목을 빠져나간다.

뺑소니 (덜덜) 내, 내가 지금 뭘 본 거지…? 부, 분명히….

골목을 돌아서 룸미러를 보면, 잠시 후 주원이 골목에서 튀어나와 쫓아온다.

뺑소니 (혼비백산하는) 으아아악!!!!!!!!! (액셀 꽉 밟는)

사이드미러로 보면, 주원이 여전히 전력질주로 쫓아오는데 그 표정이 너무 무섭다.
기를 쓰고 따라붙는 주원의 기괴한 모습이 사이드미러에 비친다.
사이드미러 하단의 문구. '사물이 거울에 보이는 것보다 더 가까이 있음'.
주원의 절뚝거리던 한쪽 다리가 달릴수록 곧게 펴지며 두 다리로 전력질주한다.
공포에 질린 운전자가 넋 나간 표정으로 액셀을 밟는다.
이 악물고 쫓아가던 주원의 숨소리가 거칠어지고 걸음이 점점 느려진다.
뺑소니차가 그대로 멀어지고, 주원이 달려가며 악에 받쳐 욕을 한다.

주원 허억. 허억. 허억… 야이 뺑소니 개새끼야아아아!!!!!!
지희 (불쑥) 저 차 뺑소니예요?

주원이 옆을 보면 언제부터였는지 스쿠터를 탄 지희가 나란히 달리고
있다.

지희   (스쿠터 몰고 나란히 달리며) 아저씨 치고 도망간 거예요? 쫓아가줄까요?
아직 멀리 못 갔을 텐데.

주원   (지희 쳐다보며 달리는) 헉. 헉. 헉. 허억… 허억….

지희   아니다. 나 혼자 쫓아가도 어떻게 안 되겠다. 뒤에 탈래요?

주원   (걸음 느려지는) 허억…! 허억…! 허억…! 허억…!

지희   대신 잡으면 깽값 뿐빠이.

주원   (멈춰 서는) 허억…! 허억…!

지희   (따라 서며) 뭐야. 포기?

주원   (끄덕끄덕)

지희   왜요?

주원   (숨 고르며) 이젠, 잡기도, 힘들고, 이렇게, 허억… 허억… 멀쩡한 거, 들
킨 이상, 글러버린 것, 같고… 허억… 헉… 허억….

지희   들켜요?

주원이 아차 싶어 입을 다문다.
지희가 부두두두 시동을 건 채 주원을 빤히 쳐다본다.

지희   그러고 보니 이상하긴 하네… 다친 곳은 없는 것 같고….

주원   (숨 몰아쉬며) 가던 길 가시지요╱↑.

지희   그래요. 그럼. 수고.

지희가 부당당 액셀을 밟는데, 주원이 다급하게 부른다.

주원   쪼매, 아니 잠깐만요.

지희 (쳐다보는)

주원이 난처한 표정으로 달려온 길을 되돌아본다.
빵소니차를 무작정 쫓다 보니 어디인지도 모르겠는 낯선 곳의 낯선 길이다.
다시 앞을 보면, 여러 갈래의 골목길이 복잡하게 늘어서 있다.

주원 여기 새마을금고가 어느 쪽이죠?

지희 이 새벽에 새마을금고는 왜요? 새마을금고가 한두 개도 아니고.

주원 무슨 시장 앞이었는데….

지희 아. 자유시장 앞에 있는 거. 거긴 왜요?

주원 (중얼) 거기까지 가면 숙소 찾을 수 있을낀데….

지희 숙소요? 뉴월드 파크텔? 그냥 가면 되는 걸 왜 새마을금고에서부터?

주원 (대답 안 하는)

지희 (쳐다보는)

주원 (눈 내리까는)

지희 아저씨 혹시… 길치예요? 방향치?

주원 크흠.

지희 (풉 웃음 참는) 근데 걸어가기엔 좀 먼데?

주원 괜찮심니다.

지희 하긴, 이 새벽에 이런 곳에선 택시도 못 잡겠구나. (손가락 들어 가리키며) 저기 교회 종탑 보이죠? 아니. 거기 말고. 어딜 봐. 저기, 저거. 저 빨간 십자가. 여기 골목 많아서 헷갈리니까 저 십자가만 보면서 쭉 가면 주유소 있는 사거리 나와요. 주유소 건너편에 삼용아파트 보일 거예요. 삼용아파트 옆길로 쭉 가면 길 건너 자유시장 새마을금고 나와요. 모르겠으면 가다가 아무한테나 자유시장 물어봐요, 거기까지 가면 찾기 쉬우니까. 여봐요. 뭔 생각해요. 지금 내 말 들었어요?

주원   (고개는 끄덕이는데 전혀 못 알아들은 표정)

지희   응? 오케이?

주원   더… 쉬운 길은 없습니까? 한 방에 갈 수 있는… 쉬운….

지희   갈림길이 이렇게 많은데, 한 방에 가는 쉬운 길이 어디 있어요. 아저씨가 그러니까 길을 못 찾죠. 차근차근 가야죠. 다시 차근차근. 십자가 보고 가다가. 주유소 사거리. 삼용아파트 옆길. 자유시장. 알았죠?

주원   (끄덕) 네.

지희   커피 다 식겠다. (다시 액셀 부당당) 그럼 수고. (가버리는)

주원이 지희의 뒷모습을 잠시 보다가 고개를 돌려 교회 종탑을 향해 걷는다.
저만치 가던 지희가 못 미더운 표정으로 돌아보면, 주원이 저 멀리 두리번거린다.

#34 **[흑백] 울산/바닷가/횟집/외부 (여름/밤)**

광진의 고급 승용차가 횟집 앞에 주차되어 있다.
횟집 골목의 으슥한 곳에 승합차 두 대가 주차되어 있다.

#35 **[흑백] 울산/바닷가/횟집 (여름/밤)**

바다가 보이는 창가 자리에 주원, 광진, 민기가 앉아 있다.
늘 손님으로 붐비던 식당인데 모든 테이블이 비어 있다.
테이블에 개복치 고기가 올라왔는데 아무도 손을 대지 않았다.

민기   (광진 잔에 소주 따르며) 행님들. 쫌 드이소. 제가 일부러 개복치까지 미리 주문해놔가 힘들게 마련한 자립니다.

광진   (말없이 잔 받는)

민기   (주원에게도 소주 따르며) 이제 고마 기분 푸시지예. 오해는 다 풀어야

하는 거 아입니꺼. 행님들 다 우리 잘 될라고 이런 거 아입니꺼.

주원   (잔 받는)

광진과 주원은 말없이 자기 잔만 쳐다볼 뿐 민기의 잔에 술을 따라주지 않는다.

소주병을 엉거주춤 들고 있던 민기가 제 손으로 제 잔에 소주를 따른다.

민기   (스치는 쓴 표정 지우고) 아따 마. 행님들! 잔 드이소!

광진이 소주를 크으 마시고 개복치 고기를 집어 먹는다.

주원이 소주를 물 삼키듯 마시고 개복치 고기를 집어 먹는다.

민기가 또 얼른 광진과 주원의 잔에 소주를 따른다.

광진   (고기 씹으며) 쪼매 시큼털털헌 게 포항만 몬하네.

민기   아 그렇심꺼. 내는 개복치를 못 먹어가 아예 맛을 몰라서예.

광진   (질겅질겅) 쌂다 말아쁬나….

주원   (툭 내뱉는) 맛이 포항만 하겠심꺼.

광진   (맞장구) 하모.

주원   (맞장구) 하모예.

광진/주원 (피식)

광진과 주원이 소주를 마시고 개복치를 먹는다.

민기가 또 얼른 소주를 따라준다.

cut to_ 시간 경과

쌓여 있는 소주병들. 몇 점 남지 않은 개복치 고기.

광진이 불콰해진 얼굴로 눈을 끔벅거린다. 민기가 슬그머니 눈치를 살핀다.

민기 (취한) 후우… 행님들. 개안심니꺼…?

광진 (얼굴 벌게진) 머리 깨진다. (멀쩡한 주원 보며) 야 술로라도 이기볼라 캤
는데 글렀다. 닌 먼 맛으로 술 먹노? 암만 마셔도 안 취하믄서.

주원 (고개 까딱거리며) 아입니더. 어째 오늘은 술 좀 받는 것 같은데예.

민기 (다시 조심스럽게) 행님들. 어지러워예…?

광진 (게슴츠레한) 끄으윽. 개안타 이 새끼야. 화아 그라고보이 민기 요 새끼
마이 컸네. (주원 보며) 인쟈 요 새끼가 니랑 내랑 걍 다 행님이라카네.
내한텐 그래도 큰, 크은 행님이라카디만 인쟈 다 행님이가? 쫌 있으면
이 새키 이거 님짜 꼬리도 떼겠고마.

민기 (웃고 있는데 어색하다)

주원 (끄으윽) 행님. 먼 소리고. 밍기 마이 컸다 아입니꺼. 행님이 밍기 야 관리
부장도 시키줬으믄서.

광진 (침 흘리는) 에…?

광진이 흐릿한 눈으로 민기를 쳐다보는데, 민기가 슬그머니 뒤로 밀
며 물러선다.

광진 (인상 찌푸리며) 내가?

주원 (끄덕)

민기 (더 뒤로 물러서는)

광진 (눈 점점 더 흐려지는) 내가 민기를 관리부장 시켰다꼬?

주원 (피식) 행님. 많이 취해꼬마. (침 흘리는) 어라…? (후릅)

민기가 겁먹은 표정으로 테이블에서 조금씩 물러나 앉자, 의자 끌리
는 소리가 들린다.

광진이 눈을 홉뜨며 민기를 쳐다보는데 눈이 잘 안 떠진다.

광진   (민기에게) 니… 지금 이게 먼 소리고…?

민기   (뒷걸음질 치며 바깥 보는)

광진   니… (일어서려다가 모로 쓰러진다)

주원   행님요…!

주원이 일어서려다 휘청, 테이블에 머리를 쿵 박는다.
초점이 흐려지는 주원의 시야. 접시 위 몇 점 남지 않은 개복치 고기.

#36 [흑백] 울산/바닷가/횟집/외관 (여름/밤)

횟집 골목 으슥한 곳에 주차되어 있던 두 대의 승합차가 동시에 시동을 켠다.

#37 [몽타주] 인천/거리/골목 - 흑백전환

주원이 저 멀리 건물들 사이로 보이는 교회 종탑의 십자가를 바라보고 걷는다.
갈림길에 들어설 때마다 십자가가 건물에 가려진다.
거리에는 사람 하나 없고 온통 불 꺼진 길을 주원이 혼자 걷는다.
걷는 주원의 발. 오른쪽으로 걷는 주원의 발. 왼쪽으로 걷는 주원의 발. 멈칫하는 주원의 발. 다시 걷는 주원의 발. [걸을 때마다 화면이 점점 컬러에서 흑백으로 바뀐다]
주원이 다시 고개 들어 십자가를 찾는다. 어디에도 십자가가 보이지 않는다.
발밑을 보면 '일방통행 진입금지'라는 글 위에 서 있다. 주원이 지친 한숨을 쉰다.
카메라, 갈피를 못 찾는 주원의 모습에서 멀어지며 건물들 위로 올라간다.
사방의 건물들에 너무나 많은 교회 십자가들. 어둠 속 반짝이는 수많은 십자가들.
[흑백의 화면 속에서 빨간 십자가들] [십자가 불빛들마저 사라지며 서서히 암전]

#38 [흑백] 울산 앞바다/바지선/차 안 (여름/깊은 밤)

암전이 길게 이어진다. 어둠 속에서 바지선의 엔진소리와 조폭들의 목소리가 들린다.

건달v.o (소리 들리는) 이쯤이면 될 것 같심더. 하까예.

빠따v.o (조금씩 더 커지는) 왐마, 회장님, 야 깨는 것 같은데요?

재성v.o (가까워지는 소리) 허. 이야…! 괴물은 괴물이고마. 약을 한 대접 탔는데 벌써 깨나. 비키봐라. (차 문 열리는 소리)

시야가 열리면 눈앞에 검은 바다가 부옇게 일렁인다.
주원의 눈이 자꾸 감긴다.

재성v.o (뺨 때리는) 아나. 아나. 깼나. 봐라. 내 말 들리나.

재성이 차 문을 열고 얼굴을 바짝 들이밀며 웃는다.
주원이 힘겹게 눈을 뜨면, 운전석에 온몸이 밧줄로 꽁꽁 묶여 있다.
옆을 돌아보면, 광진도 조수석에 밧줄로 묶인 채 축 늘어져 있다.
카메라 멀어지면, 어두운 울산 앞바다 한복판에 바지선이 떠 있다.
바지선에 실린 광진의 승용차 주변에 울산 건달들 10여 명이 둘러서 있다.

재성 (감탄하는) 깼네, 깼어. 히야… 이기 진짜로 괴물이네.

주원   (서서히 정신 차리는) …머꼬 이게….

재성   머긴 머겠노. 내 분명히 마지막 기회라 안했나. (아깝다는 듯) 그… 말 드럽게 안 들어가꼬. 쯧. (뒤를 보면서) 아나. 밀어라.

조폭들이 승용차를 민다. 차가 밀리기 시작하고, 유리창 너머 바다가 가까워진다.

주원   (악쓰는) 야아!!! 야아아악!!! 야 이 개새끼야!!!!!!

주원이 힘껏 브레이크를 밟자 차가 밀리지 않는다. 광진이 조폭들에게 손짓한다.
10여 명의 조폭들이 일제히 달려들어 차를 밀어낸다. 잠긴 바퀴가 통째로 밀린다.
속수무책의 상황. 브레이크를 밟아도 바다 쪽으로 차가 점점 더 밀려나간다.
재성이 바다로 밀려가는 차를 옆에서 따라 걸으며 이죽거린다.

재성   (주원 들으란 듯이) 영차, 영차, 잘한다이, 잘한다이.

주원   (악쓰는) 이거 퍼뜩 안 끌나. 이 개새끼야!!!

재성   (히죽) 니 바보가. 기껏 짜매놓고 니 같으면 풀겠나.

주원   (발악하는) 개썹팔양아치조까튼새끼가 기껏 하는 짓이 이딴 짓이가!!! 니 뒤지고 싶나아아!!!

재성   (따라 걸으며) 야. 야. 니 뒤지는 이유가 그거다. 니 그 주디만 열면 내보고 뒤진다 어쩐다 했나 안 했나. 니 와 깝치노.

차가 계속 밀리자, 주원이 조수석에 묶여 있는 광진에게 소리친다.

주원 (밧줄에 묶여 버둥거리며) 행님!!! 일어나이소!!! 행님!!! 광진이 행님!!!

재성 쯧쯧. 쟈가 벌써 깨겠나. 쟈는 니처럼 괴물이 아이잖아.

조수석에 꽁꽁 묶인 광진은 축 늘어져 미동도 하지 않는다.

주원 (찢어져라 외치는) 행님!!! 행님!!! 광진이 행님!!!

재성 하아따 애달프다 애달파.

조폭들이 계속 차를 밀어대고 앞바퀴가 갑판을 벗어난다.
조수석에 묶인 광진이 기우뚱 흔들린다. 다급해진 주원이 재성에게
소리 지른다.

주원 (재성에게) 행님!!! 형니이이임!!!!!!!

재성 (멈칫)

주원 (핏발 선 눈으로) 큰행님!!! 큰행님으로 모시겠습니다!!!

재성 (삐딱하게 쳐다보는)

주원 (불타오르는 눈빛)

재성 늦었다. 이 새끼야. 가라.

바지선 난간에 걸린 차가 점점 더 앞으로 기운다.

주원 (애걸하는) 우리 행님은!! 우리 광진이 행님은 살려주이소!!! 행님께 개
긴 건 내뿐이다 아입니까!! 광진이 행님은 아무 잘못 없으니 행님만이
라도 살려주이소!! 행님께서 광진이 행님한테 합병해달라카지 않았
습니꺼!!! 내는 반대했지만 광진이 행님은 받아들였지 않았습니까!!!

주원이 처절하게 애원한다.

재성이 손짓을 하자 밀리던 차가 잠시 멈춘다.

재성 하아. 이 진짜 븅신 모지리새끼를 우짜노.

주원 (쳐다보는)

재성 느그 포항하고도 구룡포에서 왔다 캤지. (한심하게 쳐다보는) 내가 느그
같이 쬐깐한 촌동네 먹어 어따 쓰겠노. 어이 괴물 새끼야. 합병? 협약?
내가 제안한 거 아이다. 느그 행님, 광진이가 내한테 제안한 기다. 먼
말인지 모르겠나?

주원 (멍하니 쳐다보는)

재성 먼저 건드린 게 누군지 아나. 바로 니네 포항노무 새끼들이야. 너거
병원 신세 진 아아들은 광진이가 보내가 여 와서 담가진 거고. 넌 그
것도 모르고 광분했제? 광진이 쟈는 울산이 뜬다니까 니를 칼받이로
앞세워가 여까지 밀고 온 기야. 니 진짜 몰랐나.

주원의 표정이 멍해진다. 주원의 충혈된 눈에서 실핏줄이 터진다.

주원 (절규하는) 으아아아아아아아아!!!!!!!!!!

주원이 발작하듯 몸부림친다. 목 밧줄을 풀려고 버둥거리지만 손도
핸들에 묶여 있다.

재성 그라믄, 그걸 누가 찔렀쓰까. (웃는) 민기, 금마 말이 맞았네. 잔뜩 쫄아
가 니는 꼭 그거 채워야칸다고 신신당부하더만.

그제야 주원의 눈에 들어오는 수갑. 주원의 양손이 수갑에 채워져 핸
들에 묶여 있다.

재성   민기, 그놈아가 그라데. 니는 칼로 찔러도 안 되고, 몽뎅이로 뽀사도
      안 된다 카데. 니를 제일 잘 안다믄서 갈차주드라. 니를 뒤지게 할 제
      일 확실한 방법이 이기라카더라.

      재성이 다시 손짓하면, 조폭들이 다시 차를 밀어낸다.
      차가 밀려 기울고 차창 앞으로 검은 바닷물이 넘실거린다.
      창밖의 재성이 손 흔들며 웃고, 주원의 표정이 공포에 젖는다.

(E)   풍…!!

      차가 수직으로 바다에 빠진다.

#39   [흑백] 울산 앞바다/수중/자동차 내부 (여름/깊은 밤)

승용차가 바닷물 속으로 가라앉는다. 주원이 차 안에 갇혀 몸부림친다.
바닥과 문틈으로 순식간에 물이 쏟아져 들어온다.
주원이 수갑에서 손을 빼내려고 애쓰지만 꿈쩍도 하지 않는다.
자동차는 더욱 바다 밑으로 가라앉고, 주원이 어둠 속에서 공포에 젖
어 울부짖는다.
물이 턱 밑까지 차오르고 주원이 절박하게 마지막 한 모금 숨을 삼킨다.
차 내부가 완전히 물속에 잠겨 깜깜한 수중 지옥이 된다.
주원이 이를 악물고 수갑에 채워진 엄지손가락을 잡아 뒤로 꺾는다.
주원의 엄지손가락이 부러지고, 사력을 다해 헐거워진 손을 수갑에서
뽑아낸다.
손 거죽이 밀려 벗겨지며 뻘건 피가 뭉글뭉글 솟아올라 시야를 가린다.

주원F   (부그르르륵) 끄으으으아악!!!!!!

cut to

승용차 외부. 바닷물 밑으로 계속 가라앉는 차.
운전석 유리창이 깨지고 뻘건 피가 연무처럼 뿜어져 나온다.
피의 연무가 꼬리처럼 이어지며 승용차가 어둠 속으로 가라앉는다.

cut to

승용차 내부. 주원이 깨진 창문의 유리 조각을 쥐고 있다.
칠흑 같은 어둠. 부연 물속. 밧줄 조각들이 떠다닌다.
주원이 사력을 다해 승용차 문을 연다. 문이 열리자, 실내 도어등이
켜진다.
부연 불빛 아래, 주원은 자기를 쳐다보고 있는 광진을 본 것 같다.
슬픈 눈과 마주친 것 같은 찰나의 순간, 침수된 도어등이 바로 꺼진다.
다시 어둠 속. 주원이 혼신의 힘을 쥐어짜 차에서 탈출한다.
저 아래 승용차가 가라앉는다.
주원이 절망적인 표정으로 바다 아래로 가라앉는 차를 내려다본다.
주원의 몸이 어둠 속을 부유하듯 서서히 위로 떠오른다.
의식을 잃어가는 주원의 동공이 흐려진다.
꿈결처럼 흐려지는 주원의 시야.
거대한 개복치가 깊고 어두운 바닷속을 유유히 헤엄치며 지나간다.
개복치가 지나간 자리, 검은 물 밖으로 불빛이 일렁인다.
주원이 의식을 잃는다.

#40 [흑백] 울산/방파제/등대 (여름/깊은 밤)

테트라포드에 묻은 핏물이 철썩이는 파도에 씻겨나간다.
점점이 떨어진 핏물을 따라가면 기진맥진한 주원이 방파제에 엎드려
있다.
엎드린 주원의 등이 들썩이는데, 우는 건지 숨을 몰아쉬는 건지 알 수

없다.

주원의 등 위로 방파제의 등대가 불을 밝히고 있다.

흑백의 화면에서 등대 불빛만 노랗게 빛난다.

#41 인천/거리/골목 (겨울/새벽) - 흑백에서 컬러 전환

[흑백] 주원의 거친 숨소리가 이어지며 서서히 밝아진다.

주원의 시점으로 보면— 밤거리가 검은 물속처럼 일렁인다.

주원의 망막에 눈물이 가득 고여— 세상이 온통 물속처럼 뿌옇고 어둡다.

어두운 거리 한가운데에서 십자가 모양의 불빛 하나가 다가온다.

[흑백에서 십자가 불빛이 번지면서 서서히 컬러로]

십자가 불빛처럼 보였던 불빛이 바닷속에서 봤던 등대 불빛처럼도 보인다.

물 번짐 효과로, 등대 불빛처럼— 십자가 불빛처럼— 보이던 불빛이 가까이 다가오면 스쿠터 헤드라이트 불빛이다.

지희 (스쿠터 멈추며) 여기서 뭐 해요?

주원 (멍하니 쳐다보는)

지희 여태 여기서 길 헤매고 있는 거예요? 아니 아까 그게 언젠데… (멈칫) …울어요?

스쿠터 헤드라이트 불빛 앞에 서 있는 주원의 무표정한 얼굴.

주원의 두 눈에 눈물이 쏟아질 것처럼 가득 고여 있다.

지희 (당황한) 아저씨. 왜 그래요?

주원 (무표정한 얼굴에 서서히 금이 간다)

지희 괜찮아요?

주원   (표정이 일그러진다) 길… 길을 못 찾겠심더….

지희   뭐라고요?

주원의 표정이 완전히 일그러지더니 찡그려진 눈에서 가득 고였던 눈물이 떨어진다.

지희   (당황하는) 왜, 왜 이래. 다 큰 사람이….

주원이 아이처럼 온 얼굴을 찡그리며 운다.
지희가 어쩔 줄 몰라 우두커니 서서 떠나지 못한다.
주원의 등이 들썩이며 흐느끼는 울음이 터지고 만다.

주원na   나는 늘 가장 쉬운 길을 택했었다.

어두운 길 한복판에 주원과 지희가 마주 보고 서 있다.

#42 인천/파크텔/408호/룸/화장실 (겨울/저녁)

물을 틀어놓은 세면대에 수염이 떨어진다. 주원이 화장실에서 면도를 한다.
면도기가 지날 때마다 덥수룩한 턱수염들이 깎여나가고 주원의 맨얼굴이 드러난다.
화장실 밖에서 TV 뉴스 소리가 들린다.

앵커F   다음 뉴스입니다. 지난해 10월 13일. 노태우 대통령이 특별선언으로 범죄와의 전쟁을 선포한 이후, 검찰에 검거된 조직폭력배 및 강력사범은 모두 1천7백89명으로 이 중 9백 1명이 구속된 것으로 밝혀졌습니다. 법무부가 발표한 특별선언 추진실적 자료에 따르면… (소리 작아

진다) *1991년 1월 12일

#43 울산/나이트클럽/VIP룸 (밤)

민기가 테이블 밑에 무릎 꿇고 앉아 덜덜 떨고 있다.
테이블에 앉은 남자가 안주 접시에서 커피땅콩을 집어 먹는다.

목소리v.o 이건 뭐지? (오독오독) 커피 맛인데 달구만. 설탕을 엄청 뿌렸나 보군.

민기가 고개를 들면, 길게 찢어진 입을 꿰맨 흉터가 있다.

민기 (엉거주춤 고개 들며) 마, 맘에 드십니까! 마이 싸드리겠습니더!! 말씀만
하이소 행님! 뭐든 다 드리겠습니다. 행님!!

커피땅콩 집어 먹는 손을 따라 올라가면, 민용준 차장의 얼굴이 드러
난다.

민 차장 (피식) 형님…? 지랄하네. 쓰레기새끼가.

싸늘한 목소리에 민기가 얼른 다시 무릎을 꿇는다.
VIP룸 밖으로, 복도에서 나이트클럽 홀까지 조폭들이 일렬로 대가리
를 박고 있다.
고개도 못 드는 조폭들 주변에 안기부 요원들과 검사들이 서 있다.

민 차장 (민기 얼굴에 땅콩 던지며) 그래서, 마지막으로 본 게 언제야?
민기 (땅콩 이마에 맞는) 작년 여름입니다.

인서트

나이트클럽 앞. 한쪽 손목에 수갑을 채운 주원이 서 있다.

민 차장 (땅콩 획) 혼자서? 여긴 몇이나 있었지?

민기 (얼굴에 맞는) 스무 명 정도 있었습니다!

인서트

지옥에서 살아 돌아온 것 같은 주원의 뒤로 조폭들이 쓰러져 있다.
수갑을 너클처럼 쥔 주원의 주먹에서 피가 뚝뚝 떨어진다.

민 차장 그래서?

민기 울산파 보스를 때려 주, 죽였심니더….

인서트

주원에게 맞아 죽은 재성의 입안에 커피땅콩이 가득 메워져 있다.

민 차장 울산 두목이 죽고, 니가 여길 꿰찬 거군. 수완이 좋은데? (땅콩 씹으며)
넌 어떻게 살아남았지?

민기 그… 그게….

인서트

민기가 공포에 젖은 표정으로 주원을 올려다본다.

대답이 늦어지자 민 차장이 땅콩을 던져 얼굴에 또 맞는데도 민기는
멍한 표정이다.

인서트

민기가 울며불며 싹싹 빈다. 수갑 쥔 주원의 주먹이 부들부들 떨린다.

민기   (덜덜 떠는) 운이 좋았심더….

인서트

주원의 주먹 쥔 손이 떨린다.

주원이 차마 민기를 죽이지 못하고 돌아선다.

민기가 엎드려 외친다. "죄송합니다. 행님!!! 감사합니다. 행님!!!"

주원이 행님 소리에 멈칫, 수갑 날을 칼처럼 움켜쥔다.

민기   진짜… 진짜로 운이 좋았심더….

인서트

주원이 수갑 날로 민기의 입을 찢는다.

저도 모르게 입가를 어루만지는 민기.

민 차장이 손에 묻은 땅콩 가루를 탁탁 턴다.

민 차장 아무튼 잘 들었다. 이젠 내 차례군.

민기   (무릎 바짝 꿇으며 자세 바르게 하는)

민 차장 어이. 널 뭐라고 불러야 하나? 그래. 울산 꿰맨 아가리.

민기   (표정 처참해지는)

민 차장 '범죄와의 전쟁'으로 조만간 이 일대가 다 쓸릴 거야. 너희 조직 깡패
          놈들이 백 명은 된다던데 울산 깜빵이 미어터지겠어.

민기   (꿀꺽)

민 차장 두목 되자마자 조직이 박살나버리면 아깝지 않겠나?

민기   예? 예, 예!

민 차장 난 괴물이 있다는 소문에 여기까지 왔어. 그런데 한발 늦고 말았지.
          잘 들어. 조직을 총동원해서 그 괴물을 잡아와. 시키는 대로만 하면

'범죄와의 전쟁'에서 이 일대는 제외시켜주지.

민기   지, 진짭니꺼?!!

민 차장   잘 생각해. 니들이 끝장나던가, 괴물을 잡아오던가.

민기   (혹하다가 갈등하는) 아… 그, 그게요….

민 차장   니 조직 백 명의 깡패놈들에게 명령해. 잡지 않으면 잡혀 들어간다고.
어떻게 잡아오건 상관없어. 니들 방식대로 해.

민기   그… 저희들 방식이라면….

민 차장   그래. 죽어도 어쩔 수 없겠지.

민기   예?

민 차장   괴물이라며.

민 차장의 눈이 탐욕으로 번들거린다.

민 차장   내 눈으로 확인해봐야겠어. 그 괴물이 쓸모가 있는지.

#44   [에필로그] #4에 이어서

주원이 빠진 팔을 다시 박아 넣고 중년 남자를 내려다본다.
땅바닥에 주저앉은 중년 남자의 턱이 덜덜 떨린다.

주원   (내려다보며) 30에 합의 봅시다.

중년남   (턱을 덜덜 떨며 말 더듬는) 괴… 괴, 괴…

주원   (무표정하게 내려다보는)

중년남   괴… 괜찮습니까?

멈칫하는 주원의 표정.
"괜찮습니까."
별것 아닌 한마디에 주원이 할 말을 잃고 우두커니 선다.

제11화
로맨티스트

산곡동/전경 (밤)

어두운 밤하늘에서 내려다보면, 산동네의 골목길들이 개미굴처럼 복잡하다.

미로처럼 교차되는 어두운 골목에 가로등 불빛들과 십자가 불빛들이 빛난다.

불빛들이 부옇게 흐려지고, 타이틀 '무빙'과 소제목 '제11화: 로맨티스트'가 뜬다.

파크텔/외부 (밤)

복잡한 골목길 사이. 야트막한 언덕길에 낡은 '뉴-월드 파크텔' 건물이 보인다.

객실 창문에 모두 불이 꺼졌는데, 4층 끝 방(408호) 창문만 불이 켜져 있다.

파크텔/408호/화장실 (밤)

주원이 침대에 누워 무협소설 『영웅문 2부 고려원판』을 읽는다.

창문은 열려 있고 TV는 소음처럼 켜져 있다. 침대맡에 갑티슈와 전화기가 놓여 있다.

돈통으로 쓰는 갑티슈 통에 지폐 몇 장이 삐죽 삐져나와 있다.

갑티슈에 인쇄된 문구. [엄지다방·커피배달·심야영업 773-0121]

객실 전화기 아래 적힌 문구. [배달은 카운터 문의]

주원이 책을 읽으면서도, 시선은 자꾸 갑티슈와 전화기를 힐끗거린다.

애써 못 본 척하던 주원이 갑자기 벌떡 일어나 청소를 시작한다.

재떨이 비우고, 휴지통 눌러 덮고, 무협지들 정돈하고, 이부자리 정돈하고, 현관의 신발을 정돈하고, 방바닥에 떨어진 털들을 줍고, 갑티슈 통에 삐져나온 돈을 밀어 넣는다.

창가에 널어놓은 속옷 빨래들의 냄새를 맡아보면 덜 말랐다.

속옷 빨래를 옷걸이 봉에 걸고 겉옷들을 덮어서 가린다.
방 청소를 마친 주원이 화장대 거울에 비치는 제 얼굴을 보고 화장실
로 간다.

cut to_ 화장실

주원이 면도를 한다. 면도기가 지날 때마다 턱수염이 밀리고 깔끔한
얼굴이 드러난다.
싸구려 일회용 면도기에 자꾸 베인다. 면도를 하다 보면, 어느새 상처
들이 아문다.
화장실 밖에서 TV 뉴스 소리가 들린다.

앵커F   다음 뉴스입니다. 지난해 10월 13일. 노태우 대통령이 특별선언으로
범죄와의 전쟁을 선포한 이후, 검찰에 검거된 조직폭력배 및 강력사
범은 모두 1천7백89명으로 이 중 9백 1명이 구속된 것으로 밝혀졌습
니다. 법무부의 발표에 따르면 검거된 조직폭력배 4백 45명 중 2백
74명이 구속되었으며… *1991년 1월 12일

cut to_ 객실

정규방송이 끝난 TV에서 애국가가 흘러나온다.
말끔해진 주원이 갑티슈를 쳐다보며 수화기를 들었다 났다 한다.
한참을 망설이다 수화기를 들고 카운터를 호출한다.

주원   (신호 떨어지면) 408호. 엄지다방 커피 배달 부탁합니다.
여관 주인F (수화기에서 들려오는) 408호 총각이 웬일이래. 난 또 무슨 부처님 가운
데 토막인 줄 알았더니만 할 건 다 하(뚝)

주원이 수화기를 내려놓고 다시 거울을 본다. 말끔한 얼굴이 어색하다.

cut to_ 시간 경과

풀어져 있는 커피 보따리.

멜라민 커피잔에 커피 가루와 프림을 넣고 설탕을 한 스푼 넣다가,

박양E 오빠. 설탕 몇 숟갈 넣어?

주원의 맞은편에 지희가 아닌 다른 여자(박양/박희영)가 앉아 있다.

주원 (실망을 감춘 어색한 표정) 하나.

박양 (설탕 넣으며) 어머. 오빠 안 달게 마시네. 쓴 거 좋아하나봐.

박양이 보온병을 열어 뜨거운 물을 붓는다.

커피잔에서 뜨거운 김이 피어오른다.

박양 어우 이 방은 왜 이렇게 추워?

주원 창문 열어놔서….

박양 (커피잔 하나 더 놓으며) 오빠, 내 거도 한 잔 탄다?

주원 네.

박양 네? (까르르 웃으며) 어머 젠틀맨.

박양이 주원에게 커피를 건네주고, 자기 커피엔 찬물을 살짝 섞어 마신다.

정규방송이 끝난 TV에서 AFKN이 나온다. 주원은 말이 없고 TV만 혼자 떠든다.

박양 오빠. 나 씻어?

주원 (흠칫)

박양 뭐야. 이 밤에 불러놓고 티켓 추가 안 끊어요?

주원 어, 얼마죠…?

박양 1시간에 만 원. 써비스료 별도.

주원 괜찮습니다.

박양 (돈 없나 보다)

주원 커피 마셨으니 가셔도 됩니다.

박양 다 마셔야 가지. 손도 안 대놓고.

주원 (뜨거운 김이 나는 커피 원샷하는)

박양 (놀라는) 으억. 그거 아직 뜨거운데. 입천장 다 뎄겠다.

주원 (아무렇지 않은) 저… 그 다방에 일하는 아가씨들 많아요?

박양 나까지 세 명?

주원 (아… 하는 표정)

#4 파크텔 / 1층 / 카운터 (밤)

여관 주인이 주원과 통화한다.

여관 주인 (수화기 들고) 뭐? 지금 바로 또 불러달라고? 알았어. 알았어. (음흉한) 와 408호 총각 아주 그냥 힘이 넘치나 보다. (뚝, 전화 끊긴) 여보세요? (끊긴 수화기 쳐다보며) 짐승 같은 놈….

#5 파크텔 / 408호 / 복도 (밤)

노크 소리에 주원이 얼른 가서 방문을 연다.
주원의 표정이 쌜쭉해진다. 문밖에 지희가 서 있다.

지희 커피 배달시켰죠?

주원 (헤벌쭉) 네. 들어오세요.

지희가 들어오고, 주원이 지희가 벗은 신발을 가지런히 정리하고 따라 들어온다.
TV가 켜져 있고, AFKN 채널에서 WWF(미국 프로레슬링)를 방송 중이다.
지희가 바닥에 앉으면, 주원이 엉거주춤 따라 앉는다.

지희 (커피 보따리 풀며) 오랜만이네요.

주원 네. 그날은 델따 줘서 고마웠습니다.

인서트

10화 #41 이어지는 장면. 지희가 오토바이에 주원을 태우고 달린다.

지희 뭘요. (커피잔에 커피와 프림 넣으며) 다 큰 아저씨가 길바닥에서 울고 있는데 그걸 어떻게 그냥 지나가.

주원 (얼굴 붉어지는)

지희 설탕 몇 스푼 넣어요?

주원 세 스푼이요.

지희가 설탕 세 스푼을 물에 녹이느라 오래 젓는다.
조용한 방 안. TV에서 프로레슬링 선수들만 시끄럽게 싸운다.
지희는 말없이 커피만 타고, 주원은 어색해서 말도 못 붙인다.
지희가 커피를 건네면

주원 그쪽도 한잔하시죠.

지희 (잔 꺼내며 중얼) 많이 해보셨나 보네.

지희가 자기 커피잔에 커피 프림 설탕을 반 스푼씩만 넣고 젓는다.

주원이 커피가 뜨거운 양 호호 불며 천천히 마신다.
지희가 자기 커피를 마신다.

지희   (한 모금 마시고) 물이 좀 식었네.

주원   (뜨끔)

지희   (방 둘러보며) 여기서 산 지 좀 됐죠?

주원   네. 그게… (주저하는) 제가… 그러니까… 음… 그게…

지희   남자 혼자 오래 살았던 방치고 깨끗해서 물어본 거예요. 사연 물어본
거 아니에요.

주원   (말문 막힌)

주원은 할 말이 없어서 커피만 마신다.
지희가 침대가에 쌓인 무협소설들을 본다.

지희   무협지 좋아하나봐요? 싸우는 얘기죠?

주원   좋은 사람이 이기는 얘깁니다.

지희   (책 제목 보며) 영웅문? 제목 거창하네.

주원   저거 마냥 무협지 아닙니다.

지희   그럼 뭔데요?

주원   멜로 소설이에요.

지희   (어 그래) 아. 네. 멜로.

주원   진짠데요.

지희   (시큰둥) 그래요.

주원   제가 열 번도 더 읽었어요. (커피 느리게 마시며 장황하게) 주인공 양과는
세상에서 제일 쎈 사람이지만 사랑 앞에선 나약합니다. 양과는 소용
녀를 사랑하지만 소용녀는 그렇지 않았어요. 소용녀는 냉담한 사람이
었지만 조금씩 양과와 사랑에 빠지게 돼요. 그런데 둘이 헤어지게 돼

요. 양과는 소용녀를 다시 만나기 위해 절정곡에서 자그마치 16년이나 기다리는데…

뜬금없이 장황한 이야기에 지희는 커피만 마실 뿐 반응이 없다.
민망해진 주원의 목소리가 작아지고 TV의 프로레슬링 함성 소리 커진다.

지희   TV는 왜 맨날 틀어놔요?
주원   맨날?
지희   벽이 얇아서 옆방, 아니 건넌방에서도 다 들려요.
주원   그냥… 조용한 게 싫어서.
지희   (쳐다보는)
주원   폐쇄 공포증이 있어요.

지희가 열린 창문을 보고 더 이상 이유를 묻지 않는다.
TV에서 들려오는 더 큰 함성 소리. 빅보스맨이 헐크 호건을 곤봉으로 때린다.

지희   그럼 차라리 라디오를 켜지.
주원   (TV 보며) 재밌잖아요.
지희   뭐가 재밌어요. 알아듣지도 못하는 거.
주원   좋은 사람이 이기거든요.

TV 화면에서 헐크 호건이 빅보스맨에게 일방적으로 얻어맞고 있다.

지희   게임 끝났네.
주원   아닙니다. 헐크 호건이 이길 겁니다.

지희	헐크? 그 녹색 괴물 헐크요?
주원	(괴물이란 말에 흠칫) 아니요. 헐크 아니고. 헐크 호건이에요.
지희	다르구나. 난 헐크 좋던데.
주원	왜요?
지희	우락부락하게 생겼어도 좋은 사람이잖아요.
주원	헐크도 항상 이겼잖아요. (TV에서 헐크 호건이 맞고 있다) 쟤는 저러다가 끝에 가서 무조건 이깁니다. 헐크 호건도 좋은 사람이거든요.
지희	좋은 사람은 무조건 이기나. 헐크는 가짜잖아요. 저건 진짜 시합이고.
주원	저기서도 좋은 사람이 이겨요.
지희	(중얼) 가짜네.
주원	(할 말 없는)

지희가 무심한 표정으로 TV를 본다. 헐크 호건이 다운당한다.
주원이 애써 천천히 커피를 마시는데도 바닥이 드러난다.
지희가 커피잔을 챙기는데, 주원이 다급하게 갑티슈 통에서 돈 꺼내며

주원	(돈뭉치 내밀며) 티켓 추가 끊겠습니다.
지희	(물끄러미 보다가) 알았어요. 먼저 썼어요.
주원	(당황해서 사투리 튀어나오는) 그게 아이라요. 그냥 이야기나 나눠요.

지희가 주원을 빤히 쳐다본다. 주원의 돈 내민 손이 어색해지려는데

지희	됐어. (커피 보따리 싸며) 이야기를 나누긴 뭔 이야기를 나눠.
주원	네?
지희	할라면 하고 말라면 말지, 뭔 돈까지 줘가며 이야기야.
주원	(당황한) 아니 나는 정말로 그냥 같이 있고 싶어서….
지희	안 해. (돈뭉치에서 만 원 빼가며) 배달값 만 원이나 줘요.

주원   (엉거주춤)

지희   (일어서며) 커피 아니면 부르지 마요.

주원   (얼떨결에) 그쪽 보고 싶어서 부른 거예요.

지희   레지를 불렀겠지.

지희가 문가에서 신발을 신으려는데 주원의 낡은 운동화 옆에 지희의
신발이 가지런히 놓여 있다.
잠시 멈칫하던 지희가 신발을 신고 나간다.
우두커니 서 있는 주원의 등 뒤로 TV 화면, 헐크 호건이 졌다.

#6 파크텔/1층/카운터 (밤)

지희가 카운터 앞을 지나가는데 창구 문이 열린다.

여관 주인 (다방 거래장부 내미는) 얘. 너 아까 장부 안 썼어.

지희가 장부에 '엄지' '황' '1'을 쓰고 보면, 바로 위에 '엄지' '박' '1'이
쓰여 있다.

지희   우리 가게에서 또 왔었어요?

여관 주인 엇갈렸나 보네. 좀 전에 박양 왔다 갔어. 408호.

지희   네? 나 방금 408호에서 나왔는데.

여관 주인 그러게. 아깐 너무 빨리 끝나서 토긴가 했는데… (음흉) 아니야?

#7 엄지다방/실내 (밤)

지희가 들어오다가 마담과 이야기 나누는 박양과 마주친다.

지희   너 파크텔 408호 갔다 왔어?

박양　응. 언니도?

지희　응.

박양　했어?

지희　아니. 커피만 마시고 왔어.

마담　(지희 쳐다보는)

박양　이상하네.

지희　왜?

박양　나한테도 커피만 후딱 마시더니 바로 가래. 돈 없나봐. 근데 커피를 또 배달시켜?

지희가 우두커니 서 있다. 마담이 지희를 물끄러미 쳐다본다.

#8 엄지다방/다방 앞 (밤)

지희가 가게 앞에 쪼그리고 앉아 담배를 피운다.
멀리 산곡동 산동네가 보인다.
지희가 생각에 빠진 표정으로 산동네를 바라본다.
담배 연기가 허공에 흩어진다.

마담　(문 열고 나오며) 왜 나와서 피니?

지희　(돌아보며) 그냥. 답답해서.

마담이 지희 옆에 쪼그려 앉는다.
지희가 마담에게 담배를 건네고 불을 붙여준다.

마담　커피만 마셨다면서 오래 걸렸더라. 희영인 바로 왔거든.

지희　커피 다 마시기 기다렸지 뭐. 추가 티켓 끊겠다길래 그냥 나왔어.

마담　왜?

지희   이야기나 나누자고 해서.

마담   (쳐다보는)

지희   다들 그래. 이야기나 나누자면서 지 얘기는 안 해.

마담   (웃는)

지희   남자들은 나만 보면 사연 물어봐. 니 사연은 뭐니. 내가 들어줄게.

마담   지겹지. 아주.

지희   (담뱃재 톡톡) 가련한 사연 들으면서 우월해지고 싶겠지.

마담   (담뱃재 톡톡) 내가 돈만 주면 너랑 잘 수 있지만, 나는 그런 사람이 아니다. 그러다 결국 베푸는 양 자빠뜨릴 거면서.

지희   (담배 연기 후우우) 차라리 솔직한 게 나아. 남의 지나간 사연이 뭐 그렇게 듣고 싶은데. 지랄들은 하여튼.

마담   돈 몇 푼에 낭만 놀이 하고 싶은 거지.

지희   (바닥에 담배 비벼 끄며) 로맨티스트 놀이 지겨워 진짜.

지희와 마담이 함께 피식 웃는데, 그 웃음이 어딘가 쓸쓸하다.

마담   그럼, 정말 커피만 마셨어?

지희   얘기했어.

마담   이야기 나누는 거 싫다매?

지희   사연 팔이 말고. 무협지 얘기. 프로레슬링 얘기.

마담   무협지? 레슬링?

지희   응.

마담   그런 거 좋아하는 사람인가 보다.

지희   (멀리 산곡동 보며) 좋은 사람이 이기는 거라 좋대.

마담   (쳐다보는)

지희   무협지가 아니래. 멜로 소설이래.

마담   로맨틱하네.

지희가 마담을 쳐다본다. 마담이 옅게 웃으며 다방으로 들어간다.
지희가 담배를 하나 더 꺼낸다.

#9 울산/나이트클럽/외관 (저녁)

멀리 울산 앞바다가 보이는 유흥가.
인적 없는 거리에 경찰들이 돌아다닌다.
적막한 유흥가의 한복판. 나이트클럽 국빈관의 네온사인이 꺼져 있다.
국빈관 현관에 붙은 안내장. [영업중지 - 울산지방경찰청]

#10 울산/나이트클럽/홀/복도 (저녁)

불 꺼진 홀이 텅 비었다.
룸들이 늘어선 복도까지 사람 하나 보이지 않는다.
복도 안쪽에 민기의 사무실이 보인다.

#11 울산/나이트클럽/사무실 (저녁)

책상 위에 기입 못 한 재무제표와 각종 밀린 고지서들이 쌓여 있다.
민기가 널브러진 고지서들을 보며 양주를 마신다.
민기의 입가에 꿰맨 흉터가 흉측하다. 양주를 삼키면서 입안이 거슬
려 짜증을 낸다.
책상 맞은편에 건달들이 잔뜩 기죽은 표정으로 손 모으고 서 있다.

민기   괴물은?
건달1   (쭈뼛) 아직 못 찾았심더.
민기   뒤질래.
건달2   (눈치 없고 말 못 알아먹는) 맞심더. 전국을 다 뒤지고 있는데예, 어디 처
박혔는지 코빼기도 안 보이는데 어캅니꺼.
민기   그래. 그럼 뒤져. (유리컵 던지는)

유리컵에 얼굴을 맞은 건달2가 쓰러진다.

깨진 유리 가루가 날리고 건달1이 차렷한다.

응접 테이블에 앉아 있던 빠따가 유리 가루를 털며 일어선다.

빠따 그 새끼, 오래 몬 숨는다. 전국에 애들 싹 다 심어났다.

민기 (쳐다보는)

빠따 늑대 새끼는 양떼 사는 풀밭에 오래 몬 산다. 두고 봐라. 곧 이빨을 드러낼끼다. 어디서고 늑대가 나타났다아 하고 들려올끼다.

민기 아아들이나 잘 대기시키 놔라. 우리 밥줄이 달렸다.

인서트

민 차장v.o 조직을 총동원해서 그 괴물을 잡아와. 시키는 대로만 하면 '범죄와의 전쟁'에서 이 일대는 제외시켜주지.

빠따 임마들도 다 아니까, 오분대기조 맹키로 다들 잔뜩 벼르고 있다. 어디서 꼬리가 잡히건 몇 시간 내로 개떼처럼 바로 쫓아간다. 그 새끼만 잡으모 걱정 없는 거 아이가.

민기 장주원이 쉽게 보지 마라.

빠따 지가 암만 늑대라 캐도 꼴랑 한 마리다. 들개떼한텐 안 된다.

민기 (지그시) 늑대가 아니라 괴물이라고.

빠따 괴물은 모가지 없나. (으드득) 내 그 새끼 목을 딸끼다.

빠따의 눈에 살기가 돈다. 민기가 입가의 찢어진 흉터를 어루만진다.

#12 [몽타주] 파크텔/408호 – 시간 경과

cut to_ 주원이 침대에 누워 『소오강호』를 읽는다.

cut to_ 열린 창문 밖으로 창문틀에 늘어진 고드름.

cut to_ 창문으로 볕이 들었다가 다시 어둠이 찾아온다.

cut to_ 갑티슈 통에 줄어드는 돈들.

cut to_ 재떨이에 쌓여가는 담배꽁초.

cut to_ 고드름에서 얼음 녹은 물이 뚝뚝 떨어진다.

cut to_ 주원이 우두커니 서서 갑티슈 통을 들여다본다.

cut to_ 달랑 남은 만 원 한 장.

cut to_ 한참을 망설이던 주원이 방을 치운다.

#13 엄지다방/실내 (저녁)

카운터의 마담이 전화를 받고 있다.

마담 파크텔. 커피 하나. 몇 호죠? (듣더니) 네. 시간 좀 걸려요.

마담이 수화기를 내려놓는다. 옆에 있던 박양이 커피 보따리를 챙긴다.

박양 파크텔. 커피 하나? 다녀올게요.

마담 아니. 너 안 가도 돼. 지희 오면 보낼게.

박양 지명이에요?

마담 아니.

박양 근데 왜요?

마담 408호래.

박양 (갸우뚱)

마담 보온병에 물 좀 아주 뜨겁게 끓여서 부어놔.

#14 파크텔/408호 (밤)

깨끗하게 청소된 방. 커피잔에서 뜨거운 김이 허옇게 올라온다.
주원과 지희가 바닥에 앉아서 커피를 마신다.

아무 말 없이 커피만 마시는 두 사람.

주원이 천천히 커피를 마신다. 조용한 방에서 벽시계의 초침 소리만 들린다.

cut to

바닥이 드러난 커피잔.

주원이 아쉬운 듯 커피잔을 내민다. 지희가 커피 보따리를 싼다.

지희 (문득) 근데 왜 안 물어봐요?

주원 네?

지희 너는 어쩌다 이런 일 하게 됐니. 왜 이런 일 하고 사니. 등등.

주원 이유가 있었겠죠.

지희가 멈칫 쳐다보는데 그게 끝이다. 주원이 사심 없이 만 원을 내민다. 지희가 말없이 돈을 받아 중문을 나서는데, 벗어놓았던 신발이 또 정돈되어 있다.

#15 파크텔 / 1층 / 카운터 (오전)

여관 주인이 TV 뉴스를 보고 있다.

앵커F '범죄와의 전쟁'이 선포 이후 80여 일이 지나도록 마무리되지 않아 검찰과 경찰이 수사력의 한계를 드러내고 있습니다. 지지부진한 검경의 합동수사 실적은 조직폭력배를 못 잡는 것인가 안 잡는 것인가 하는 논란까지… *1991년 1월 20일

여관 주인 (혼잣말) 다 어디 숨었길래 못 잡아? 답답하네….

#16 파크텔 / 4층 / 복도 / 403호 (오후)

주원이 무협지 책들을 들고 복도로 나온다. 여관 복도에 담배 연기가 자욱하다.

복도 가운데 403호 문이 열려 있고 담배 연기가 새어 나온다.

주원이 지나가다 힐끗 보면, 자욱한 담배 연기 속에 노름꾼 넷이 둘러 앉아 있다.

테이블 위에 판돈과 맥주병들이 쌓여 있다.

cut to_ 403호 객실

카드를 나눠 주던 노름꾼이 지나가는 주원과 눈이 마주친다.

노름꾼1 (문밖의 주원에게) 뭘 쑤셔봐. 포카 치는 거 첨 봐.

주원 (눈 피하며 지나가는)

노름꾼2 (킥킥) 쫄았네. 뭐야 저건?

403호 좆밥이야. 맨날 방에 처박혀서 만화책이나 빌려보고 (카드 패 보며) 에 이 씨발, 진짜 패 좆같이 주네. 안 해!

술에 잔뜩 취한 노름꾼들이 자기들끼리 낄낄거린다.

노름꾼3 야. 오봉이나 부르자. (돈 챙기며) 내가 커피 값 낼게. 네 잔 얼마야.

403호 (카드 정리하며) 한 잔 값만 내.

노름꾼1 왜?

403호 딱 맞는 년 있어.

노름꾼1 예뻐?

403호 이쁜데 졸라 싸가지 없어. 내가 받아낼 게 있거든. 아주 서비스까지 제대로 받아주지.

노름꾼2 (손바닥 비벼 짭짭 소리 내며) 써비쓰?

#17 도서대여점 (오후)

주원이 책장 앞에서 책을 고르는데 더 이상 볼 책이 없다.
한참을 서성이다가 『영웅문』을 다시 고른다.

#18 파크텔/외관 (오후)

파크텔 입구에 엄지다방 스쿠터가 세워져 있다.
스쿠터를 보고 잠시 멈칫하던 주원이 여관 안으로 들어간다.

#19 파크텔/1층/카운터 (오후)

주원이 지나가는데 카운터 창구 문이 드르륵 열린다.

여관 주인 (고개 내밀고) 408호 총각. 방 값 밀린 거 알지?

주원 예. 압니다.

여관 주인 무협지 빌려볼 돈은 있나봐? 5일치 6만 원. 장박은 선불이라고 내가
몇 번을 말해? 다른 장박 손님들은 안 이래. 또 이러면 방 뺄 거야.

여관 주인이 잔소리를 늘어놓는데 주원은 카운터에 펼쳐진 다방 거래
장부를 본다.
다방 거래장부에 적힌 「'엄지' '황' '1'」 (c.u)

여관 주인 (밉살맞은) 딴청하네? 언제 줄 거냐고.

주원 (지나가며) 곧 드리겠습니다.

#20 파크텔/계단 (오후)

주원이 계단을 올라간다. 뭔가 걸리는지 고개를 갸웃한다.

#21 파크텔/4층/복도 (오후)

복도에 아직 담배 연기가 자욱한데 403호 문이 잠겨 있다.
주원이 403호 앞을 지나가다가 멈칫한다. 무슨 소리를 들은 것 같다.
철로 된 현관문에 귀를 대도 잘 들리지 않는다. 철문 손잡이를 돌려보
지만 잠겨 있다.

#22 파크텔/403호 (오후)

바닥에 보온병과 커피잔들이 널브러져 있다.
지희가 맥주병을 들고 섰고, 노름꾼들이 지희를 둘러싸고 서 있다.

노름꾼1 허. 그년 진짜 싸납네.

403호 내가 뭐랬어. 졸라 싸가지 없다고 했잖아.

뺨에 손톱자국이 그어진 노름꾼2가 짜증을 낸다.

노름꾼2 (뺨 만지며) 이게 뭐야! 여관 주인 찔러줄 돈이면 네 명 불렀겠다!

403호 여관에 돈 주면 줬지, 저년한텐 못 줘.

노름꾼2 나도 이젠 못 참겠다. 쌍.

잔뜩 독이 오른 노름꾼들이 지희에게 접근한다.

지희 (맥주병 치켜들고) 가까이 오지 마.

노름꾼3 너 뭐 하냐. 춘향이야? 너 어차피 레지잖아.

지희 찌질한 새끼들. 하나에 넷이 달려들어서 뭐 하는 짓이야.

노름꾼1 (못 말리겠다) 알았어. 알았어. 머릿수로 돈 줄게. 줘.

지희 내가 싫어.

403호 저런다니까? 쌍년이. 남자를 우습게 알아요. (다가서며) 남자 맛을 보여
줘야 정신 차리지.

지희 좆도 없는 새끼들. 니들 좆 네 개 합쳐야 겨우 일인분이겠지.

노름꾼들 (발끈) 뭐!!!!!!

노름꾼들이 달려드는데, 지희가 맥주병을 벽에 갈겨 깬다.

지희 (기죽지 않는) 다 죽여버린다.

노름꾼3 그거 안 봐?!

노름꾼3이 맥주병 하나를 집어 지희에게 던진다.

맥주병이 벽에 부딪쳐 깨진다. 깨진 유리 파편에 지희가 비명을 삼킨다.

403호가 덩달아 맥주병을 또 하나 벽에 집어 던져 깬다.

맥주병 유리 파편에 지희의 얼굴에 상처가 난다. 지희가 웅크린다.

403호 (눈 뒤집힌) 오냐오냐하니까 이게 죽을라고…!!

노름꾼들이 일제히 달려들어 지희를 제압한다.

멱살잡이에 상의가 늘어지고 브래지어 끈이 드러난다.

지희의 가슴팍이 보이자, 노름꾼들의 눈이 벌겋게 달아오른다.

지희 (발악하는) 죽여버릴 꺼야아!!!

403호 죽여봐.

노름꾼들이 일제히 지희를 깔아뭉개는데,

주원v.o 죽여버린다잖아.

노름꾼들이 어디서 들리는 거야 두리번거린다.

220

그때, 옆방에서 다시 들리는 목소리.

주원v.o 죽여버린댔다.

노름꾼들이 옆방 벽을 멍하니 쳐다본다.

(E) 꾸웅…!!

벽이 울린다.
모두 놀라서 벽을 쳐다보면 또다시 벽이 울리고,

(E) 꾸웅…!!

벽에 걸린 싸구려 그림 액자가 떨어진다.

(E) 꾸웅…!!
노름꾼1 뭐, 뭐야…!
403호 저 븅신. 돌았네.
(E) 꾸웅…!! 꾸웅…!!

벽에 금이 간다.

(E) 쩌억… 꾸웅…!!
(E) 꾸웅…!!

지희가 놀란 얼굴로 쳐다보면

(E) 와그르륵…!!

벽이 갈라지고 시멘트 블록이 무너지며 주원이 몸을 들이민다.

지희 (중얼) 헐크….

피투성이가 된 주원이 시멘트 블록 사이로 몸을 비집고 들어온다.

(E) 쩌저저적…!

노름꾼들이 경악하며 뒤로 물러선다.

(E) 와그르르륵…!!

벽이 마저 무너지고 주원이 들어선다.
겁에 질린 노름꾼들이 맥주병들을 집어 던진다.
맥주병에 맞아 머리가 깨져도 주원은 표정 하나 변하지 않는다.

노름꾼2 괴, 괴물…!!
주원 저 아가씨가 뭐라고 했지?
노름꾼1 (겁먹은) 뭐, 뭐라는 거야…!

지희가 찢어진 상의를 추킨다.
노름꾼들을 보는 주원의 눈에 살기가 돈다.
피가 철철 흐르는 주원의 무표정한 얼굴.
겁에 질린 노름꾼들이 주춤주춤 물러선다.

주원   (다가서며) 저 아가씨가 뭐라고 했지?

403호 (기겁하는) 오지 마!! 오지 마아아아!! 내, 내가 누군지 알아?!! 나 인천 놀개파 놀개 형님의 친동생이야! 너, 놀개파 몰라?!!!

주원   (다시 묻는) 뭐라고 했지?

노름꾼3 (저도 모르게) 주, 죽여버린다고….

주원   그래. 그거야.

주원이 주먹을 움켜쥔다.

#23 산곡동/언덕길 - 시간 경과
멀리 파크텔 건물 뒤로 석양이 진다.

#24 파크텔/4층/복도 (저녁)
복도 벽에 피 묻은 손자국이, 바닥에 사람이 끌려 나간 모양의 핏자국이 남아 있다.

#25 파크텔/카운터/계단/창고 (저녁)
현관문에 떨리는 손으로 쓴 '임시휴업' 종이가 붙어 있다.

cut to_ 카운터 내부
잔뜩 겁먹은 여관 주인이 손톱을 물어뜯으며 초조해한다.
현관문에서 나는 작은 소리에도 흠칫 놀라며 목을 움츠린다.
창구 문틈으로 보면, 커플 손님이 들어오려다가 임시휴업 안내를 보고 돌아간다.
여관 주인이 눈을 질끈 감는다.

인서트_ 계단

계단 한복판에서 마주친 주원. 곤죽이 된 넷을 질질 끌고 계단을 내려온다. 주원의 손에 끌려오는 남자들이 꿈틀거린다. 무표정한 주원의 모습이 악마처럼 보인다. 여관 주인이 사시나무처럼 떤다. 주원이 여관 주인에게 말한다. "창고 어딥니까."

여관 주인 (겁먹은 혼잣말) 함부로 막 대했는데… 나 어떡해….

여관 주인이 바깥 눈치를 보며 슬금슬금 카운터의 전화기에 손을 댄다.

인서트_ 창고
주원이 창고 문을 밖에서 잠그고 돌아선다. 주원이 무표정한 얼굴로 여관 주인에게 말한다. "내 조용히 정리하고 곧 나갈 겁니다. 내 알아서 갈 때까지 씨잘데 없는 짓 하지 마세요. 내 당신 얼굴 압니다."

여관 주인이 진저리를 치며 수화기에서 손을 뗀다.

#26 파크텔/408호 (저녁)
깨끗이 정리된 방. 현관문 옆에 두툼한 짐 가방이 놓여 있다.
주원이 우두커니 앉아 전화기를 쳐다본다.
잠시 망설이다가 갑티슈의 '엄지다방' 전화번호에 전화를 건다.

주원 (전화 받으면) 엄지다방이죠? 그… 저기… 그…

마담F 네?

주원 (조심스럽게) 황씨… 괜찮습니까?

마담F 황씨?

주원 파크텔 408호인데요.

마담F 아. 헐크씨?

주원 (멈칫) 아. 네. 네.

마담F 안그래도 연락 올 거라고 했는데. 병원 갔어요. 링겔 맞고 온대요.

주원 얼마나 걸릴까요.

마담F 시간 좀 걸릴 텐데… 오면 연락하라고 할게요.

주원 그…

마담F 네?

주원 황씨 이름이 뭡니까?

마담F 지희예요. 황지희.

주원이 전화를 끊고 벽시계를 보면 저녁 8시를 넘어간다.
현관문에 놓인 짐 가방. 그 옆에 반납하지 못한 『영웅문 2부』 책들이 쌓여 있다.
주원이 쌓인 책을 보다가 혼잣말처럼 중얼거린다.

주원 16년도 기다렸는데….

#27 산곡동/파크텔/외관 (저녁)

산동네 골목마다 가로등의 불이 켜지고 저녁이 찾아온다.
파크텔 건물 뒤. 2층 창문이 열리더니, 피투성이가 된 403호가 몸을 비집고 나온다.
403호가 창문 밖으로 뛰어내린다. 한참을 끙끙대다가 비틀거리며 도망간다.

#28 파크텔/408호 (밤)

주원이 침대에 누워 창문 밖을 본다. 먹구름이 잔뜩 몰려온 저녁 하늘이 흐리다.
벽시계가 9시를 가리킨다. 벽시계 초침 소리가 (E) 타칵… 타칵… 들린다.

고요한 방 안. 꺼져 있는 TV. 졸음이 몰려오는 벽시계 초침 소리. (E) 타착… 타착…
습관처럼 TV 리모컨을 집었다가 내려놓고 가만히 천장을 바라본다.
천장을 올려다보던 주원이 나직하게 혼잣말한다.

주원   (중얼) 헐크….

주원의 입가에 슬머시 미소가 스친다.

지희v.o   난 헐크 좋던데.
주원v.o   왜요?
지희v.o   우락부락하게 생겼어도 좋은 사람이잖아요.

주원의 눈이 서서히 감긴다. 주원이 잠든다.
조용한 방을 울리는 벽시계 초침 소리.

(E)   타착… 타착… 타착… 타착….

#29 산곡동/파크텔/외관 (밤)
산곡동 달동네의 건물들에 불이 켜졌는데 파크텔은 불이 켜지지 않는다.

#30 산곡동/골목/전경 (새벽)
어둠이 내린 골목 곳곳을 밝히는 가로등 불빛.
하늘에서 보면, 가로등 불빛에 드러나는, 거미줄처럼 교차되며 얽혀 있는 골목길들.

#31 파크텔/408호 (새벽)

인기척에 주원이 퍼뜩 잠에서 깬다.

창밖의 겨울 새벽은 아직도 깜깜하다.

불도 켜지 않은 깜깜한 방. 어둠 속에서 벽시계를 보면 새벽 3시.

고요한 방에 벽시계 초침 소리만 들린다.

(E)   타칵… 타칵… 타칵… 타칵….

주원이 어두운 방에 우두커니 앉아 있다.

초침 소리에 어디선가 잠음이 섞여 들린다.

주원이 살그머니 일어나 현관으로 다가가면 현관 센서등이 켜진다.

센서등 불빛 아래. 주원이 가만히 서서 문밖에 귀를 기울인다.

소리 죽여 천천히 문손잡이를 돌려 현관문을 열고 복도를 내다본다.

#32 파크텔/4층/복도 (새벽)

주원이 문을 열고 복도를 내다본다. 복도 등이 전부 꺼져 있다.

복도 끝 녹색 비상구 등만 희미하게 불을 밝힐 뿐, 4층 복도 전체가 컴컴하다.

양쪽으로 문들이 늘어선 복도. 텅 빈 복도에 숨소리 하나 들리지 않는다.

동물적인 직감으로, 주원의 표정에 긴장감이 서린다.

캄캄한 복도에 나온 주원이 일부러 문을 소리 내어 닫는다.

(E)   철컥…!!

순간, 복도 옆 405호. 잠긴 현관문 밑 틈으로 센서등의 불빛이 새어 나온다.

주원의 눈이 복도를 훑는다. 모든 방의 현관문 밑으로 센서등 불빛이 새어 나온다.

405호 문 밑을 다시 보면, 센서등 불빛에 그림자가 비친다.

주원이 후우 심호흡하고, 천천히 발걸음을 옮기는데, 405호 문손잡이가 서서히 돌아가고 (E) **철…컥…** 문이 열리려는 찰나, (E) **쫘앙!!** 주원이 몸통 박치기를 한다.

문을 열고 나오던 깡패가 문틈에 머리통이 끼어 으악 비명을 지른다.

깡패의 비명 소리를 신호로 복도의 모든 방 문들이 열린다.

주원이 맞은편 문을 발로 눌러 찬다.

(E)   쫘앙!!

깡패의 손가락이 문틈에 끼어 부러진다. 또다시 비명이 울리고, 깡패들이 일제히 몰려나와서 복도를 가득 메운다.

깡패들의 손에 제각기 쇠파이프와 각목들이 들려 있다.

복도 끝에 나타난 깡패 두목이 씹어 먹을 것 같은 표정으로 주원을 노려본다.

놀개   니가 내 동생 족쳤다매.

주원   (대답 없는)

놀개   (버럭) 나!!! 인천 놀개파 보쓰!!! 놀개다아아아!!!

주원   무슨 개?

놀개   씨발….

주원   모르겠는데.

놀개   나, 놀개!!! 내가!!! 인천 바다에서

주원이 느닷없이 주먹을 휘두른다.

(E)   빡!

예상 밖의 선빵에 놀개가 자빠진다.
속사포처럼 이어지는 주원의 주먹에 인천 깡패들이 쓰러진다.

(E)   뻑! 뻑!

깡패 하나가 각목을 휘둘러 주원의 관자놀이를 후려친다.

(E)   퍼억!

각목이 부러지고 주원의 얼굴에서 피가 튄다.
각목깡패가 해냈다는 표정으로,

각목깡패 (입 벌려 크게 웃는) 으하하.
(E)   쩍!!

주원의 주먹이 각목깡패의 입안에 처박힌다.
각목깡패가 스르르 쓰러지고, 주원이 무표정하게 주먹에 박힌 이빨들을 뽑는다.

놀개 (버럭) 한꺼번에 덮쳐!!!

인천 깡패들이 일제히 달려든다.

#33 파크텔/외관 (새벽)

불 꺼진 4층에서 때리고 부서지는 소리가 흘러나온다.
파크텔 앞에 나란히 주차된 벤츠와 그랜저. 라이트와 시동을 끄고 있다.

#34 그랜저/내부 (새벽)

운전석에 조폭이 앉아 있고, 조수석에 멍투성이가 된 403호가 앉아 있다.

403호는 여관 건물을 올려다보며 좌불안석이다. 그때 뒷좌석에서 들려오는 목소리.

민기 확실하재?

403호 (주눅 들어 뒤도 못 돌아보는) 네. 네. 괴물이었다니까요.

민기 괴물….

403호 벽을 막 뿌시고, 병으로 까도 금방 아물고. 네 명이 달려들었는데도 안 되더라고요. 하, 하지만 이젠 걱정 없습니다. 우리 놀개 형님이 여기 인천 꽉 잡고 있는데, 조직원들 싹 다 데리고 갔습니다.

운전석 조폭 (피식) 조직원은 무슨. (룸미러로 민기에게) 동네 전자 도박장 몇 개 운영하면서 뽀찌 뜯는 애들입니다. 째깐하게 끝자락 걸치는 애들이라 보고가 들어왔고예.

403호 (민망해진)

민기 (차창 밖으로 여관 건물만 올려다보는)

#35 파크텔/4층/복도 (새벽)

카메라, 비상구 계단 입구에서부터 4층 복도를 훑는다.

빛 하나 들어오지 않는 어두운 복도 곳곳에 인천 깡패들이 쓰러져 있다.

복도의 맨 안쪽. 주원이 짐짝처럼 포개져 있는 건달들 사이에 우두커니 서 있다.

그때, 복도의 반대쪽 계단에서 야구배트를 들고 올라오는 남자의 실루엣.

남자 (터벅터벅 걸어오며) 에헤이. 내 모라카드노. 덮치긴 뭘 덮쳐. 그카면 안

된다이까. 저건 인간이 아이라니까. 일단 쑤시고 봐야 된다니까.

주원   (어둠 속에서 노려보는)

남자가 입에 담배를 물자 옆에 있던 조폭이 불을 붙여준다.
라이터 불빛에 빨간 재킷을 입은 남자의 얼굴이 드러난다.
울산 조폭 '빠따'다.

빠따   내 기억하나?
주원   빠따.
빠따   (어깨에 야구배트 턱 걸치며) 싹 다 올라온나.

열 명의 포항울산 조폭들이 계단을 올라와 빠따의 앞에 도열한다.
빠따가 수갑을 꺼내 야구배트와 제 손목에 연결해 채운다.

빠따   (배트에 걸린 수갑 흔들며) 괴물아. 니 이거 무서버하제?

수갑을 보는 주원의 눈에 불똥이 튄다.

빠따   (조폭들에게) 잘 들어라이. 저 새끼는 지 몸뚱이에 꽂힌 칼도 뽑아가 휘
       두르는 괴물이야. 절대 연장 뺏기지 마라이.

어둠 속에서 조폭들이 손에 쥔 연장들을 치켜세운다.
희미한 비상구 표지판 불빛에 도끼와 꼬챙이와 사시미칼들이 반사된다.
자세히 보면, 조폭들이 연장을 붕대로 감아 손아귀에 묶었다.
주원이 인상을 쓴다.

빠따   내 니 비밀 말해주까? 니… 아프긴 하제? 맞제?

주원   (눈썹 꿈틀하는)

빠따   니는 아예 안 아픈 거는 아이라, 참는 기다.

주원의 눈이 커진다. 조폭들이 복도를 메우며 서서히 다가온다.

빠따   죽고 싶게 해줄게.

#36 그랜저/내부 (새벽)

차 뒷좌석. 민기가 무표정한 얼굴로 불 꺼진 여관 건물을 올려다본다.

인서트_ 10화 #9

주원이 제 몸에 박힌 칼을 빼내며 억누른 신음 소리를 낸다.
화장실의 열린 문틈으로 민기가 훔쳐본다.

무표정한 민기의 얼굴에 비열한 웃음이 스민다.

#37 파크텔/4층/복도 (새벽)

[실루엣 시작] 어둠 속. 실루엣으로 보이는 격투 장면들. 과장되게 들리
는 효과음들.
조폭 하나가 주원의 품에 파고들어 옆구리를 잭나이프로 쑤신다.

(E)   촉! 촉! 촉! 촉!

주원이 이를 악물고 잭나이프 조폭의 뒤통수를 주먹으로 내리친다.

(E)   뻑!

조폭이 연이어 달려들어 사시미칼로 주원의 배를 긋는다.

(E) 촤악!

조폭이 주원의 복부에 칼을 깊게 쑤셔 넣는다.
주원이 인상을 쓰며 신음을 삼킨다.
주원이 배에 박힌 사시미칼을 비틀어 조폭의 배에 사시미칼을 박는다.

(E) 콱!

사시미 조폭이 비명을 지르며 쓰러지고 주원이 뒤로 비틀비틀 물러선
다. [실루엣 끝]
물러서는 주원의 복부에 큰 상처가 벌어져 있고 울컥울컥 피가 쏟아
진다.
주원이 이를 악물고 벌어진 살을 손아귀로 꼬집어 잡는다.
조폭들이 아연실색한다. 빠따는 동요하지 않는다.

빠따 (주원의 찡그린 표정 살피며) 쩌 바라. 저 괴물도 아프다이까.

조폭들이 손에 감은 도끼와 칼을 앞세워 달려든다.
칼 하나가 주원의 팔뚝을 세로로 크게 부우욱 긋는다.
팔뚝이 갈라진 주원이 피를 흩뿌리며 그대로 주먹을 날린다.

(E) 뻑!

앞선 조폭이 자빠지자 또 다른 조폭이 달려들어 도끼를 휘두른다.
주원이 여관방의 열린 문을 확 잡아당긴다.

(E)   떠엉!

조폭의 도끼가 철 문짝을 때리고 튕겨나와 제 머리를 찍는다.

조폭들이 계속 몰려들어 칼과 도끼를 휘두른다.

주원이 또 다른 문을 열어젖혀 칼을 막고 문짝 채로 조폭을 후려친다.

일대 다수의 좁은 공간에서 주원이 복도 양쪽의 문들을 활용해 싸운다.

주원이 문들을 잡히는 대로 열어젖혀, 복도를 더욱 좁은 공간으로 만든다.

열린 문들 사이를 노린 조폭의 도끼가 주원의 어깨에 박힌다.

팍 솟아오른 피가 주원의 얼굴에 튄다. 주원이 얼굴을 훔치면 온통 피범벅이 된다.

도끼 조폭이 피를 뒤집어쓴 주원을 보고 주춤한다.

피 맛을 본 주원이 더욱 난폭해진다.

주원이 도끼 조폭을 잡아 문 옆모서리에 목을 찍는다.

(E)   쩍!

또 다른 조폭을 잡아 문손잡이에 입을 처박는다.

(E)   콰직!

주원이 열린 철문들을 방패 삼아 조폭들을 때려눕힌다.

행동반경이 좁아진 조폭들이 주원의 주먹에 쓰러진다.

(E)   뻑! 뻐억! 뻑!!

조폭들이 문짝을 피하면, 뒤이어 주먹이 벼락같이 쇄도한다.

주원이 선불 맞은 멧돼지처럼 복도를 누비며 좌충우돌한다.

[빠따의 시점에서 보면]
복도 양쪽의 문들이 열리고 닫힐 때마다 조폭들이 쓰러지고 주원이 가까워진다.
쑤셔지고 베이고 찍혀 피를 뿌리면서도 폭풍처럼 돌진해오는 주원.
문이 열리고 닫히고 피보라 속에서 주원이 점점 가까워진다.
주원이 조폭이 휘두르는 도끼를 빼앗는다. 도끼를 들고 달려오는 주원.
빠따의 야구배트가 내리쳐진다. 주원이 도끼를 휘두른다.
수갑이 채워진 빠따의 야구배트에서 불꽃이 튄다.

#38 그랜저/내부 (새벽)

불 꺼진 여관에서 불꽃이 반짝인다.
차창으로 올려다보던 민기가 나직하게 말한다.

민기 안 되겠다. 더 드가라.

운전석 조폭이 여관 1층에 손짓한다.
손가락 두 개를 들어 위를 가리킨다.

#39 파크텔/1층/카운터 (새벽)

여관 1층에 40여 명의 조폭들이 빽빽하게 웅크리고 앉아 있다.
그랜저의 신호를 보고, 20여 명의 조폭들이 계단 위로 달려 올라간다.
카운터 안쪽에 숨어 있는 여관 주인이 겁에 질려 부들부들 떤다.

#40 파크텔 앞/그랜저/벤츠/내부 (새벽)

403호 (조심스럽게 묻는) 도대체 몇 명이나 온 겁니까.

운전석 조폭 백 명.

403호 (놀라는) 그나저나 이렇게 많이 몰려다니면 경찰 올 텐데… 가뜩이나 요즘 범죄와의 전쟁…

운전석 조폭 옆 차 높으신 양반 때문에 괜안타.

403호가 옆에 주차된 벤츠를 보면, 짙게 선팅한 차 안이 보이지 않는다. 그때, (E) 와장창!! 소리에 고개를 들어 보면, 3층 유리창이 깨지고 건달들이 추락한다.

(E) 쿵!! 쿠웅! 쿠웅!!

둔탁한 소리를 내며 조폭들이 바닥에 떨어진다.

403호 (놀란) 으악!!

운전석 조폭 제기랄….

처참한 광경에 민기가 눈을 홉뜬다.
추락한 조폭들 중에 빨간 재킷이 눈에 띈다.
그때, 옆 차 벤츠의 창문이 내려간다. 민기도 얼른 차창을 내린다.
벤츠의 유리창 틈으로 민 차장의 눈이 보인다.

민 차장 (눈만 보이는) 뭐지?

민기 (빨간 재킷 보며) 우, 우리 아이들인 것 같십니다.

민 차장 (넌지시) 하나를 못 당하네. 저래서 잡을 수 있겠어?

민기 (바짝) 아닙니더! 할 수 있습니더!

민 차장 유예 조건을 기억하라고.

민기 넵! (창문 밖에 소리 지르는) 싹 다 드가라고!!!!!!

cut to_ 파크텔/1층

1층에 남아 있던 20여 명의 조폭들이 모두 계단으로 달려 올라간다.

cut to_ 그랜저/내부

조폭들이 모두 올라가고 1층이 텅 비었다.
굳은 표정으로 차창 밖을 보던 민기의 눈이 점점 커진다.
추락한 조폭들 사이에 엉켜 있던 빨간 재킷이 스멀스멀 일어선다.

민기 (버럭) 라이트 켜봐!

운전석 조폭이 라이트를 켜면, 불빛에 비치는 광경.
빠따의 빨간 재킷을 입은 장주원이 야구배트를 짚고 일어선다.
주원의 눈이 차 안에 앉아 있는 민기와 마주친다. 민기가 기겁한다.
주원이 야구배트를 차 유리창에 집어 던진다.

(E) 터엉-!

차 유리를 때리는 야구배트.
피범벅이 된 야구배트 손잡이에 빠따의 잘린 손목이 수갑으로 채워져
있다.
민기가 경악하는데, 피투성이의 주원이 차를 향해 저벅저벅 걸어온다.
악귀처럼 다가오는 주원을 보고 민기가 겁에 질린다.
민기가 다급하게 운전석에 손을 뻗어 클랙슨을 울린다.

(E) 빠아아아아아앙-!!

때마침, 허탕 치고 다시 내려온 조폭들이 파크텔 밖으로 뛰어나온다.

몰려오는 조폭들을 보고, 주원이 뒤돌아 골목으로 도망친다.

수십 명의 조폭들이 주원의 뒤를 쫓아 달려간다.

민기가 놀란 가슴을 쓸어내리는데, 옆 차에서 민 차장의 목소리가 들린다.

민 차장 저게 그 괴물인가?

민기 네, 넵!

민 차장 과연 흥미롭군. 좀 더 보고 싶은데?

민기 얼마나…

민 차장 끝까지 밀어붙여.

민기 그카다 죽으믄…

민 차장 상관없어. 내가 책임지지. 죽이지 않으면 죽는다는 각오로 해.

민기 네! 철저하게 준비했습니다.

민 차장 그래야지. 이렇게까지 판을 깔아줬는데.

민기 (운전석 조폭에게) 시작해라.

운전석 조폭이 클랙슨을 눌러 길게 세 번 울린다.

(E) 빠아앙-! 빠아앙-! 빠아아앙-!!

카메라, 수직부감으로 올라가면, 거미줄처럼 복잡한 산곡동 골목의 전경.

산동네 아래로 내려가는 골목들을 막고 주차되어 있는 승합차들.

(E) 부릉-! 부릉-! 부르릉-! 부릉-! 부릉--

승합차 10여 대가 일제히 시동을 걸고 헤드라이트들이 켜진다.

#41 엄지다방/실내 (새벽)

이마에 거즈를 붙인 지희가 다방에 들어온다.

마담 (반기며) 괜찮니?

지희 응. 링겔 맞으면서 좀 쉬니까 괜찮아졌어. 깜빡 잠들었네.

마담 파크텔에서 전화 왔었어.

지희 지명?

마담 아니. 408호. 헐크.

지희의 얼굴에 웃음이 번진다. 마담이 얘 봐라 옅게 웃는다.
지희가 카운터의 전화기를 들어 파크텔에 전화하는데 신호가 가지 않는다.
다시 전화를 걸어보는데, 박양이 커피 보따리를 들고 들어온다.

박양 (들어오며) 산곡동 쪽에 아예 못 들어가. 경찰이 쫙 깔렸어.

지희 (돌아보는) 왜?

박양 어. 언니 왔어? 괜찮아?

지희 아니, 그보다 산곡동에 경찰이 쫙 깔렸다는 게 무슨 말이야?

박양 동네 전체를 통제하던데? 그 범죄와의 전쟁 그거 때문 아닐까?

지희의 표정에 불안감이 스며든다.
지희가 스쿠터 열쇠를 빼앗아 달려 나간다.

박양 (마담에게) 언니 왜 저래?

마담 쟤 일 그만두겠다.

박양 네?

#42 [드론캠] 산곡동/전경1 (새벽)

산곡동 전체가 내려다보이는 탑앵글.
거미줄처럼 뻗어 있는 골목길을 주원이 달린다.
교차되는 골목마다 토끼몰이하듯 몰려드는 승합차들.
승합차의 뒤를 쫓는 벤츠와 그랜저.

#43 산곡동/골목길1 (새벽)

주원이 달린다. 거센 호흡 소리. 땀범벅이 된 얼굴. 입에서 허연 입김
이 뿜어져 나온다.
달리는 주원의 뒤로 하이빔을 켜고 쫓아오는 승합차.
주원이 골목을 꺾어 달리면 승합차가 길가의 휴지통과 간판을 부수며
쫓아온다.
달리던 주원이 넘어진다. 쫓아오던 승합차가 그대로 주원에게 돌진한다.

(E)   콰앙!!

주원이 아슬아슬하게 굴러 피하고, 승합차가 벽을 들이받는다.
뒤를 돌아보면 쫓아오는 또 다른 승합차. 주원이 또다시 달린다.
골목을 돌자, 민가의 담벼락이 보인다. 주원이 그대로 달려 벽을 짓쳐
담을 넘는다.

#44 산곡동/여염집/마당 (새벽)

담벼락에 기대어 숨을 몰아쉬는데, 소음에 깬 가족이 창밖을 내다보
고 있다.
겁에 질린 아이들을 부모들이 감싸 안는다. 그때, 조폭들이 대문을 박
차고 들어온다.
주원이 벽돌을 움켜쥐다가, 아이들을 보고 멈칫, 다시 담을 뛰어넘어

도망친다.

45

산곡동/골목길2 (새벽)

조폭들이 다시 승합차에 올라타서 추격한다.
주원이 골목을 꺾자마자 승합차에 벽돌을 집어 던진다.
운전석 창이 박살나고, 핸들이 헛돌아 승합차가 전봇대와 충돌한다.

(E) 꽈앙!!

승합차 안의 조폭들은 손에 묶은 연장을 거두지 못해 서로를 찌른다.
주원이 거센 숨을 몰아쉬는데, 갑자기 나타난 또 다른 승합차에 받친다.

(E) 콰앙!!

줄 끊어진 목각인형처럼 튕겨 나가 널브러지는 주원.
승합차 옆문이 열리고 조폭들이 쏟아져 나오는데 주원이 꿈틀하며 일어선다.
비틀거리며 일어서는 주원의 모습에 조폭들이 순간 주춤한다.
주원이 다시 달아난다. 조폭들이 다시 서둘러 승합차에 올라타고 쫓아간다.
승합차가 떠나면, 승합차 뒤에 있던 벤츠가 보인다.

벤츠/내부 (새벽)

벤츠 뒷좌석. 민 차장이 승합차에 쫓기는 주원을 유심히 본다.
또 다른 승합차가 튀어나와 주원을 들이받고, 넘어졌던 주원이 다시 일어나 달린다.
피투성이가 되어 달리는 주원의 뒷모습을 보며 민 차장이 감탄한다.

민 차장   괴물이네.

운전석 옆 조수석에 검은 후드티를 입은 남자가 앉아 있다.

후드남v.o (후드 속 목소리) 이 정도면 된 것 같습니다만.

민 차장   아니지. 내가 필요한 건 저 정도가 아니야.

#47 산곡동 / 골목길3 / 계단 (새벽)

주원이 승합차가 쫓아올 수 없는 좁은 계단을 달려 올라간다.
쫓아온 승합차 두 대의 문이 열리며 조폭들이 쏟아져 나온다.
주원이 길가에 세워진 리어카를 계단으로 굴린다.

(E)   와당탕 퉁탕!!

리어카가 굴러 내려가고 조폭들이 리어카에 부딪혀 엉켜 구른다.
주원이 다시 어둠 속으로 도망치는데, 저 앞을 지나치던 승합차가 끼익 멈춰 선다.

운전조폭v.o 빨간 옷! 저 있따!!

주원이 제기랄 빨간 재킷을 벗어 던지고 달린다.
빨간 재킷을 벗어도 피투성이로 물든 몸뚱이가 이미 온통 빨간색이다.
승합차가 쫓아온다. 주원이 숨 고를 틈도 없이 도망간다.

#48 산곡동 / 동네 입구 (새벽)

산곡동 언덕길 입구. 경찰 둘이 바리케이드 앞을 지키고 서 있다.

경찰1 동네를 다 차단하라니, 뭔 일이래?

경찰2 상부에서 내려온 명령인데, 중대 범죄자가 숨어들었다나봐.

경찰1 왜 경찰은 관여하지 말라는 거지? 누가 그런 명령을 내린 거야?

경찰2 몰라. 아주 높으신 양반이겠지.

그때, 스쿠터 한 대가 바리케이드 사이를 쏜살같이 지나간다.
경찰들이 뒤늦게 어어 호루라기를 불지만, 스쿠터를 탄 지희가 멀어
진다.

#49 산곡동/골목 전경2 (새벽)

[드론각] 하늘에서 내려다보면 여전히 도망가는 주원의 모습.
방사형으로 뻗은 골목길들이 산동네 꼭대기로 좁혀진다.
꼭대기로 올라갈수록 줄어드는 골목길 한복판을 주원이 달린다.
뻗어 있는 골목길들이 줄어들고 승합차들이 합류하며 주원을 쫓고 있다.

#50 산동네/골목길4 (새벽)

피투성이가 된 주원이 거친 숨소리를 내뱉으며 달린다.
주원의 뒤로, 갈라진 양쪽 골목에서 두 대의 승합차가 쫓아 나온다.
승합차 두 대가 양쪽에 따라붙고, 주원을 사이에 두고 나란히 달린다.
달리는 주원을 사이에 두고 간격이 좁혀진다.
왼쪽 차 옆문이 열리고, 조폭 하나가 삽을 휘두른다.
주원이 벼락같이 조폭을 잡아끌어 오른쪽 차 옆면에 패대기친다.
끌려 나온 조폭이 차체에 부딪혀 뒤로 나동그라진다.
왼쪽 승합차에 탄 조폭들이 기겁해서 문을 다시 닫는다.
두 대의 승합차가 주원을 압착시키려 간격을 좁혀 달린다.
양쪽에서 좁혀 들어오는 승합차. 주원이 이를 악물고 달린다.
앞쪽에 차 두 대가 들어가기엔 좁은 골목길이 보인다.

주원이 간발의 차이로 승합차 사이를 빠져나가고 승합차끼리 추돌한다. 속도를 줄이지 못한 승합차들이 골목의 양쪽 벽에 부대껴 끼어버린다. 주원이 골목을 빠져나와 달린다. 뒷문으로 나온 조폭들이 지붕을 넘느라 지체한다.

#51 산동네 / 골목길5 (새벽)

숨이 턱에 받치도록 뛰는 주원. 다리에 점점 힘이 풀린다.

주원 (느려지는) 허억…! 허억…! 허억…! 허억…!

달리다가 뒤를 돌아보면 이중 추돌한 골목에서 조폭들이 쏟아져 나온다.
더 이상 도망칠 기운이 없는 주원의 다리가 느려진다.
그때, 저 멀리 헤드라이트 불빛. 또 승합차인가 싶어 절망하는데 스쿠터 불빛이다.
주원의 눈이 커진다. 스쿠터를 탄 지희가 주원에게 다가온다.

지희 (짜증) 맨날 길에서 뭐 하는 거예요. 진짜!!
주원 (얼른 외면하며 달리는)

지희가 주원 옆을 쫓아 달린다.
피투성이가 된 주원의 모습에 왈칵 눈물이 고인다.

지희 (울상) 지금 이거 나 때문이죠?!!
주원 (앞만 보고 달리는) 혁… 허억… 아니에요… 혁… 혁… 나 때문이에요… 허억… 그냥 가세요… 모른 척 그냥 지나가요… 허억. 혁….
지희 (주원의 앞에 스쿠터 세우는) 아 뭐라는 거야! 빨리 타요!!
주원 (지희 지나쳐 뛰어가는) 허억… 혁… 빨리 가요 그냥. 혁. 혁.

지희 (속 터지는) 아 시끄러!! 빨리 타라고!!! 타기 전엔 안 가!!

칼과 도끼를 든 조폭들이 지근거리까지 쫓아오고 있다.
주원이 갈등한다. 조폭들이 점점 가까워진다.
지희가 다시 쫓아와 주원 앞에 스쿠터를 아예 세워버린다.

지희 (큰 소리로) 나 이 사람 애인이다아!!!!!!

낭패한 표정의 주원이 서둘러 지희의 뒤에 올라탄다.
지희가 스쿠터를 출발시키고 주원이 지희의 허리를 끌어안는다.
조폭들이 멀어진다.

인서트_ 드론각
스쿠터에 탄 주원과 지희의 모습을 하늘에서 따라간다.

조폭들을 따돌린 스쿠터가 거리를 달린다.
주원과 지희는 한참이나 말이 없다.
지희가 보면, 허리를 안은 주원의 팔과 손이 온통 피투성이다.
지희의 눈이 젖는다.

지희 끝에 가면 이긴다면서요.
주원 (기운 없는) 네…?
지희 좋은 사람은 끝에 가면 무조건 이긴다면서요.
주원 (멈칫)

주원이 입을 다문다. 스쿠터 소리만 거리를 울린다.
주저하던 주원이 입을 연다.

주원	나 좋은 사람 아닙니다. 지금 이거 예전에 내가 한 짓 때문입니다.
지희	무슨 짓을 했건, 숨어 있다가 나 때문에 들킨 거 맞죠?
주원	나 살인도 했어요.

순간, 지희가 움찔한다. 주원에게 지희의 떨림이 느껴진다.
지희가 뒤도 못 돌아보고 운전만 한다. 주원이 허리 안은 손을 느슨하
게 푼다.
주원이 스쿠터에서 뛰어내리려는데, 지희가 손을 뻗어 주원의 손을
다시 잡는다.

지희	이유가 있었겠죠.

주원의 표정이 순간 먹먹해진다. 두 사람은 더 이상 말이 없다.
지희가 스쿠터 속도를 올린다. 그때, 시야에 확 들어오는 승합차 헤드
라이트 불빛.

(E)	콰앙!!!

슬로 모션/Mute

골목에서 튀어나온 승합차가 스쿠터 뒷바퀴를 친다.
스쿠터가 뒤집히고, 주원과 지희의 몸뚱이가 튕겨 오른다.
찰나의 순간, 주원이 허공에서 손을 뻗는다.
있는 힘껏 지희의 머리를 품속에 넣고 온몸으로 감싸 안는다.
주원이 몸을 틀어 지희를 위로 돌리며 바닥에 떨어진다.
둔탁한 소리와 함께 주원의 뒤통수가 시멘트 바닥을 때린다.
주원이 바닥을 구르면서도 끝까지 지희를 감싸 안는다.
스쿠터가 박살난다. 주원과 지희가 벽에 부딪히며 길가에 쓰러진다.

저만치 부서진 스쿠터의 머플러에서 허연 연기가 솟는다.

주원의 귀와 코에서 피가 콸콸 나온다. 품 안의 지희를 보면 정신을 잃었다.

지희를 보는 주원의 시야가 흔들린다. 주원의 귀에 이명이 울린다.

스쿠터를 친 승합차가 차를 돌리고 있다.

주원이 몸을 일으킨다. 이명이 울리는 머리를 세차게 흔든다.

승합차가 다시 달려온다. 주원이 휘청거리는 몸을 가누며 이를 악물고 일어선다.

지희가 바닥에 쓰러져 있다. 승합차가 액셀을 밟아 전속력으로 달려온다.

주원이 지희의 앞을 가로막으며 달려오는 승합차를 향해 마주 달려간다.

인서트_ 드론각

달려오는 승합차에 정면으로 달려가는 주원의 모습.

주원   (돌진하는) 으아아아아아!!!!!!

주원이 승합차에 정면으로 몸을 날린다.

전면 유리창이 금만 갈 뿐 깨지지 않는다.

당황한 승합차가 급브레이크를 밟는다.

주원이 사이드미러를 붙잡고 매달린다.

주원   (머리 뒤로 젖히며) 으아아아아!!!!!! (박치기)

깨진 유리창이 너덜거린다.

주원이 깨진 유리를 손으로 뜯어내고 핸들을 붙잡는다.

당황한 운전자가 액셀을 밟는다.

주원이 핸들을 움켜쥐고 반대 방향으로 튼다.
승합차가 요동치며 주원의 몸이 벽과 승합차 사이에 낀다.

(E)   짜자자자작…!!!

달리는 승합차와 벽 사이에 낀 주원의 몸이 갈린다.
저 뒤에 지희가 쓰러져 있다.
주원이 기어이 핸들을 놓지 않고 벽 쪽으로 더 튼다.
승합차가 지희를 아슬아슬하게 지나쳐서, 난간을 들이받고 축대 밑으로 떨어진다.

#52 주원의 의식 – 10화 #41과 겹쳐지며

주원 시점. 일렁이는 검은 물.
상하좌우를 알 수 없는 깊은 물 속에서 허우적댄다.
물 먹은 듯 일렁이는 어둠 속에서 수면 위의 등대가 보인다.
파도가 일렁일 때마다 등대의 불빛이 까물거린다.
자꾸 깊은 바닷물 속으로 몸이 꺼져가며 등대 불빛이 흐려지는데—
등대 불빛이 지희의 스쿠터 불빛과 겹쳐지며—
환청처럼 들려오는 목소리.

지희v.o 여기서 뭐 해요?

주원이 허어억 긴 숨을 토해낸다.

#53 산곡동/축대 밑 (새벽)

주원   허억!!! 허억… 헉… 헉… 허어억…….

주원이 숨을 몰아쉬며 정신을 차려보면 승합차에 깔려 있다.
추락한 승합차 안에 정신을 잃은 조폭들이 엉켜 있다.
거친 숨을 몰아쉬는 주원의 코에서 피가 멈추지 않는다.
몸을 일으키려 해도 전복된 승합차에 깔려 움직일 수 없다.
피범벅이 된 주원이 그대로 누워 숨을 고른다.

주원   (가쁜 숨) 후욱… 후욱… 후우우욱….

주변이 온통 피로 물들었는데 그 위로 하얀 눈송이들이 내려앉는다.
어슴푸레 밝아오는 하늘에서 눈발이 날리기 시작한다.
주원의 귀와 코에서 핏물이 계속 흘러나와 찐득하게 엉킨다.
어느새 쫓아온 승합차들이 헤드라이트를 켠 채 주원을 포위한다.

인서트_ 드론각

승합차에서 쏟아져 나온 조폭들이 주원을 향해 좁혀온다.

조폭 무리 사이에서 민기의 목소리가 들려온다.

민기   행님. 행님이 그 개복치, 개복치, 찾아싸가 내 엄청 뛰어다녔든 거 아
나. 포항에서나 묵던 걸 와 울산까지 와가 찾는지 이해가 안 되대?

주원이 힘겹게 눈을 치켜뜨면 민기가 비열하게 이죽거린다.

민기   근데 행님요. 내 울산에 살아보이 울산은 유명한 게 따로 있어예. 바
로 고래고깁니더. 울산에 고래가 옥쑤로 많이 잡힌답니더.
주원   (숨소리 작아지는) 후우욱… 후우우우우우…….

승합차에 깔린 주원은 그저 민기를 쳐다볼 뿐 움직이지 못한다.

민기 (부하에게) 가꼬 온나. 내 행님 무서버가 가까이 가진 몬하게꼬, (건네받
으며) 요고 하나 포경꾼들한테 빌려왔심더.

민기의 손에 커다란 고래 작살총이 쥐어져 있다.
주원이 흐려지는 눈으로 하늘을 본다.
눈송이가 주원의 뺨에 차갑게 내려앉는다.
뺨에 내려앉은 눈이 녹아 눈물처럼 흘러내린다.
함박눈이 쏟아지기 시작한다.

민기 내 옛날부터 궁금했다 아입니꺼. 행님 같은 괴물도 대가리가 빵꾸 나
믄 뒤질랑가 말입니더. (철컥 장전하는) 어떨까예? 예? 예?

시끄럽게 떠드는 민기의 목소리가 작아지고 주원의 의식이 멀어진다.

주원 (꺼져가는) 그러게요… 난 여기서 뭘 하는 걸까요….

얘 뭐라는 거야, 주변을 둘러보는 민기. 부하들이 어깨를 으쓱한다.

민기 모라카노. 괴물아. 고마 쫌 뒤지라. (작살총 겨누는)

작살총. (c.u) 작살총 방아쇠. (c.u)

(E) 타앙-!

튀는 피. (c.u) 권총 방아쇠. (c.u)

주원이 힘겹게 눈을 치켜뜨고 눈앞에 펼쳐진 광경을 본다.

민기가 쓰러진다.

조폭들의 시선이 주원의 뒤쪽 하늘을 본다.

공포와 충격에 빠진 조폭들이 하늘을 올려다보며 입을 쩍 벌리고 있다.

총소리가 연이어 들린다.

(E) 타앙-! 타앙-! 타앙-!

몇몇 조폭이 더 쓰러지고 나머지 조폭들이 사방으로 흩어진다.

주원의 시야가 자꾸 흐려진다. 주원이 힘겹게 고개를 돌려 뒤를 본다.

함박눈이 쏟아지는 새벽하늘. 산동네 곳곳에 켜진 빨간 십자가들.

흩날리는 눈발 속에서— 주원의 흐려지는 시야 속에서— 김두식이

하늘에서 내려온다.

#54 병원/6인실 (낮/저녁)

할머니들만 가득한 병실. 환자복을 입은 지희가 멍하니 창밖을 보고

있다.

cut to_ 시간 경과/저녁

지희가 창가를 향해 돌아누워 있다. 병실 창밖으로 해가 진다.

지희가 문득 침대 밑을 본다. 병실 슬리퍼가 정돈되지 않은 채 놓여

있다.

물끄러미 보다가 슬리퍼를 가지런히 놓는다.

우두커니 앉아 가지런한 슬리퍼를 보는데, 옆 침대 할머니가 지희를

부른다.

할머니 여봐요. 처녀.

지희   (돌아보는)

할머니   하루 종일 무슨 생각을 그렇게 해?

지희   (쳐다보는)

할머니   무슨 사연이라도 있어?

지희   사연이요?

할머니   응.

지희   (쳐다보는)

할머니   (웃는) 누워만 있으려니 심심해서. 우리끼린 이미 할 얘기 다 해서 할 이야기가 없거든.

지희가 병실을 둘러보면, 허리 보호대나 깁스를 한 할머니들뿐이다. 할머니들이 은근히 기대하는 눈으로 지희를 본다. 지희가 아무 말이 없자 민망해진 할머니들이 돌아누우려는데

지희   나도 할 이야기가 생겼어요.

할머니들   (쳐다보는)

지희   싸우는 얘기예요.

할머니들   (갸우뚱)

지희   근데 멜로예요.

할머니들이 수군거린다. "멜로가 뭐랴/뭐긴 뭐야 사랑 이야기지/그게 멜로여?/아 들어봐 글쎄." 할머니들이 관심을 보인다. 지희가 이야기를 시작한다.

지희   어떤 남자를 만났어요. 길에서 처음 만났죠. [소리 작아지며 묵음]

카메라, 병실 밖으로 멀어지는데— 지희가 계속 사연을 이야기한다.

#55 안기부 (오후)

[구형 타자기 자막: 6개월 후]

서울 한복판에 우뚝 선 (구)남산타워가 보인다.

남산의 울창한 수풀 속에 회색빛 콘크리트 건물이 보인다.

#56 안기부/5차장실 (오후)

책상의 명패. [국가안전기획부 제5차장 민용준]

민 차장 앞에 군기가 바짝 든 주원이 차렷 자세로 서 있다.

민 차장　(쓸 만한 상품을 보듯) 이제 실전에 배치될 거야. 조국에 공을 세워 개인
　　　의 과오를 덮도록 하게.

주원　네. 알겠습니다.

민 차장　이후 일체의 개인 활동을 허락하지 않는다.

주원　(뭔가 말하려다 마는)

민 차장　명심해. 살인 전과 말소는 언제든 취소할 수 있으니까.

주원　네. 알겠습니다.

그때, 문이 열리고 김두식이 들어온다.

민 차장　늦었군.

김두식이 인사도 하지 않은 채 민 차장 앞에 와서 선다.

주원이 김두식을 곁눈질한다.

민 차장은 주머니에 손 넣고 있는 김두식이 거슬린다.

민 차장　(주원 턱짓하며, 두식에게) 요원 훈련을 마치고 오늘부로 6국에 배치됐
　　　네. 앞으로 자네와 함께 일하게 될 거야.

두식 (무표정하게 주원 쳐다보는)

주원 (두식 보고, 엇)

민 차장 아. 두 사람 구면이던가?

두식 아닙니다.

주원 (두식의 '아닙니다'라는 말에 멈칫)

민 차장 (주원에게) 오래전부터 이 일을 해온 사람이야. 자네와 같은 부류지.

같은 부류라는 말에 주원과 두식의 눈이 마주친다.

민 차장 이쪽의 암호명은 문산. (주원에게) 자네는 고향이 어디랬지?

주원 포항 구룡포입니다.

민 차장 구룡포로 하지. 서로의 본명을 알 필요도 없고 불러서도 안 되네. 조
직 안에서 호칭은 직급으로만 부르도록. 문산의 직급은

두식 (주원에게) 같은 부류끼리, 그냥 선배라고 부르게.

민 차장의 눈썹이 꿈틀한다.

민 차장 아무튼, 문산은 자네를 이끌어줄 선임이자 상급자이니 인사하게.

주원이 어떻게 인사해야 하나 망설이다가 꾸벅 묵례하려는데

민 차장 (못마땅한) 우리는 위계질서가 철저한 조직이야. 경례를 붙이도록 해.

주원이 경례를 붙이려는데, 두식이 불쑥 손을 내민다.

두식 김두식이오. 앞으로 잘 부탁해.

주원 네. 김 선배. 잘 부탁드립니다. 장주원입니다.

두식과 주원이 손을 맞잡아 악수한다.
민 차장의 무표정한 얼굴에 금이 간다.

#57 [플래시백] 산곡동/벤츠/내부 - #46에 이어서

(E) 콰앙!!

차에 받혔다가 일어나서 달아나는 주원을 보는 민 차장.

민 차장 (감탄하는) 괴물이네.

조수석에 검은 후드티를 입은 두식이 앉아 있다.

두식 이 정도면 된 것 같습니다만.
민 차장 아니지. 내가 필요한 건 저 정도가 아니야.
두식 (룸미러로 민 차장 쳐다보는)
민 차장 쫓아가서 확인해. 그리고 자네가 판단해.
두식 판단 기준은?
민 차장 오직 능력이다. 인성 따위는 필요 없어. 나는 괴물이 필요한 거니까.
두식 (쳐다보는)
민 차장 끝까지 참견하지 말고 지켜보기만 해. 이깟 깡패새끼들도 감당 못 하
면 쓸모가 없는 거니까.
두식 최악의 상황이 오면 어떡합니까.
민 차장 최악의 상황에 몰릴 정도로 쓸모없으면 버려.

두식이 말없이 차 밖으로 나가 수직으로 솟아오른다.

#58 [플래시백] 두식 시점 - 드론각

cut to_ #49 [드론각]

골목에서 승합차들에 쫓기고 있는 주원. 하늘에서 내려다보는 두식.

cut to_ #51 [드론각]

쫓기는 주원을 스쿠터에 태우고 가는 지희. 하늘에서 내려다보는 두식.

cut to_ #51 [드론각]

지희를 보호하려고 승합차에 달려드는 주원. 하늘에서 내려다보는 두식.

cut to_ #53 [드론각]

쓰러진 주원을 향해 좁혀오는 조폭들. 하늘에서 내려다보는 두식.
축대 위쪽, 쓰러져 있는 지희가 꿈틀거린다.
축대 아래, 민기가 작살총을 꺼내 주원에게 겨눈다.
두식이 지희를 본다. 지희가 바닥을 기며 주원을 찾는다.
두식이 주원을 본다. 주원이 피투성이가 되어 승합차에 깔려 있다.
주원과 지희가 서로를 보지 못한다.
두식이 총을 꺼낸다.
눈발이 날린다.

(E) 타앙-! 타앙-! 타앙-! 타앙-!

날리는 눈발 속에서— 총소리가 허공에 흩어지며 멀어진다.
하얀 눈발 속에서 서서히 페이드아웃.

#59 안기부/주차장 - 8화 #28

페이드아웃된 화면이 서서히 내려오면 남산타워가 보인다.
벚나무가 늘어선 남산 길을 갤로퍼가 달린다.

갤로퍼가 안기부 주차장에 들어서고, 주원과 두식이 차에서 내린다.
주차장에 미현의 하얀색 티코가 주차되어 있다.

#60 안기부/1층/복도/자판기 앞 - 8화 #30/주원 시점

주원과 두식이 안기부 복도에 들어선다.
복도 끝 커피자판기 앞에 여직원(이미현)이 커피를 마시며 앉아 있다.
두식이 커피자판기로 걸어간다. 주원이 두식을 따라 걷는다.
커피자판기가 가까워지는데, 미현이 일어나서 복도 옆으로 가버린다.
미현이 가버리자, 커피자판기를 향해 걷던 두식이 멈칫한다.

주원   (따라 걷다가 멈칫) 뭡니까.

두식   커피 한잔 마시려고 했는데…

주원   커피?

두식   동전이 없네. (돌아서서 걸어가는)

주원이 왜 저러나 싶은 표정으로 쳐다보다가, 의미심장하게 묻는다.

주원   근무 중에 그래도 되는 겁니까?

두식   (가만히 쳐다보다가) 커피 한잔 정도는 괜찮아.

주원   (쳐다보는)

두식   (의미심장하게 말하는) 신변보고서에 일일이 적지 않아도 돼.

#61 [에필로그] 엄지다방/실내 (저녁)

지희와 마담과 박양이 담소를 나눈다.
현관문이 삐걱 열린다. 지희가 열린 문을 바라본다.
지희의 얼굴에 옅은 미소가 스쳤다가, 이내 덤덤해진다.

마담 (나서며) 어서 오세요.

주원이 현관문을 열고 우두커니 서 있다.

마담 무슨 일로….
주원 (지희 쳐다보며) 커피 마시러 왔습니다.
마담 (지희와 주원 번갈아 보는)
주원 지희씨랑요.

cut to

지희와 주원이 테이블에 마주 앉아 있다.
두 사람은 아무 말이 없다. 카운터에서 마담과 박양이 힐끔거린다.
테이블 위 커피에서 따뜻한 김이 올라온다.

지희 오랜만이네요.
주원 네.
지희 아주 오랜만이에요.
주원 그동안… 일이 좀 있었습니다.
지희 또 길 잃어버린 줄 알았지. 엄청 길치던데, 잘 찾아왔네요?
주원 길은 여전히 잘 못 찾습니다. 지희씨 찾아왔어요.
지희 (멈칫)
주원 (쳐다보는)
지희 로맨틱하네.

지희가 커피를 마신다. 주원도 덩달아 커피를 마신다.
카운터에 『영웅문』 책들이 놓여 있다. 책들을 쳐다보는 주원의 표정
이 밝아진다.

지희가 주원의 시선을 느끼고 묻는다.

지희   아직 끝까지 못 봤는데, 해피엔딩인가요?
주원   네.

지희가 웃는다.

제12화
파트너

1

러시아/블라디보스토크 (겨울/새벽)

행인 하나 없는 황량한 거리. 낡은 호텔 앞에 서 있는 두식과 주원.
두식과 주원이 총을 꺼내 소음기를 장착한다.

주원　(호텔 올려다보며) 늘 하던 대로 하죠. 선배가 위. 내가 아래.

두식　만나서 마무리하지.

두식이 하늘로 날아오른다. 주원이 호텔 정문으로 걸어 들어간다.

러시아/블라디보스토크/호텔/내부 곳곳 [묵음]

장면이 컷 될 때마다 복도의 층수 표지판이 지나간다.
9층/1층/8층/2층/7층/3층….

cut to_ 9층/두식

창문을 깨고 날아서 들어간다. 객실에 있던 북한 공작원들의 어깨를
쏜다.

cut to_ 1층 로비/주원

주원이 로비에 서 있는 북한 공작원들에게 총을 쏜다. 영화 주인공처
럼 자기는 안 맞고, 쏘는 총은 다 맞혀야 하는데, 적이 쏘는 총은 몸 여
기저기에 맞고, 자기가 쏜 총은 한 발도 못 맞힌다. 주원이 에라이 총
을 던지고 맨몸으로 돌진한다.

cut to_ 8층/두식

두식이 복도를 유영하듯 날며 공작원들에게 총을 쏜다. 백발백중이다.

cut to_ 2층/주원

주원이 객실 문을 열고 뛰쳐나오는 공작원들을 무자비하게 때려눕힌다.

cut to_ 7층/두식

공작원들이 객실 문을 열고 나온다. 두식이 복도 천장에 붙어서 총을 쏜다.

cut to_ 3층/주원

주원이 뜯어진 문짝을 방패 삼아 공작원들에게 돌진하며 주먹을 휘두른다.

cut to_ 6층/두식

공작원들이 비상계단으로 올라온다. 두식이 계단 틈을 수직으로 내려오며 총을 쏜다.

cut to_ 4층/주원

주원이 복도를 걷는다. 주원의 뒤로 공작원들이 쓰러져 있다.

cut to_ 5층/두식-주원

복도의 양쪽 끝 비상구에서 두식과 주원이 걸어 나온다.
중간에 낀 공작원들이 양쪽으로 갈라지며 덤벼든다.
주원의 주먹. (c.u) / 두식의 총. (c.u)
이 대 다수의, 두식과 주원이 공조하는 화려한 액션이 펼쳐진다.

cut to_ 시간 경과

공작원들이 여기저기 널브러져 있다. 복도 가운데서 주원과 두식이 만난다.

주원   (왼쪽 눈 윙크하며) 마무리.

두식   (주원의 윙크에 어우 왜 저래)

두식이 보면 주원이 어깨와 팔뚝에 총상을 입었다.
두식이 낡은 잭나이프를 건넨다.

#3   홍콩/뒷골목 (여름/새벽)

불야성을 이루는 침사추이의 풍경. [자막: 홍콩. 카오룽베이(九龍灣)]
유흥가를 지나 골목 안쪽으로 들어가면 적막한 상점가.
상점가 사이로 들어서면, 셔터들이 모두 내려간 비좁고 어두운 골목길.
인적 없는 골목길에 두식이 물속을 내려오듯 허공에서 걸어 내려와
바닥에 선다.
저 멀리, 굉음이 울리고, 골목 사이로 멀리 보이는 건물에서 불길이
치솟는다.

cut to_ 시간 경과

두식이 골목길 벽에 기대고 주저앉아 있다.
저쪽에서 철제 셔터들이 내려간 어두운 골목길을 주원이 터벅터벅 걸
어온다.

주원   (윙크) 마무리.

두식   (질색) (윙크 못 본 척)

옷은 찢어지고 온통 피투성이가 된 주원이, 두식의 옆에 털썩 주저앉
는다.

주원   막판에 폭탄이 터지긴 했는데 뭐 그런대로.

두식이 말없이 잭나이프를 건넨다. 낡은 잭나이프. (c.u)
주원이 잭나이프를 건네받아 몸 곳곳에 박힌 총알과 파편을 긁어낸다.
'툭' '툭' 총알이 바닥에 떨어진다. 두식이 걱정스러운 표정으로 주원
을 쳐다본다.

주원　괜찮습니다. 이대로 놔두면 살과 함께 아물어 흉터로 남기 때문에 빨
　　　리 긁어낼 뿐입니다.

두식　(가만히 쳐다보는)

주원　(긁어내며) 칼 안 쓰잖아요. 항상 갖고 다니시네.

두식　아버지 유품이거든.

주원　(멈칫) (피 잔뜩 묻은 나이프 보며) 이렇게 막 써도 됩니까?

두식　아무나 안 줘.

주원　(피식 웃고, 다시 긁어내는)

주원이 쭈그리고 앉아 파편을 긁어낸다. 두식이 쭈그리고 앉아 총기
소지를 한다.
카메라 멀어지면, 어둠 속에 웅크리고 앉은 둘의 실루엣이 어딘가 닮
았다.
구형 타자기로 타이틀 '무빙'과 소제목 '제12화: 파트너'가 타이핑된다.
카메라 더 멀어지며, 짙은 어둠에 휩싸인다.

#4 [플래시백] 9화 #41

짙은 어둠 속에서 울리는 민 차장의 목소리.

민 차장v.o　자네 임무는 끝났어. 항상 지켜보겠네. 나가봐.

미현이 차장실 문을 열고 복도에 나와 선다.

얼굴을 감싼 미현이 허물어지듯 주저앉는다.

#5 안기부/지하/사격연습장 (오후)

나란히 놓여 있는 두 개의 사격 표적지. (인물 전신 표적지)

표적지 레일 타고 주욱 물러나면, 주원과 두식이 사격대에 나란히 서 있다.

두식이 한 손으로 총을 쏘고, 주원이 두 손으로 총을 쏜다.

(E) 탕-! 탕-! 탕-! 탕-! 탕-! 탕-! 탕-! 탕-!

(E) 탕-! 타앙-! 타앙-! 탕-! 탕-! 타앙-! 탕-!

저 멀리 표적지가 흔들린다.

사격장 안. 전에 없이 많은 안기부 요원들이 곳곳에 서 있다.

레일 버튼을 누르면 요란한 소리와 함께 표적지가 다가온다.

(E) 타라라라라라라라라락….

두식의 표적지는 타깃의 늑골 아래만 적중해서 한 구멍처럼 뚫려 있다.

주원의 표적지는 중구난방 총알구멍들이 뚫려 있다.

주원이 거칠게 표적지를 뗀다. 요원들이 주원의 작은 행동에도 흠칫 반응한다.

두식과 주원이 새 표적지를 갈아 끼운다. 사격장 안에 미묘한 긴장감이 흐른다.

주원이 탄창을 갈아 끼우면서 주변을 훑는다. 주변 요원들이 슬그머니 눈을 피한다.

두식이 7연발의 콜트 총 약실에 실탄 한 발을 더 넣는다.

주원이 레일 버튼을 누른다.

요란한 소리와 함께 표적지가 멀어진다.

(E) 타라라라라라라라라락….

표적지 이동하는 소리에 섞어 주원이 입술만 움직여 낮게 말한다.

주원 (낮은 목소리) 뭘까요.

두식이 레일 버튼을 누른다.

(E) 타라라라라라라라라락….

표적지 이동하는 소리에 섞어 두식이 입술만 움직여 낮게 말한다.

두식 (사격 자세 취하며) 부탁할 게 있어.

주원이 총을 집어 드는데, 두식이 손을 뻗어 주원의 총을 내리고 혼자
사격한다.

(E) 탕-! 탕-! 탕-! 탕-! 탕-! 탕-! 탕-! 탕-!

저 멀리 표적지들이 흔들린다.
주원이 이유를 물으려는데, 두식이 주변의 요원들에게 말한다.

두식 민 차장에게 안내해.

요원들이 두식을 에워싸고 사격장 밖으로 안내한다.

주원이 따라나서자 요원들이 가로막는다.
주원이 눈을 부라리는데,

두식　(주원 돌아보며) 연락할게.

주원　(쳐다보는)

두식이 뒤도 돌아보지 않고 요원들과 함께 사격장 밖으로 나간다.

주원na　김 선배는 한동안 돌아오지 않았다.

텅 빈 사격장에 주원이 혼자 남는다.

주원na　단독 극비 임무였다.

혼자 남은 주원의 뒷모습. 화면 어두워진다. 길고 긴 암전.

#6　[조준경 시점] 미현 집/맞은편 아파트 (밤)

[자막: 2개월 후] 암전된 화면 속에서 빗소리 서서히 커진다.

(E)　쏴아아아아아……

벼락이 치며 화면 밝아지면 라이플 스코프 샷.
안기부 저격수의 조준경 렌즈로 보이는 맞은편 건물 5층.
미현의 집 베란다 창밖에 김두식이 떠 있다.
보라색 커튼이 젖혀지고 미현의 모습이 보인다.

#7　미현 집/거실/맞은편 아파트 (밤/9화 #58)

저격수가 인이어의 소형 마이크에 속삭인다.

저격수 문산. 포착. 대기.

저격수의 인이어로 미현과 두식의 대화가 들린다.

미현F 어떻게 왔어요?

두식F 보라색….

인서트

미현의 집 베란다와 집 안 곳곳에 설치된 도청장치들.

미현F 왜… 왜 왔어요?

두식F 죽을 것 같아서요.

미현이 두식을 끌어안는다. 저격수가 스코프의 레이저 조준기를 켠다.
빗속을 뻗어나가는 레이저 조준점이 두식의 등에 맞춰진다.
조준점이 맞춰지는 동시에, 다른 저격수들의 레이저 조준점들이 일제히 뻗어나간다.

저격수 대기.

미현이 두식을 끌어안고 키스를 한다.
스코프에 클로즈업된 미현이 두식을 꼭 끌어안는다.

저격수 대기.

미현이 손을 뻗어 두식의 허리춤에 감춰진 총을 잡는다.

저격수 진입.

cut to_ 미현 집/거실

(E) 콰앙!!

현관문이 열리고 요원들이 거실로 들이닥친다.
요원들의 습격과 동시에 미현이 더욱 굳세게 두식을 부둥켜안는다.
당황한 두식이 미현을 떨쳐내려는데 미현이 감은 손을 풀지 않는다.
요원들이 일제히 달려들어 베란다 밖의 두식을 아파트 안으로 끌어당
긴다.
끌려 들어온 두식이 공중에서 발길질을 하고 요원들이 나동그라진다.
두식의 압도적인 격투 실력에 나머지 요원들이 일제히 총을 겨눈다.
두식이 허리춤에서 총을 꺼내려는 순간, 두식의 눈이 커진다.
두식의 허리춤에 총이 없다.
보면, 미현의 손에 두식의 총이 들려 있다.

두식 미현씨…?

두식이 믿을 수 없다는 표정으로 미현을 본다.
요원들이 틈을 놓치지 않고 좁혀들고, 두식이 주머니에서 잭나이프를
꺼낸다.
칼을 본 요원들이 움찔하며 물러서서 두식과 대치한다.
창밖에서 뻗어 들어온 빨간 레이저 조준점들이 두식의 온몸에 찍힌다.
숨 막히는 대치상황 속에서, 두식의 칼끝이 서서히 미현을 향한다.
입술을 씰룩이며 미현을 바라보는 두식.

(E)   꽈릉!!

요란한 벼락 소리와 함께 사방이 환해진다.

두식의 달싹거리는 입술이 벼락 소리에 묻힌다.

미현이 두식의 얼굴을 뚫어지게 쳐다본다.

두식이 차마 잭나이프를 휘두르지 못한다.

미현이 천천히 두식에게 다가간다.

온몸에 레이저 조준점이 찍힌 두식이 허탈한 표정으로 미현을 쳐다본다.

미현이 손을 뻗어 두식의 잭나이프 잡은 손을 감싸 쥔다.

두식의 표정이 원망으로 가득하다.

미현이 두식의 손에서 잭나이프를 빼낸다.

cut to_ 맞은편 아파트

[조준경 시점] 미현이 두식의 잭나이프를 빼내자 요원들이 달려들어 두식을 결박한다.

저격수   (소형 마이크에) 상황 종료.

[조준경 시점] 저격수가 끝까지 미현을 지켜본다.

[조준경 시점] 미현이 텅 빈 방에 우두커니 서 있다가 허물어지듯 주저앉는다.

한참을 지켜보다가 라이플 스코프의 렌즈 캡을 닫는다.

cut to_ 미현의 집/거실

불 꺼진 텅 빈 거실.

미현이 두식의 잭나이프를 쥐고 어둠 속에 우두커니 앉아 있다.

잭나이프를 보는 미현의 텅 빈 표정. (c.u)

[플래시백] 안기부/5차장실 (오전)

플라스틱 같은 민 차장의 표정. (c.u)
민 차장의 맞은편에 미현이 무표정한 얼굴로 서 있다.

민 차장 김두식 체포에 협조해.

미현은 대답이 없다. 쇠창살이 걸린 창밖으로 빗소리만 들린다.

민 차장 허튼짓 하지 마. 우린 모든 것을 감시하고 있다.

미현 (대답 없는)

민 차장 아주 작은 낌새만 느껴져도 대가가 따를 거야.

미현 어떤 대가를 말씀하시는 겁니까.

민 차장 (눈 치켜뜨는) 몰라서 물어?

미현이 민 차장 뒤 벽에 걸린 액자를 본다.

민 차장 우리는 무슨 짓이든 한다. 국가를 위해 모든 희생을 치러왔고 앞으로도 그럴 것이다.

액자의 안기부 부훈.
'우리는 음지(陰地)에서 일하고 양지(陽地)를 지향한다'.

민 차장 너의 아버지를 생각해.

미현의 손이 가늘게 떨린다.
민 차장이 미현을 지그시 노려본다.

민 차장   협조해.

미현   네.

미현의 절망적인 표정 위로 빗소리 겹쳐진다.

(E)   쏴아아아아아………

#9 미현 집/거실 (밤)

(E)   쏴아아아아아………

열려 있는 베란다 창문으로 빗물이 들이친다.
텅 빈 거실에 미현이 주저앉아 있다. 두식의 잭나이프를 쥔 손이 떨린다.
고개 숙인 미현의 눈물과 들이치는 빗물이 겹쳐진다.

#10 안기부/컨테이너 관리실 (아침)

늙은 소사가 창밖을 기웃거린다. 소사는 이게 웬 난린가 잔뜩 겁먹은
표정이다.
건물 곳곳에 안기부 요원들이 배치되고, 안기부 직원들이 건물 밖으
로 밀려 나온다.

#11 안기부/주차장 (아침)

요원들의 지시에 건물을 비운 안기부 직원들이 주차장 마당으로 내몰
린다.
직원들이 주차장에서 우왕좌왕하는데 갑자기 요원들이 바빠진다.
삼엄한 경비 속에 승합차가 정문을 통과한다.
건물 곳곳에 배치된 안기부 요원들이 인이어로 통신을 주고받는다.
승합차가 주차장을 가로질러 안기부 현관까지 들어가 멈춰 선다.

건물 앞에 주원이 침통한 표정으로 서 있다.

승합차 문이 열리면, 김두식이 요원들에게 둘러싸여 차에서 내린다.

#12 **안기부/로비/복도/엘리베이터 (아침)**

삼엄한 경계 속에 두식이 로비를 걷는다.

주원이 연행되는 두식의 뒤를 따라간다.

엘리베이터 앞에서 두식이 다시 몸수색을 당한다.

두식이 몸수색을 당하며 주변을 둘러보면, 복도 끝 커피자판기 앞에 미현이 서 있다.

엘리베이터 문이 열리고, 두식이 요원들과 함께 엘리베이터에 들어간다.

주원이 따라 타려는데 요원들이 막아선다.

주원　난 파트너야.

요원　독대하신답니다.

엘리베이터 문이 서서히 닫히는데, 두식이 문밖의 주원에게 말한다.

두식　장형. 커피나 한잔해.

주원　(처다보는)

두식　하던 대로.

닫히는 문틈으로 두식과 주원의 시선이 교차한다.

#13 **안기부/엘리베이터/내부 (아침)**

엘리베이터가 올라간다. 두식을 둘러싼 요원들 사이에 황지성(40대 초반)이 있다.

두식이 눈만 굴려 요원들을 훑어보면, 요원들의 재킷이 홀스터(권총

274

집)로 불룩하다.

#14 안기부/1층/복도/엘리베이터 앞 (아침)

문 닫힌 엘리베이터 앞에 주원이 우두커니 서 있다.

주원이 고개를 돌려 복도 끝을 쳐다본다.

커피자판기 앞에 미현이 서 있다.

주원과 눈이 마주치자, 미현이 주원을 똑바로 쳐다보며 걸어온다.

주원이 마주 걸어간다.

미현이 주원과 엇갈리며, 주원을 스치고 지나간다.

순간, 멈칫하는 주원.

미현이 주원을 지나쳐서 건물 밖으로 나간다.

#15 안기부/5차장실 앞/비서실/복도 (아침)

비서가 엉거주춤 일어선다. 두식이 요원들과 함께 5차장실로 들어간다.

5차장실 문이 닫히고, 요원들이 비서를 복도 밖으로 내보낸다.

비서가 쫓기며 뒤돌아보면, 요원들이 복도 곳곳에서 총을 꺼낸다.

#16 안기부/주차장 (아침)

안기부의 전 직원들이 주차장에서 웅성댄다.

주차장에 내몰린 수많은 직원들 사이에 미현이 외따로 떨어져 서 있다.

여운규 팀장이 혼자 서 있는 미현에게 툭 말을 건넨다.

여 팀장   (피식) 임무 완수했네?

미현이 대꾸 없이 주변을 둘러본다.

안기부 건물 요소요소에 요원들과 저격수들이 배치되고 있다.

#17 안기부/5차장실 (아침)

두식이 민 차장 앞에 서 있다.

민 차장이 얼음장 같은 눈으로 두식을 노려본다.

요원들이 언제든 총을 꺼낼 자세로 두식을 주시하고 있다.

두식이 민 차장 책상의 명패를 본다. [국가안전기획부 제5차장 민용준]

민 차장은 주머니에 손을 넣고 서 있는 두식의 태도가 거슬린다.

민 차장   왜 보고도 없이 잠적했지?

두식   (쳐다보는)

민 차장   보고해. 위에서 무슨 일이 있었지? (책상 위에 신문 던지는)

두식이 무표정한 얼굴로 신문기사를 본다.

[金日成 사망. 北 "8일 새벽 2시 심근경색으로" 방송] *1994년 7월 10일

[自然史일까… 被殺일까] [사망時期 미묘 – "암살 가능성" 시각도] *1994년 7월 10일

속을 알 수 없는 두식의 표정을 보며 민 차장이 화를 삭인다.

민 차장   성공이야. 실패야.

두식   결과는 같습니다.

민 차장   임무의 성공 여부가 중요한 거야.

두식   지시 여부가 중요한 거 아닙니까.

민 차장   (노려보는) 대답해. 무슨 일이 있었던 건가.

두식   어떤 대답을 하느냐에 따라 내가 제거 대상이 될 수 있습니다.

민 차장   뭐?

두식   언제 어디서 어떻게 제거될지 모를 위협에서 벗어나려면, 그나마 비밀이라도 쥐고 있어야 할 거 아닙니까.

민 차장   넌 이미 우리 손에 잡혔어. 벗어날 수 있을 거라 생각하나.

두식이 창문을 본다. 쇠창살로 막혀 있다.
두식이 쇠창살에 시선을 던진 채 묻는다.

두식   정 보고를 원하시면, 내가 차장님께 받았던 임무를 청와대에 보고해
         도 되겠습니까.

민 차장   (으드득) 이 새끼가….

두식   청와대는 모르는 일일 텐데요.

민 차장   (버럭) 야! 김두식! 넌 안기부 조직원이야! 조직을 배신하겠다는 건가!

두식   (똑바로 처다보며) 야. 민용준. 배신은 내가 당했어.

두식의 느닷없는 하대에 좌중이 경직된다.
칼날 같은 분위기 속에서 숨소리조차 들리지 않는다.
민 차장의 눈빛이 살벌해진다. 김두식이 민용준의 눈을 피하지 않는다.

민 차장   (눈 가늘게 뜨며) 그래. 배신당하는 기분이 어떤가.

두식   (무표정한) 그년은 내가 처리할 거야.

두식이 주머니에 손을 넣은 채 계속 반말로 대답한다.

민 차장   (분노 폭발하는) 주머니에서 손이나 빼, 이 새끼야!!!

두식   그러지.

두식이 갑작스럽게 주머니에서 손을 확 뺀다.
돌발적인 두식의 행동에 요원들이 일제히 총을 빼내 두식을 겨눈다.
두식이 민 차장 뒤 벽에 걸려 있는 부훈을 본다.
액자 표구되어 있는 부훈. [우리는 음지(陰地)에서 일하고 양지(陽地)를 지향
한다]

액자 유리에 요원들의 모습이 반사되어 비친다.
두식이 액자 유리를 통해 자신을 겨눈 총구들의 위치를 확인한다.
총을 겨눈 요원들 중에 황지성의 이마에 땀이 흐른다.
양손을 늘어뜨린 두식이 허탈한 표정으로 말한다.

두식 나는 존재해서는 안 되는 존재가 되었어.

아무도 모르게, 두식의 발바닥이 바닥에서 미세하게 떠오른다.

두식 나는 내 방식으로 존재하겠다.
민 차장 뭐?

황지성의 이마에 흐른 땀방울이 눈꺼풀에 걸린다.

두식 살아서 남과 북 양쪽에 쫓기는 것으로 하지.

황지성이 눈을 깜빡이는 순간, 두식이 지면을 미끄러지듯 뒤로 이동한다.
찰나의 순간, 두식이 총을 겨눈 요원들의 사이에 선다.
요원들의 총구가 다급하게 돌려지는데— 두식이 요원들의 총 두 개를 낚아챈다.

(E) 타앙-!

[국가안전기획부 제5차장 민용준]
명패 귀퉁이가 깨져 파편이 튀고, 민 차장의 안경이 깨진다.

#18 안기부/주차장 (아침)

(E) 타앙-!

주차장에 내몰려 있던 직원들이 건물을 올려다본다.
6층 차장실에서 연이어 총소리가 들린다.

(E) 탕-! 탕-! 탕-! 탕-! 탕-! 탕-!

직원들 사이에 서 있던 미현이 총소리를 듣고 생각한다.

미현na 빠르고 일정한 간격의 총소리.

계속 이어서 들리는 총소리.

(E) 탕-! 탕-! 탕-! 탕-!

6층 쇠창살 틀의 연결 부위에 불꽃이 튀며 쇠창살이 떨어진다.

미현na 그다.

이어서—

(E) 와장창!!!

두식이 민 차장을 끌어안고 유리창 밖으로 튀어나온다.
주차장의 안기부 직원들이 비명을 지른다.

여 팀장 (놀란) 차장님!!!!!!!!!!!!!

경악하는 직원들. 모두 말문이 막혀 입을 떡 벌리고 있다.
민 차장을 인질로 잡은 두식이 공중에 떠 있다.
두식이 공중에서 차장실 안에 총 한 발을 더 쏜다.

(E) 탕-!

건물 곳곳에 배치된 안기부 요원들이 일제히 총을 겨눈다.
두식에게 목이 졸린 민 차장이 필사적으로 고래고래 소리 지른다.

민 차장 (악쓰는) 쏘지 마!! 쏘지 마아아악!!! 내가 맞는다!! 내가 떨어진다!!!

체면 따위는 생각 않고 악을 쓰는 민 차장의 눈가에 피가 흐른다.
민 차장의 눈가에 명패의 파편이 박혀 있다.
안기부 요원들이 총을 겨눈 채 이러지도 저러지도 못한다.
두식이 민 차장의 귓가에 대고 위협사격을 한다.

(E) 탕-!

민 차장이 혼비백산한다.

민 차장 (악쓰는) 다 총 버려!! 총 버려 이 새끼들아아아악!!!

안기부 요원들이 엉거주춤 겨냥한 총을 내린다.
주차장 한복판. 직원들 사이에 서 있는 미현.
저 멀리 공중에 뜬 두식과 눈이 마주친다.

미현을 내려다보는 두식. (c.u)
두식을 올려다보는 미현. (c.u)

미현na 그는 그대로 사라져버릴 수도 있었다.

민 차장을 인질로 잡은 두식이 공중에서 몸을 틀어 아래로 하강한다.

미현na 그가 돌아온 것은 나 때문이었다.

플래시백_ #7

"죽을 것 같아서요."
미현과 두식이 키스한다.
두식이 도청기에 들리지 않게, 입술만 움직여 작게 말한다. "알아요."
미현이 울음을 삼킨다. 두식이 말한다. "총, 허리 뒤."
두식을 끌어안은 미현의 손이 떨린다.
두식이 더욱 힘주어 끌어안으며 미현의 뒤 허리춤을 짚어준다.
미현이 두식의 허리춤에서 총을 빼낸다. 두식이 말한다. "나를 잡아요."
미현이 두식을 더욱 끌어안는다.

미현na 그가 그대로 사라져버리면 모두 나를 쫓을 것이기 때문이었다.

두식이 총을 겨누며 주차장 쪽으로 날아온다.
직원들이 사방으로 흩어진다.
여 팀장이 혼비백산해서 도망가다가 넘어진다.
미현이 얼어붙은 듯 가만히 서 있다.
두식의 총구가 미현을 겨냥한다.

플래시백_ #7

"미현씨…?" 두식이 주머니에서 잭나이프를 꺼낸다.

두식의 눈동자가 칼을 가리킨다. 미현의 동공이 확대된다.

두식의 손을 보면 칼 손잡이를 느슨하게 쥐고 있다.

두식의 입술이 씰룩인다.

미현이 두식의 얼굴을 뚫어지게 쳐다본다. 미현의 귀가 클로즈업된다.

(E) 꽈릉!! 번개가 치며 사방이 확 밝아진다.

벼락 소리와 함께 미현의 귀에만 들리는 작은 목소리. "장주원에게."

미현이 두식에게 다가가 손을 감싸면 두식이 잭나이프를 넘긴다.

두식의 총구가 미현의 얼굴을 향한다.

미현na 그가 위험을 무릅쓰고 돌아온 것은 나를 위해서.

수많은 직원들과 요원들이 두식과 미현을 본다.

미현na 나와의 관계를 이 많은 사람들 앞에서 부정하기 위해서였다.

미현이 두식을 똑바로 쳐다본다.

두식 (분노한 표정으로 소리치는) 너!!! 이미현!!!!!!!!!!

미현이 슬프게 웃는다.

미현na 김두식씨. 당신은 어쩌다 나를 만나서.

두식의 총구가 불을 뿜는다.

(E)   탕-!

이미현의 얼굴이 클로즈업된다.
카메라, 뒤로 빠지면, 미현의 얼굴을 가로막은 장주원의 팔뚝.
총알을 막은 주원의 오른팔에서 피가 흐른다.
주차장에 쓰러진 사람들 사이에 이미현과 장주원만 서 있다.
장주원이 팔뚝으로 이미현의 얼굴을 막고 서 있다.
수많은 사람들이 지켜보고 있다.
다시 총을 쏘는 두식의 총에서 (E) 철컥! 소리가 난다.
두식이 민 차장을 끌어안고 그대로 날아오른다.
미현이 하늘을 올려다본다.
김두식이 멀어진다.
미현의 눈에 눈물이 맺힌다.
저 멀리 민 차장을 끌어안은 김두식이 북쪽 하늘로 날아간다.

#19 안기부 / 1층 / 복도 / 커피자판기 앞 (아침)

직원들과 요원들이 상황을 수습하려고 복도를 분주하게 뛰어다닌다.
복도 끝 커피자판기 앞에 주원이 서 있다.
주원이 커피를 뽑아 자판기 앞 의자에 털썩 앉는다.
주원이 후우 한숨을 쉬며 주머니에서 잭나이프를 꺼낸다.
손바닥 위에 놓인 잭나이프를 가만히 바라보는 주원.
주원 손에 쥐어진 잭나이프. (c.u)

#20 [플래시백] 주원 시점

플래시백_ #12 엘리베이터 앞 / 주원 시점

엘리베이터 문이 서서히 닫히는데 두식이 문밖의 주원에게 말한다.

두식 장형. 커피나 한잔해.

주원 (쳐다보는)

두식 하던 대로.

주원의 눈썹이 꿈틀한다.
두식의 표정을 읽으려는데 엘리베이터 문이 닫힌다.

주원na 커피…?

주원이 복도 끝을 쳐다보면, 커피자판기 앞에 미현이 서 있다.
미현이 주원에게 걸어오고 주원이 마주 걸어간다.
미현이 주원을 스치듯 엇갈리며, 주원의 주머니에 뭔가를 넣고 지나
간다.
주원이 미현을 지나쳐서 복도 끝 커피자판기까지 걸어간다.
자판기 앞에 서서 동전을 찾는 듯 주머니를 뒤지면 잭나이프가 나온다.

인서트_ #3

두식v.o 아무나 안 줘.

주원이 고개를 돌려 미현의 뒷모습을 본다.

플래시백_ #5 사격연습장/주원 시점

두식이 레일 버튼을 누른다.

(E) 타라라라라라라라라락….

표적지 이동하는 소리에 섞여 두식이 입술만 움직여 낮게 말한다.

두식   (사격 자세 취하며) 부탁할 게 있어.

주원이 총을 집어 드는데, 두식이 손을 뻗어 주원의 총을 내리고 혼자 사격한다.

(E)   탕-! 탕-! 탕-! 탕-! 탕-! 탕-! 탕-! 탕-!

저 멀리 표적지들이 흔들린다.
주원이 이유를 물으려는데, 두식이 주변의 요원들에게 말한다.

두식   민 차장에게 안내해.

요원들이 두식을 에워싸고 사격장 밖으로 안내한다.
주원이 따라나서자 요원들이 가로막는다.
주원이 눈을 부라리는데,

두식   (주원 돌아보며) 연락할게.
주원   (쳐다보는)

두식이 뒤도 돌아보지 않고 요원들과 함께 사격장 밖으로 나간다.
텅 빈 사격장에 주원이 혼자 남는다.
주원이 레일 버튼을 누르면 두식과 주원의 사격 표적지가 다가온다.
나란히 걸린 두 개의 표적지를 보는 주원의 눈이 커진다.
두식은 자신의 표적지뿐 아니라, 주원의 표적지에도 각 네 발씩 나눠서 쐈다.
두식의 표적지 – 이마 정중앙에 총알구멍 네 개.
주원의 표적지 – 팔뚝 정중앙에 총알구멍 네 개.

총알구멍들을 보는 주원의 눈이 깊어진다.

두식의 표적지 – 이마 정중앙에 총알구멍 네 개.
"나는 타깃의 머리를 쏘겠다."
주원의 표적지 – 팔뚝 정중앙에 총알구멍 네 개.
"장형의 팔에 맞기를 바란다."

플래시백_ #18 주차장/주원 시점

민 차장을 인질로 잡은 두식이 공중에서 몸을 틀어 아래로 하강한다.
총을 겨눈 두식이 주차장 쪽으로 날아온다.
미현이 얼어붙은 듯 가만히 서 있다. 두식의 총구가 미현의 이마를 향한다.
순간, 두식의 시선이 미현의 주변에 서 있는 주원을 본다.
주원이 두식을 올려다본다.

인서트_ #1

주원   늘 하던 대로 하죠. 선배가 위. 내가 아래.

두식이 주원을 내려다본다.

인서트_ #1

두식   만나서 마무리하지.

주원na 하던 대로.

두식이 총을 겨눈다. 주원이 미현에게 달려든다.

주원na　만나는 장소에서 마무리한다.

두식이 총을 쏜다. 주원이 팔뚝으로 총알을 막는다.

주원na　그것이 우리의 마지막 마무리였다.

찰나의 순간, 주원과 두식의 시선이 교차하고, 두식이 윙크한다.
남모를 두식의 어색한 윙크에 주원이 허, 입가가 씰룩거린다.

주원na　그는 그렇게 떠났다.

두식이 그대로 하늘 저 멀리 날아간다.

주원na　함께 괴물로 불리었던 내 동료였다.

하늘을 올려다보는 주원의 얼굴. [디졸브]

#21　안기부/1층/복도/커피자판기 앞 - #19에 이어서

[디졸브] 잭나이프를 내려다보는 주원의 얼굴.
주원이 팔뚝을 걷는다.
팔뚝은 이미 총알이 박힌 채로 아물었다.
주원이 잭나이프의 칼날을 세워 총알 흉터에 갖다 댄다.
멈칫. 물끄러미 흉터를 보던 주원이 칼날을 다시 접는다.
총알을 빼내지 못한 팔뚝에 동그란 흉터가 남는다.
주원이 식어버린 커피를 천천히 마신다.

#22　북악산 (밤)

불 켜진 남산타워 너머, 청와대를 품은 북악산이 보인다.
경찰들의 랜턴 불빛이 북악산의 울창한 수풀 속을 수색한다.

미현na 다음 날 밤. 군경에 의해 민 차장이 구조되었다.

북악산 숲속의 높은 나뭇가지에 민 차장이 걸려 있다.

미현na 민 차장은 청와대가 가까운 북악산 숲속에 버려져 있었다.

군과 경찰들의 랜턴 불빛이 일제히 나뭇가지에 걸린 민 차장을 비춘다.
탈진한 민 차장이 랜턴 불빛에 외눈을 뜬다. 왼쪽 눈 밑에 피딱지가
말라붙었다.

미현na 청와대 인근의 수색 작업은 청와대의 허가를 받아야만 했다.

오줌으로 바짓단을 지린 민 차장의 모습이 수많은 랜턴 불빛에 적나
라하게 드러난다.

미현na 군과 경찰까지 개입했지만, 끝내 해명할 수 없었던 이 사건으로 안기
부의 위상이 추락되었다.

민 차장의 얼굴이 분노와 굴욕으로 일그러진다.

미현na 민 차장은 이 사건으로 좌천되었다.

카메라, 민 차장에게서 멀어지며 북악산 전체를 조망한다.

미현na 그리고, 김두식. 그는 사라졌다.

카메라, 더 올라가면 별빛 하나 보이지 않는 캄캄한 밤하늘.

미현na 안기부의 모든 요원들이 그의 행방을 쫓았지만 끝내 찾을 수 없었다.

화면 어두워진다.

#23 안기부 (저녁)

회색빛 안기부 건물 전경.

미현na 이듬해 남산의 안기부 건물이 폐쇄되었다.

굳게 닫힌 철문. 폐쇄된 관리실. 텅 빈 주차장.

미현na 무소불위의 권력을 휘두르던 안기부의 권한은 점차 축소되었다.

텅 빈 로비와 복도. 작동이 중지된 엘리베이터.

미현na 그렇게 야만의 시대였던 한 시대가 지나갔다.

복도 끝 커피자판기가 있던 자리. 의자도 자판기도 없다.

미현na 우리가 함께했던 시간도 지나갔다.

#24 장례식장 (저녁/밤)

[자막: 2년 후] 빈소 입구의 안내판. 고인(故人) 이해송. 상주(喪主) 이미현.

289

미현na 나는 완전한 혼자가 되었다.

빈소에 미현 부의 영정사진이 걸려 있다.
단아한 정장 바지를 입은 젊은 여성이 미현과 맞절한다.
맞절을 마친 여성이 고개를 들고, 미현이 푸근한 웃음으로 반긴다.
민 차장의 옛 비서가 미현을 보고 마주 웃는다.
비서와 미현이 서로를 포근하게 안아준다.
빈소 입구에 굽 낮은 여자 구두가 놓여 있다.

cut to_ 시간 경과
미현이 담담한 표정으로 빈소에 혼자 앉아 있다.

미현na 아버지가 떠나시고 나는 비로소 조직으로부터 자유로울 수 있었다.

미현이 고개를 돌려 텅 빈 빈소를 돌아본다.
빈소 입구에 아무도 나타나지 않는다.

미현na 그는 돌아오지 않았다.

#25 골목길 (밤)
미현이 집으로 돌아가는 골목길을 걷는다.
걷다가 문득 뒤를 돌아보면, 텅 빈 거리에 아무도 없다.
미현이 옅은 한숨을 쉬고 밤하늘을 올려다본다.

미현na 그가 그리웠다.

미현이 우두커니 서 있다.

#26   국가정책연구소/외관 (아침)

국가정책연구소 간판이 걸려 있는 건물 외관.

미현na 나는 안기부가 축소되면서 다른 기관으로 이직할 수 있었다.

#27   국가정책연구소/회의실 (오전)

미현의 목에 '정책연구원/이미현' 출입증이 걸려 있다.
연구원들이 밝은 분위기 속에서 회의를 하고 있다.
무채색 정장을 입은 직장 동료들 사이에서, 미현의 노란색 니트가 유난히 눈에 띈다.
회의가 끝날 즈음 미현이 조심스럽게 손을 든다.

미현   건의사항이 있는데요.

동료들   (쳐다보는)

미현   저 자리 옮길 수 있을까요?

팀장   어디로?

미현   창가 빈자리로요.

팀장   거기 너무 밖에서 훤히 보여서 비어 있는 건데?

미현   (웃는) 그래서요.

동료들   (갸우뚱)

#28   국가정책연구소/사무실 (저녁)

핑크색 카디건을 입은 미현이 창가 자리에 앉아 있다.
벽시계가 6시를 가리킨다.

팀장   (일어서며) 자. 6시입니다. 공무원답게 칼퇴근들 합시다~

직원들이 모두 컴퓨터를 끄고 일어선다.
미현은 컴퓨터를 끄지 않고 일어선다.

미현na 나는 내가 원하던 나의 일상을 찾았다.

cut to_ 사무실/내부/외부

직원들이 모두 퇴근한 사무실이 어둡다.
창밖에서 보면, 모니터들이 모두 꺼져 있는데 미현의 모니터만 밝게
켜져 있다.
모니터 바탕화면에 보라색 화면보호기가 돌아간다.

#29 국가정책연구소/복도 (오전)

자주색 블라우스를 입은 미현이 복도를 걷는다.
복도를 오가는 직원들과 밝게 인사를 나눈다.

미현na 나의 일상은 돌아왔지만 그는 여전히 돌아오지 않았다.

#30 국가정책연구소/회의실 (점심)

미현과 동료들이 테이블에 모여앉아 중국집 배달음식의 랩을 벗긴다.
동료 하나가 미현의 그릇을 보고 말한다.

동료1 어? 중국집에서 돈까스도 배달 돼?
동료2 요즘 중국집 김치볶음밥도 돼요.
동료1 (웃는) 이젠 별걸 다 배달해주네.

미현이 돈가스 접시 랩을 벗기며 옅게 웃는다.

#31 국가정책연구소/엘리베이터 앞 (오후)

보라색 재킷을 입은 미현이 엘리베이터를 기다린다.

미현의 손에 묵직한 서류더미가 들려 있다.

훤칠한 남직원이 다가와 들어드릴까요 호감을 표시한다.

미현이 웃으며 마다하고 엘리베이터에 탄다.

#32 국가정책연구소/사무실 (저녁)

미현이 창가 자리에 앉아 업무를 본다.

창밖을 물끄러미 올려다보면, 저녁 하늘에 고운 노을이 진다.

미현na 창밖을 자주 보는 버릇이 생겼다.

#33 국가정책연구소/야외 휴게장소/자판기 앞 (저녁)

커피자판기 옆 벤치에 보라색 옷을 입은 미현이 앉아 있다.

벗나무에 벚꽃이 흐드러지게 피어 있다. 미현이 고개를 들어 벚꽃을 올려다본다.

미현na 하늘을 자주 보는 버릇이 생겼다.

미현의 시선이 벚꽃 너머 하늘을 본다.

파란 하늘이 구름 하나 없이 청명하다.

지나가던 동료 직원들이 미현에게 말을 건다.

동료1 미현씨, 꽃구경해?

미현 (웃는) 네.

동료2 우리 카페 가는데 커피 마시러 안 갈래?

미현 (종이컵 들며 웃는) 마시고 있는데요?

동료2   에이그. 자판기 커피 말고, 원두커피. 요즘은 아메리카노가 유행이래.

미현   전 이 커피가 좋아요.

동료들이 웃으며 지나간다.

미현이 음미하듯 천천히 커피를 마신다.

벚꽃잎 하나가 떨어져 종이컵 안에 들어간다.

미현이 종이컵을 가만히 감싸 쥔다.

#34   아파트 경로당/외부/내부 (저녁)

[자막: 2년 후] 노인들이 둘러앉아 화투를 치고 있다.

낡은 TV에서 뉴스가 나온다.

앵커F   국회 법제사법위는 28일 전체회의를 열어 국가안전기획부를 국가정
보원으로 개칭하는 내용의 국가안전기획부법 개정안을 통과시켰습니
다. 이에 따라 지난 1961년 5.16 직후 중앙정보부를 전신으로 설립된
안기부는 이번 안기부법 개정에 따라 국정원이라는 새로운 명칭을 갖
게 되었습니다. *1998. 12. 28. (연합뉴스 참고)

노인들 사이에 앉아 있던 소사가 TV를 보다가 중얼거린다.

소사   (중얼) 내 쩌 안기부에서 일 했었그든.

노인들이 이 양반 또 말도 안 되는 소리 한다는 표정으로 쳐다본다.

소사   내 그때 똑디 봤다이까. 안기부 사람 하나가 막 맨 몸띠이로 하늘 날
라댕기고, 막 총 쏘고, 사람 잡아가고.

노인들은 화투를 칠 뿐, 아무도 소사의 말에 귀를 기울이지 않는다.

소사 지인짜로 사람이 막 하늘을 날아댕깄다이까.

소사가 혼잣말처럼 중얼거리며 TV를 본다.

앵커F 새 정부 들어 대국민 이미지 개선 노력의 일환으로 부훈도 과거의 "음지에서 일하고 양지를 지향한다"에서 "정보는 국력이다"로 바꾼 안기부가 이제 국정원이라는 새 이름까지 갖게 된 것은 '어두운 과거와는 선을 긋겠다'는 분명한 의지 표명으로 보이며 (소리 작아진다)

경로당 창밖으로 눈이 내리기 시작한다.

#35 골목길 (밤)

눈이 내린다. 하얀 눈이 소복하게 쌓인 골목길을 미현이 혼자 걷는다. 고요한 골목에 미현의 눈 밟는 발자국 소리만 들린다.

(E) 뽀드득… 뽀드득….

미현이 걸을 때마다 새하얀 눈 위에 발자국이 남는다. 미현의 뒤로 길게 뻗은 미현의 발자국.

(E) 뽀드득… 뽀드득… 뽀드득… 뽀드득….

미현이 자신의 눈 밟는 발자국 소리를 들으며 걷는다. 눈 위에 찍히는 미현의 발자국들.

(E)   뽀드득… 뽀드득… 뽀드득… 뽀드득 '뽀득'… 뽀드드득… 뽀드드 득….

잠시 멈칫하던 미현이 계속 걸어간다. 미현의 귀가 클로즈업된다.

(E)   뽀드드득… 뽀드드득… 뽀드드득… 뽀드드득….

미현의 발자국 소리에 또 하나의 발자국 소리가 겹쳐진다.
미현이 옅게 웃는다.

인서트
길게 이어진 미현의 발자국 중간부터 발자국 한 쌍이 더 찍혀 있다.

미현이 발걸음을 서서히 늦추며 걷는다.

인서트
하얀 눈 위에 나란히 찍히는 두 쌍의 발자국.

느리게 걷던 미현이 멈춰 서서 천천히 뒤돌아본다.

미현   하늘만 보고 살았는데 걸어서 왔네요.

미현이 뒤를 돌아보면, 하얀 눈길 위 두식이 걸어오고 있다.

두식   그거 기억합니까?
미현   뭐요?

내리는 눈 속에서 두식이 꿈결처럼 웃는다.

두식   눈 내리면, 하얀 세상 하늘에서 보여주고 싶다고 했던 거.
미현   보여줘요.

미현이 손을 내민다. 두식이 손을 맞잡는다.

cut to

텅 빈 골목길에 아무도 없다.
눈 위에 찍힌 두식과 미현의 발자국들.
길게 이어진 두 개의 발자국들이 나란히 마주 보는 발자국에서 끝났다.
하늘로 솟아오른 듯 사라진 두 개의 발자국.
그 위로 하얀 눈이 내리며 화면 하얗게 흩어진다.
하얗고 긴 여백이 이어진다.

cut to

하얀 종이에 아기 발바닥.
포커스 선명해지면— 출생 신고서에 아기 발바닥 도장이 찍혀 있다.
발도장이 보라색이다.
출생 신고서에 적힌 이름. 김봉석.

#36 과수원/과수원집 (여름/오후)

한적한 시골 마을의 과수원.
넓은 과수원의 외부를 목책기(전기울타리)가 둘러싸고 있다.
사과나무들이 빽빽하게 늘어선 과수원 안쪽에 작은 집이 보인다.
담장을 넘어 마당에 들어서면 빨랫줄에 신생아 옷이 걸려 있다.
햇살에 마른 가족의 빨래가 바람에 하늘거린다.

#37 **과수원집/안방/거실 - 시간 경과 [육아]**

마당이 보이는 유리 현관문. 신발장에 걸린 과수원 농기구들.

전 집주인이 쓰던 것을 그대로 물려받은 것 같은 낡은 세간살이들.

거실에 낡은 소파가 있고 휴지통에 뭉친 기저귀들이 가득하다.

싱크대에는 설거지를 못 한 그릇들이 쌓여 있다.

안방에 들어서면, 포근한 아기 요에 신생아 봉석이 잠들어 있다.

두식과 미현이 둘러앉아 사랑스러운 눈으로 잠든 봉석을 본다.

봉석이 깨어 운다. 두식과 미현이 히익 기겁한다.

cut to_ 미현이 봉석을 안고 젖을 먹인다. 두식이 봉석의 똥 싼 기저귀를 간다.

cut to_ 깊은 밤. 부부가 봉석을 달래며 둥둥 안아 재운다.

cut to_ 곤히 잠든 봉석 옆에 두식과 미현이 널브러져 자고 있다.

cut to_ 봉석이 깨어 운다.

cut to_ 미현이 얼른 일어나 봉석을 안고, 두식이 허겁지겁 기저귀를 꺼낸다.

cut to_ 깊은 밤. 미현이 봉석을 어르고 두식이 물을 끓여 분유를 탄다.

cut to_ 다크서클이 거뭇해진 두식과 미현이 식탁에 앉아 밥을 먹는다. 봉석이 식탁 옆 요람에 잠들어 있다. 미현이 하품을 하며 깨작깨작 먹고, 두식이 먹는 둥 마는 둥 한 발로 요람을 민다.

cut to_ 미현이 봉석에게 젖병을 물린 채 소파에 잠들었다. 봉석이 깨어 운다. 미현이 얼른 안고 일어난다. 미현이 소파 밑에서 찌그러져 자고 있는 두식을 툭 찬다. 두식이 어 어 하며 일어나 봉석을 받아 안는다.

cut to_ 늘어가는 기저귀들.

cut to_ 쌓여가는 설거지들.

cut to_ 비워져가는 분유통.

cut to_ 봉석이 운다.

미현과 두식이 나란히 쭈그리고 앉아 잠든 봉석을 내려다본다.

두식 (지친) 왜 울어…? 말로 하지?

미현 백일의 기적이라고, 뭐 그런 게 있대요. 백일 지나면 안 운대.

두식 우리 봉석이 이백일 넘었는데?

미현 다 뻥일 거야.

두식 미현씨. 육아 힘들죠?

미현 나 특수요원 훈련과정 수석이었거든요.

두식 응. 54기.

미현 혹한기 유격훈련 4주차보다 더 힘드네.

두식/미현 크크큭.

웃음소리에 봉석이 또 깨서 운다.
미현과 두식이 푹 고개 숙인다.

#38 과수원 - 시간 경과/겨울

잎이 떨어진 앙상한 사과나무 가지에 눈이 내린다.

#39 과수원집/거실 (아침)

미현이 돌 즈음의 봉석에게 젖병을 물리고 있다.
두식이 옆에서 마냥 행복한 표정으로 처자식을 본다.
미현이 젖병을 다 물리고 봉석을 품에 안는다.
배불리 먹고 잠든 봉석이 잠결에 싱긋 웃는다.

두식 (웃는) 요 녀석, 자면서 웃는 거 보게.

미현 (웃는) 우리 봉석이 기분 좋아요?

두식과 미현이 사랑이 듬뿍 담긴 눈으로 잠든 봉석을 내려다본다.

미현 (놀란) 어?

두식 (눈 커지는)

미현과 두식의 시선이 서서히 위로 향한다.
어린 봉석이 허공으로 떠오른다.
당황한 미현이 얼른 일어나 공중에 떠오르는 봉석을 안는다.
봉석을 보는 두식의 표정에 만감이 교차한다.

cut to

두식이 안방 벽에 콘크리트 못을 친다.
봉석을 안은 미현이 걱정스러운 표정으로 두식을 본다.
두식이 애써 괜찮다는 표정으로 웃는다. 미현이 마주 웃는다.

cut to_ 시간 경과

벽에 박힌 못에 그물이 처져 있다.

#40 과수원 (오전)

두식이 전정가위를 들고 사과나무 가지치기를 한다.
잘린 나뭇가지들이 바닥에 떨어져 너저분해진다.
두식이 땀을 훔치며 손이 닿지 않는 높은 가지를 올려다본다.
잠시 망설이던 두식이 사다리를 가져온다.
미현이 사과나무 사이로 걸어온다.
미현이 사다리에 올라선 두식을 보며 옅게 웃는다.

두식   (내려다보며) 봉석인?

미현   (올려다보며 웃는) 자요.

인서트

그물이 쳐진 안방에서 봉석이 곤히 자고 있다.

사다리에 올라선 두식이 계속 가지치기를 한다.

나뭇가지들이 바닥에 떨어지면 미현이 가지들을 주워서 한데 모은다.

두식   (땀 닦으며 앓는 소리) 어구구구.

미현   전설적인 최정예 초능력 블랙 요원도 농사일은 힘든가봐요?

두식   누가 '할 거 없으면 시골 가서 농사나 지어야겠다' 이딴 소리 하면 총
       으로 쏴버릴 거야 진짜.

미현과 두식이 함께 웃는다.

#41 과수원집 / 거실 (낮)

미현과 두식이 밥을 먹는다. TV에서 남북정상회담 뉴스가 나온다.

앵커F   김대중 대통령과 김정일 국방위원장은 15일, 분단 이후 처음으로 남
       북의 기존 통일방안을 인정한 새 통일안에 합의했습니다.

두식이 멈칫한다.

뉴스에서 김대중 대통령과 김정일 국방위원장이 손을 맞잡고 있다.

앵커F   두 정상은 '6.15 남북공동선언'에서 남측의 연합 제안과 북측의 낮은
       단계의 연방 제안의 공통성을 인정하는 선에서 접점을 찾는 데 합의

했습니다. *2000년 6월 15일

두식의 시선이 김정일 국방위원장의 얼굴에 맞춰진다.

#42 과수원 (밤)

고라니 한 마리가 과수원으로 다가간다.
전기울타리에 닿은 고라니가 깜짝 놀라 후다닥 달아난다.

#43 과수원집/안방 (밤)

누워 있던 미현이 반사적으로 몸을 일으킨다.

두식 왜?

미현 (가만히 듣다가) 아니에요. 고라닌가봐요.

두식이 허 감탄한다. 미현이 웃으며 다시 눕는다.
천장에는 그물이 걸려 있고, 바닥에는 요와 이불이 빈틈없이 깔려 있다.
두식과 미현이 봉석을 사이에 두고 마주 보며 누워 있다.
봉석은 어느덧 커서 돌 즈음의 아이가 되었다.

두식 미현씨. 우리 좀 더 넓은 집으로 이사 갈까…?

미현 왜요?

두식 여긴 너무 외진데다… 애가 집 안에서만 너무 답답할까봐. 집이 좀 더
넓었으면 해서.

미현 아직은 애가 작으니 괜찮아요.

두식 애가 통 집 밖에 안 나가니 주변에서 이상하게 생각하지 않나…?

미현 주변에 이웃이 거의 없으니 괜찮아요. 그리고… 아직 마음을 놓을 수
없잖아요. 조금 더 시간이 지나면 그때 가요.

두식 미안해요. 나 때문에.

미현 하지 마요. 그런 말.

두식 (입 합죽)

미현 (웃는) 난 여기 생활 좋아요. 사람들 안 마주치고 일도 할 수 있고. 어떻게 보면 이런 곳에 살아서 다행이에요. (봉석 뺨 어루만지며 웃는) 우리 애가 이렇게까지 아빠 닮았을 줄이야.

두식이 미안한 표정으로 미현을 바라본다.

두식 (봉석 보며) 애 키우기 전엔 몰랐는데… 요즘 가끔… 돌아가신 내 어머니가 나를 얼마나 힘들게 키웠을지 생각하게 돼.

미현 그리워요?

두식 그래도 어머니 좋은 추억은 많아.

미현 (그윽한 눈으로 쳐다보는)

두식 아버지 기억이 거의 없어.

미현이 두식의 머리를 가만히 쓰다듬는다.

두식 우리 봉석이에겐 아빠 좋은 기억 많이 심어줘야지.

미현의 따뜻한 손길에 두식의 눈에 졸음이 몰려온다.

두식 (졸음에 겨운) 애 교육도 있으니… 우리 언젠간 서울로 갑시다….

미현 그래요. 좀 더 나중에….

두식 우리 가진 돈으로 서울 외곽에 식당은 차릴 수 있을 거야….

미현 식당?

두식 (눈 감기는) 당신은 요리하고 나는 설거지하고 청소하고 배달하고….

미현	뭐 할까요?
두식	(중얼) 돈까스…?
미현	(웃는) 피곤한데 자요.
두식	응… (눈 감은 채) 아, 맞다. 미현씨.
미현	응?
두식	사랑해요.
미현	안다니까.
두식	그래도.
미현	(하품하는)

미현이 눈을 감는다. 두식이 슬그머니 눈을 떠서 미현의 잠든 얼굴을 가만히 본다.
잔잔한 배경음악이 흐른다. 두식이 미현의 감은 눈을 확인한다.
두식의 엉덩이가 미세하게 씰룩, 배경음악 살짝 커졌다 작아진다.

미현	(눈 감고) 그냥 터요. 누굴 속여.
두식	(얼굴 벌게져서 중얼) 불공평해.

미현이 눈 감은 채 베개에 슬쩍 코를 묻는다.

cut to_ 시간 경과
(E)	팅…!

봉석이 방 한가운데로 떠올라 그물에 걸렸다.
봉석이 그물에 느슨하게 걸린 채 눈을 뜬다.
봉석이 보면, 엄마와 아빠가 마주 보고 잠들었다.
꿈결처럼 보이는 엄마 아빠의 다정한 모습.

어린 봉석이 헤에 웃는다.

#44 과수원 – 시간 경과

사과나무에 사과꽃이 지고 작은 사과 열매가 열린다. [타임랩스]

#45 과수원집/안방/거실 (오후)

잠들었던 봉석이 눈을 뜨면 방 안에 아무도 없다.

선잠에서 깬 봉석이 거실로 엉금엉금 기어 나온다.

살짝 열린 창문으로 마당을 보면 엄마 아빠가 보이지 않는다.

나비 한 마리가 열린 창문 틈으로 날아 들어와 천장을 하늘하늘 날아

다닌다.

봉석이 멍하니 나비를 보며 웃는다. 나비가 다시 창문 밖으로 나간다.

#46 과수원/과수원집 (오후)

햇볕에 검게 그을린 두식의 얼굴.

완연한 농부의 얼굴이 된 두식이 사다리에 올라 높은 가지의 사과를

딴다.

멀찌감치 떨어진 곳에서, 미현이 낮은 가지의 사과들을 따고 있다.

두식의 배에서 꼬르륵 소리가 들린다. 미현의 귀가 클로즈업된다.

미현이 설풋 웃으며 두식에게 다가와 말한다.

미현   비빔국수 어때요?

두식   좋지.

미현   (집으로 가는) 물 올려놓을 테니 들어와요.

두식   요것만 마저 따고 들어갈게요.

미현이 집으로 간다.

두식이 한참 사과를 따는데, 집 쪽에서 미현의 비명이 들려온다.

미현E 봉석아! 봉석아!!!

두식 (멈칫)

미현E (다급한) 두식씨이이이!!!

두식이 후우우우우우웅 날아간다. 사과가 떨어지고 사다리가 넘어진다.
두식이 사과밭을 날아 마당에 내려서면, 늘 침착하던 미현이 제정신
이 아닌 모습이다.

미현 (울상) 봉석이! 우리 봉석이가 없어졌어요!

두식 침착. 침착해요.

미현 (울음 터지는) 누가 침입한 흔적은 없어요! 대문도 닫혀 있었고요!

보면, 거실 창문이 조금 열려 있다. 미현과 두식의 눈이 커진다.
두식이 땅을 박차고 로켓처럼 솟구쳐 오른다.

#47 하늘 (오후) [7화 #77/봉석이 꿨던 꿈]

두식이 하늘에 떠서 아래를 내려다본다.
저 아래 집이 보이고 주변은 온통 과수원 밭이다.
집과 과수원 주변을 훑어보지만, 어디에도 봉석이 보이지 않는다.
하늘을 둘러보면, 사방에 낮게 깔린 구름만 가득할 뿐 봉석이 보이지
않는다.
두식이 미친 사람처럼 구름을 헤집고 날며 봉석을 찾아다닌다.

두식 (부르짖는) 봉석아아아!!!!!! 봉석아아아아아!!!!!!!!!

주변을 둘러봐도 끝없이 막막한 하늘, 어디에도 봉석이 보이지 않는다.
두식이 구름을 뚫고 더 높이 올라간다.
멀리 지평선이 보이고, 푸른 하늘과 어둠의 경계선이 보인다.
그때, 낮과 밤의 경계에 작은 점이 보인다.
두식이 튕겨 나가듯이 날아간다.
가까이 다가가면 봉석의 모습이 보인다.
두식의 표정이 안도와 기쁨과 슬픔으로 일그러진다.
어린 봉석이 제 몸을 가누지 못하고 하늘에 둥둥 떠서 울고 있다.
두식이 놀란 봉석을 진정시키기 위해 천천히 다가간다.

두식   봉석아.

봉석이 기우뚱 몸을 돌리면 눈물 콧물 범벅이다.
두식의 눈에 눈물이 왈칵 고인다.
두식이 차분한 목소리로 부른다.

두식   봉석아.

두식이 두 팔을 벌리고 날아가 어린 봉석을 안아준다.

두식   봉석아. 내 아들.

품속에 쏙 들어오는 아들을 안고 두식이 운다.

두식   아빠가 미안해.

창공. 아버지와 아들이 부둥켜안고 떠 있다.

과수원집/안방 (밤/새벽)

물수건을 이마에 얹은 봉석이 잠들어 있다.
미현과 두식이 봉석의 몸을 따뜻한 물수건으로 닦아준다.
미현이 봉석의 체온을 잰다. 39.4도. 벽시계 밤 9시.

cut to_ 시간 경과

벽시계 새벽 4시. 봉석이 새근새근 잠들었다. 봉석의 체온. 36.7도.
미현과 두식이 비로소 안도의 한숨을 쉰다.

미현   너무 높은 곳에 올라가서 감기가 왔던 것뿐이에요. 이제 괜찮아요.
두식   많이 놀랐지?
미현   괜찮아요.

미현의 지친 표정을 보는 두식의 눈이 깊어진다.

두식   어떤 상황에서도 침착했던 미현씨였는데… 그런 모습 처음 봤어요.

인서트_ #46

미현v.o   누가 침입한 흔적은 없어요!

두식   항상 불안했군요.
미현   이젠 끝났겠지 싶었으면서도 마음을 놓지 못했나봐요.
두식   미현씨. 항상 미안해요.
미현   하지 마요. 그런 말.
두식   사랑해요.
미현   그건 되고.

미현이 피식 웃으며 피곤한 눈을 감는다.

두식이 미현을 가만히 바라본다.

#49 과수원 (아침)

과수원 외곽에 가지치기한 나뭇가지들이 쌓여 있다.

두식이 나뭇가지들을 끌어모아 수레에 싣는다.

두식의 알 수 없는 행동. 수레를 밀고 다니며 잔가지들을 과수원 바닥
에 흩뿌린다.

#50 과수원집 마당/과수원 (오전)

빨랫줄 기둥을 지지대 삼아, 담장까지 이어진 방조망 그물이 마당에
둘러쳐져 있다.

미현이 마당에 돗자리를 깔고 앉아 사과를 신문지로 싸고 있다.

광목천이 허리에 묶인 어린 봉석이 미현의 곁에서 사과를 가지고 논다.

봉석을 묶은 광목천이 길게 늘어져 평상다리에 매여 있다.

마당의 대문이 살짝 열려 있다. 대문 밖에서 두식과 낯선 남자의 대화
소리가 들린다.

두식V.O 저희는 도매만 합니다.

손님V.O 처가댁 가는 길에 과수원이 있길래 들렀어요. 쿵. 처가에 가져가게 3만
원어치만 파세요.

두식V.O 이것 참….

미현이 옅게 웃는다.

cut to_ 과수원

사과박스를 들고 걸어가던 손님이 나뭇가지에 발이 걸려 기우뚱한다.

손님이 슬쩍 뒤를 돌아보고 다시 걸어간다. 두식이 미안한 표정을 짓는다.

과수원 바닥 곳곳에 가지치기한 나뭇가지들이 널브러져 있다.

cut to_ 마당

미현이 사과를 포장할 신문지를 펼친다. 신문에 철거되는 청계고가 사진이 실려 있다.

[청계고가도로 '역사 속으로'] *2003년 8월 31일

계속 신문지를 구겨서 사과를 싸던 미현의 손이 멈칫한다.

[북한, 김정일 국방위원장 재추대] *2003년 9월 3일

미현이 가만히 신문기사 속 김정일의 사진을 본다.

그때, 하늘에서 새 날아가는 소리가 들린다. 미현이 고개를 든다.

기러기 떼가 V자로 줄지어 비행하며 북상한다.

새들을 보는 미현의 눈이 깊어진다. 미현이 김정일의 얼굴을 구겨 사과를 싼다.

#51 국정원 / 외부 (오전)

서울 내곡동. 안기부에서 신축 이전한 국정원 건물의 외관이 번듯하다.

정원 표지석에 음각으로 새겨진 국정원 원훈. [정보는 국력이다]

중년 남자의 뒷모습이 표지석의 원훈을 물끄러미 보다가 지나간다.

#52 국정원 / 로비 (오전)

중년 남자가 반짝반짝한 대리석이 깔린 로비를 걷는다.

중년 남자의 한 손에는 조간신문이, 한 손에는 쇼핑백이 들려 있다.

로비를 분주하게 지나다니던 국정원 직원들이 중년 남자를 보고 흠칫한다.

누구는 쭈뼛대며 인사를 하고, 누구는 인사를 해야 하나 말아야 하나

망설인다.

지나가는 중년 남자의 뒤로 몇몇 직원들이 수군거린다.

로비를 가로질러 후문으로 직행하는 중년 남자, 민 차장의 얼굴이 드러난다.

민 차장의 왼쪽 눈 밑에 작은 흉터가 남았고, 사시안(斜視眼)이 되었다.

#53 국정원/제3별관/복도 (오전)

후문이 열리면 회색빛 콘크리트의 제3별관 건물이 보인다.

민 차장이 제3별관으로 들어가 복도 끝으로 걸어간다.

복도 끝 문에 '기획판단실/2부' 팻말이 걸려 있다.

민 차장이 문을 열고 들어간다.

#54 국정원/기획판단실 (오전)

민 차장이 들어오자 여 팀장이 벌떡 일어선다.

여 팀장 (깍듯한) 오셨습니까. 차장님.

민 차장 (힐끗) 실장이야. 아직은.

민 차장이 둘러보면 텅 빈 사무실 안에 여 팀장 외에 아무도 없다.

을씨년스러울 정도로 삭막한 사무실 안쪽에 개인 집무실 문이 보인다.

여 팀장이 민 차장에게 집무실 열쇠를 건넨다.

여 팀장 아무도 들이지 말라고 하셔서, 아직 정돈되지 않았습니다.

민 차장 (열쇠 받아 문 여는)

#55 국정원/기획판단실/집무실 (오전)

블라인드가 반쯤 열려 있는 어두운 집무실.

책상과 응접 소파만 있을 뿐 별다른 사무집기가 없다.

민 차장이 제일 먼저 종이 쇼핑백에서 명패를 꺼내 책상에 놓는다.

[국가안전기획부 제5차장 민용준]

반짝반짝하게 닦인 명패의 한 귀퉁이가 깨져 있다.

민 차장이 책상에 조간신문을 던지고 의자에 털썩 앉는다. 먼지들이 햇살에 반사된다.

블라인드에 갈라진 햇살이 민 차장의 얼굴을 빛과 그림자로 나눈다.

민 차장의 눈이 블라인드의 그림자 부분에 가려진다.

어둠 속 민 차장의 시선이 신문기사를 본다.

[평화축전. 남북화합의 장 개막] *2003년 10월 24일

민 차장　(전화기 스피커 버튼 누르며) 모두 오라고 해.

여 팀장F　(스피커) 전원이요?

민 차장　(잠시 생각하는) 구룡포는 빼지. (스피커 버튼 끄는)

　

김두식의 총에 맞아 한 귀퉁이가 깨진 명패. [국가안전기획부 제5차장 민용준]

깨진 명패를 보는 민 차장의 왼쪽 눈(사시안)이 꿈틀거린다.

민 차장　(중얼) 다시 시작해보지.

#56　과수원집/안방 (밤)

벽시계 새벽 1시. 봉석을 사이에 두고 두식과 미현이 잠들었다.

잠든 미현의 귀가 클로즈업된다.

미현이 벌떡 일어나 앉자, 두식이 눈을 뜬다.

두식　무슨

미현   (손가락 입에 대는)

두식이 입을 다물고 미현을 본다.
미현이 눈을 감고 청력을 곤두세운다.

인서트

목책기를 넘어오는 요원들의 발. 나뭇가지를 밟아 부러뜨린다.

미현   (목소리 낮춘) 사람들이 오고 있어요.
두식   몇.

인서트

요원들의 발이 바닥에 깔려 있는, 가지치기한 나뭇가지들을 밟는다.

미현   30여 명. 가까운 곳에 세 명.
두식   방향은.

인서트

과수원을 지나 집을 둘러싸고 좁혀 들어오는 30여 명의 요원들.

미현   포위됐어요.

두식이 일어나 안방 선반에서 총을 꺼낸다.

#57   과수원집/대문 앞/과수원 외곽 (밤)

집을 향해 조심스럽게 걸어오는 요원들의 발걸음.
검은 두건에 검은색 테러 복을 입은 요원들이 대문으로 다가선다.

그때, 대문이 열리더니 두식이 걸어 나온다. 요원들이 일제히 두식에게 총을 겨눈다.

두식이 마치 산책이라도 나왔다가 마주친 양 우두커니 서서 주변을 둘러본다.

너무나 태연한 등장에 요원들이 오히려 당황한다.

보면, 두식의 잠바 주머니가 불룩하다. 요원들의 시선이 불룩한 주머니에 쏠린다.

요원들이 포위하며 다가서는데, 두식이 심상하게 말을 건넨다.

두식 리더가 누구지.

요원들 (멈칫)

테러 복을 입은 요원들 사이에서 평상복을 입은 세 명이 걸어 나온다.

날카로운 인상의 30대 남성. 단아한 미모의 30대 여성. 푸근한 인상의 중년 남성.

두식이 턱짓과 눈빛만으로 너희들 누구냐 묻는다.

진천 진천.

나주 나주.

봉평 봉평이오. 리더는 오지 않았소.

진천 나주 봉평을 물끄러미 보던 두식이 허탈한 표정을 짓는다.

두식 충청북도. 전라남도. 강원도겠군.

진천/나주/봉평 (쳐다보는)

두식 그동안 민 차장이 다른 조직에서 끌어모았나 보군.

봉평 (예의를 갖추는) 문산, 이야기 많이 들었습니다.

두식 여기는 어떻게 찾아냈나.

진천 나주 봉평은 대답이 없다.
문득, 두식의 뇌리에 낯선 손님이 떠오른다.

인서트_ #50
사과박스를 들고 가는 낯선 손님. 조래혁의 얼굴이 드러난다.

두식 그랬군…. (둘러보며) 이름들이 그 모양이니 오늘 쉽지 않겠어.
봉평 네. 가시죠. 모시겠습

방심한 순간, 두식이 선 자세 그대로 봉평의 옆을 스쳐 지나간다.
두식이 물수제비 스치듯 지면에 얕게 떠서 순식간에 빠져나간다.
요원들이 일제히 뒤를 쫓는다. 두식이 나뭇가지들 아래를 낮게 스쳐
서 이동한다.
나무들 사이를 누비는 그때, (E) **퓨!** 총알이 날아와 두식의 진로를 방
해한다.
두식이 방향을 틀며 돌아보면, 저 멀리 총을 든 나주가 어깨를 으쓱한다.

(E) 퓨! 퓨! 퓨!

연이어 날아오는 나주의 총알이 두식의 진로를 방해한다.
두식이 나주의 위협사격에 쫓겨 사과나무들 뒤로 숨는다.
그때, (E) **콰앙!!** 부러진 사과나무 한 그루가 통째로 날아와 두식을 덮
친다.
두식이 솟구치면, (E) **퓨!** 나주의 총알이 두식의 정수리를 아슬아슬하
게 훑는다.

두식이 다시 내려서면, 나무를 뽑아 든 진천이 멧돼지처럼 돌진해온다.
두식이 공중에서 회전하며 진천의 척추를 후려 찬다.

(E)   퍼억!!

진천이 나동그라지고 요원들이 몰려든다.
두식이 오히려 요원들 사이를 파고들자, 나주가 총을 쏘지 못한다.
나주가 멈칫하는 사이, 두식이 잡힐 듯 말 듯 요원들을 유인하며 지면
을 날아다닌다.
요원들이 우왕좌왕하며 일제히 두식을 쫓는다.
하늘에서 보면, 요원들이 수챗구멍 물 빠지듯이 두식에게 쏠린다.
두식이 사과나무들 사이를 헤집으며 요원들을 과수원 외곽으로 유인
한다.
과수원의 끝부분까지 다다랐을 때, 어느새 앞질러 온 봉평이 막아선다.
봉평이 전기울타리를 손으로 움켜쥐자 스파크가 길게 뻗어 나온다.

(E)   파지지지직……!!

봉평이 눈부시게 뻗어 나온 스파크를 두식에게 겨냥한다.
두식이 서서히 멈추며 땅에 발을 붙인다.
뒤돌아보면 수십 명의 요원들과 진천 나주가 두식을 포위한다.
수십 명의 요원들이 두식에게 총구를 조준한다.
봉평이 스파크를 겨냥한 채 두식의 불룩한 잠바 주머니를 가리킨다.

봉평   (두식에게) 주머니. 천천히.

두식이 으쓱하며 주머니에서 전정가위를 꺼내 바닥에 툭 던진다.

총인 줄 알았던 요원들의 표정이 일그러진다.
땅에 떨어진 가위를 보는 나주의 표정이 피식 샐쭉해진다.
두식이 천천히 주변을 돌아본다. 수십 명의 요원들이 몰려들어 두식
을 에워싸고 있다.

두식　　지금이야.

요원들　　(갸우뚱)

요원들이 좁혀오는데 두식은 반항할 기미를 보이지 않는다.
봉평의 손에서 스파크가 줄어든다. 요원들이 접근하는데 두식은 먼
곳을 보고 있다.
봉평이 두식의 시선을 쫓다가, 순간, 당했다는 표정을 짓는다.
저 멀리 뒤쪽. 과수원집 뒷문으로 승용차 한 대가 빠져나가는 불빛이
보인다.
진천과 요원들이 황급히 쫓아가려는데,

나주　　(만류하는) 늦었어.

진천　　젠장.

봉평　　(나주를 가만히 보다가, 두식에게) 갑시다.

두식이 멀어져가는 자동차 헤드라이트 불빛을 본다.

#58　과수원집/거실 - #56에 이어서
두식이 미현에게 총을 건넨다.
미현이 놀란 눈으로 두식을 쳐다본다.

미현　　두식씨…!

두식 내가 앞쪽으로 유인할 테니 봉석이를 데리고 뒤로 빠져나가요.

미현 같이 가요!

두식 저들이 한밤중에 왔다면 이미 우리 가족을 알고 온 거예요. 우리 다 같이 도망갈 순 없어요.

미현 그래도 같이 해요. 같이 싸워요! 그래도 안 되면 같이

두식 우리 봉석이 능력은 아직 모를 거예요.

미현 (멈칫)

두식 봉석이가 나와 같다는 걸 저들이 알아선 안 돼요.

미현 (쳐다보는)

두식 미현씨. 내가… (목소리 떨리는) 어떤 인생을 살았는지 알아요…?

미현 (떨리는 눈)

두식 우리 아들… (목메는) 나와 같은 인생을 살게 할 순 없어요.

미현 (눈물 고이는)

두식 절대로. 누구에게도 들켜선 안 돼요. 절대로. 어떻게든 감춰야 해요.

미현이 두식의 총을 건네받는다.

두식 걱정 말아요. 곧 올게요.

미현이 언제 오냐 묻지 못하고 울음을 삼킨다.
두식이 돌아선다.

두식 신호할 테니 뒤돌아보지 말고 가요. 내가 어떻게든 찾아갈 테니까.

두식이 문을 닫고 나간다.

cut to

어두운 방 안. 총을 든 미현이 잠든 봉석을 꼭 끌어안고 있다.
어둠 속에 우두커니 서 있는 미현의 귀가 클로즈업된다.
요원들이 두식을 쫓아 달리는 소리 / 나주의 총소리 / 나무 부서지는
소리 / 두식이 날며 옷깃을 스치는 바람 소리 / 총소리와 싸우는 소리
/ 봉평의 스파크 터지는 소리 / 달리는 발자국 소리들 / 과수원 밖으
로 멀어지는 소리들— 그리고 들려오는 두식의 목소리.

인서트_ #57

두식v.o 지금이야.

미현이 봉석을 안고 달려 나간다. 방바닥에 눈물이 떨어진다.

#59 [에필로그] 시외버스터미널/식당 - 1화 #2에 이어서

돈가스 접시가 비었다. 미현이 봉석을 아기띠에 업고 계산대로 간다.
미현이 음식값을 계산하며 묻는다.

미현 (현금 내밀며) 막차가 몇 시죠?
식당 주인 (거스름돈 내밀며) 10시. (창밖 가리키며) 쩌기 서 있네.

계산을 마친 미현이 캐리어를 끌고 식당 밖으로 나간다.
식당 문이 닫히고, 식당에 먼저 와 있던 손님 한 명이 천천히 일어선다.
손님이 계산대로 와서 카드를 내밀며 말한다.

손님 콩. 영수증 꼭 주쇼잉.

손님이 영수증을 챙기고, 계산대의 이쑤시개를 뽑아 이를 쑤신다.
유리문 밖으로 멀어지는 미현을 보는 손님. 조래혁이다.

제13화
장주원

안기부/1층/복도/커피자판기 앞 - 12화 #21에 이어서

팔뚝에 총상을 입은 주원이 잭나이프 칼날을 접는다.
주원이 식어버린 커피를 천천히 마신다.

주원na 그렇게 그는 떠났고 나는 남았다.

카메라 멀어지면, 안기부 직원들이 민 차장 납치 사건을 수습하려 복
도를 뛰어다닌다.
시끄러운 소리 멀어진다.

주원na 이듬해 안기부가 축소되면서 우리가 활동했던 조직이 폐지되었다.

복도를 메웠던 안기부 직원들이 하나둘 사라진다. [타임랩스]
사람들이 모두 사라지고, 텅 빈 복도 끝에 주원이 혼자 앉아 있다.

주원na 나 혼자만 지난 시대에 남게 되었다.

복도에 불이 꺼지며 화면 서서히 암전된다.
암전된 화면에 타이틀 '무빙'과 소제목 '제13화: 장주원'이 타이핑된다.

#2 안기부 신청사/외부/실내 (오후)

신축한 안기부 건물(현 국정원 건물)의 외관이 번듯하다. [자막: 서울 내곡동]

주원na 조직이 개편되면서 어떤 부서든 들어가야 했다.

로비에 들어서면, 정장을 차려입은 국정원 직원들이 분주하게 오간다.

주원na 직업을 잃을 수는 없었다.

#3 안기부 신청사/총무관리실 (오후)

밝은 분위기의 로비와 복도를 지나면 '총무관리실' 팻말이 보인다.
높은 파티션들로 둘러싸인 사무실. 주원이 낯선 공간에 떨어진 이방
인처럼 앉아 있다.
와이셔츠에 넥타이를 맨 주원의 책상에 각종 서류들이 가득하다.

주원na 모든 것이 낯설었다.

주원이 엑셀 교재를 펼쳐놓고 독수리 타법으로 판공비 서류를 작성한다.
모니터 엑셀 화면에 오류 마크가 뜬다. 주원이 당황해서 엑셀 교재를
뒤적인다.
옆자리 직원의 한숨에 주원이 눈치를 보며 전전긍긍한다.
키보드 위에 멈춰버린 주원의 손. 모니터의 오류 마크 커서가 깜빡인다.
[오류] 깜빡- [오류] 깜빡- [오류] 깜빡- [오류] 깜빡-
주원이 답답한 넥타이를 느슨하게 풀고 와이셔츠 소매를 걷는다.
걷어붙인 팔뚝에 총상 흉터가 드러나자 얼른 다시 소매를 내린다.

주원na 지금 나는 뭘 하고 있는 거지.

주변을 돌아보면, 모든 직원들이 능숙하게 제 업무를 하고 있다.
주원만 혼자서 아무것도 못한 채 멍하니 모니터를 보고 앉아 있다.

#4 시내버스/내부 (저녁)

승객들로 가득 찬 버스 안에 서류 가방을 꼭 쥔 주원이 서 있다.
버스가 흔들거릴 때마다 사람들과 부대끼며 이리저리 쏠린다.

버스 손잡이를 잡은 주원의 소매가 내려가고 팔뚝의 흉터가 드러난다.
주원이 얼른 팔 바꿔 소매를 내리다가 옆 사람들과 부딪친다.
어유 뭐야 하는 사람들의 눈길에 주원이 민망해진다.
버스가 정류장에 서고, 사람들 속에 파묻힌 주원이 여기 내립니다 내려요 외친다.

#5 버스 정류장 (저녁)

주원이 사람들을 밀치며 뒤늦게 버스에서 내린다.
인파를 비집고 내리느라 주원의 넥타이가 삐뚤어지고 양복이 헝클어졌다.
버스가 떠나고, 주원이 삐뚤어진 넥타이를 매만지다 보면, 손에 서류 가방이 없다.

주원 (떠나는 버스 보며) 어, 어? 내, 내 가방!

주원이 떠나는 버스를 망연자실 바라보는데

지희v.o 으하하. 볼만하네. 또 넋 놓고 있었어?

주원이 돌아보면, 장바구니(타포린백)를 든 지희가 정류장에 서 있다.

주원na 내 주변의 모든 것이 변했지만 그녀만은 변함이 없었다.

지희를 본 주원의 얼굴이 환해진다.

주원 (헤벌쭉) 집에 있지, 마중 나왔어?
지희 (웃는) 장 보는 길이었어.

지희가 손을 뻗어 주원의 답답한 넥타이를 쑥 잡아당겨 풀어버린다.

지희 배고프지?

주원 응.

지희 (장바구니 들어 보이며) 고기 먹자.

주원 응!

주원과 지희가 팔짱을 끼고 다정하게 걸어간다.

#6 공무원 임대아파트/외부 (밤)

주원과 지희가 무궁화 표지가 붙은 '상록 아파트/공무원 아파트' 정문
으로 들어간다.

#7 공무원 임대아파트/신혼집/현관/거실 (밤)

어두운 현관에 주원과 지희의 결혼식 사진 액자가 걸려 있다.
현관문이 열리고, 주원과 지희가 들어선다.
현관 센서등이 켜지고 액자를 비춘다.
주원이 팔짱 낀 결혼사진을 보며 실없는 소리를 한다.

주원 (팔짱 낀 채) 신랑 신부 입장.

지희 (뭐 하나 표정)

주원 (우두커니 서서) 참 좋다.

푸근한 눈으로 안온한 집 안을 바라보는 주원을 보며, 지희가 유치해
도 맞춰준다.

지희 딴 딴따다 ♪ 딴 딴따다 ♪

센서등 불빛 아래, 두 사람이 팔짱을 끼고 행진한다.

#8 공무원 임대아파트/신혼집/현관/거실 (밤)

현관에 놓인 달랑 두 켤레의 신발.
주원과 지희의 신발이 가지런히 놓여 있다.
거실에 들어서면, 열려 있는 베란다 창문 밖으로 선풍기가 돌려져 있다.
주원과 지희가 밥상에 마주 앉아 삼겹살을 굽는다.
불판에 몇 점 안 남은 고기가 구워지고, 접시에 상추 깻잎과 통마늘이
잔뜩 남았다.

주원   근데 무슨 날이야?

지희   무슨 날이긴. 한 달에 한 번 고기지. (말 돌리는) 근데 소주도 없이 삼겹
살 먹으려니 밍밍하다.

주원   (쌈 싸는) 사오지 그랬어.

지희   혼자 뭔 맛으로 마셔.

주원   (쌈에 마늘 넣는) 술을 맛으로 마시나. 물 같은 거.

지희   한 번도 안 취해봤어?

주원   (마늘 또 넣는) 아무리 많이 마셔도 취하지를 않아. 간 해독 능력이 쓸
데없이 많은가봐.

지희   좋은 거 아냐?

주원   꼭 그렇진 않아.

지희   (쳐다보는)

주원   술 취하면 어때?

지희   그때 그때 다르지. 그냥 기분 좋으려고 마시기도 하고, 힘든 일 잊으
려고 마시기도 하고.

주원   좋은 거네.

지희   왜?

주원 (쓸쓸하게 웃는) 차라리 취하기라도 했으면 좋겠다.

지희 (쳐다보는)

주원이 쌈에 계속 통마늘을 올린다. 지희도 묵묵히 쌈을 싼다.

지희 일이 힘들어?

주원 힘들지 않아서 힘들어.

지희 (멈칫) 현장이 그리워?

주원 (쌈 밀어 넣으며) 세상에서 아무 쓸모가 없어진 기분이야.

지희 (멈칫)

우적우적 쌈을 씹는 주원의 표정에 공허함이 묻어난다.
주원이 입을 크게 벌려 쌈을 넣는데, 지희가 자기 쌈도 주원의 입에
밀어 넣는다.

주원 컥. (우물우물)

지희가 주원을 물끄러미 쳐다본다.
볼이 불룩해진 주원이 묵묵히 쌈을 씹는다.

지희 넌 나의 쓸모야. 난 너의 쓸모고.

주원 (멈칫, 목메는)

쌈을 씹는 주원의 눈에 눈물이 고인다.

지희 (툭 놀리는) 울보가 됐네.

주원 (쌈 때문에 발음 뭉개지는) 매어서. 마느를 느무 마니 느써. 매어.

지희	웃기네. 너 매운 것도 잘 모르잖아.
주원	(히잉)
지희	우리가 무슨 걱정이야. 함께 살 집 있지. 너랑 나 있지. 이렇게 한 달에 한 번은 고기 먹지. 그리고… (무슨 말 하려다) 아무튼, 난 그거면 돼. 우리 가족이 힘을 합치면 뭘 못 하겠어. 하고 싶은 거 해.
주원	(울먹)
지희	(일어서는) 나 먼저 씻을게.
주원	(멍청하게 쳐다보는)
지희	하고 싶은 거 하라고.
주원	(씹던 쌈 느웨 뱉고 일어서는) 같이 씻자.

지희가 웃는다.

#9 안기부 신청사/외부 (아침)

반듯한 서류 가방을 든 안기부 직원들이 출근을 서두른다.

#10 안기부 신청사/복도 (아침)

복도를 걷는 주원의 손에 타포린백(지희의 장바구니)이 덜렁거린다.
서류 가방을 들고 출근하는 안기부 직원들이 주원의 타포린백을 힐끗거린다.
주원의 타포린백 안에 사직서 봉투가 들어 있다. 주원이 넥타이를 느슨하게 푼다.

#11 안기부 신청사/총무관리실 (아침)

업무 시작으로 분주한 사무실, 주원이 자기 자리로 간다.
사직서 봉투를 꺼내 책상 위에 놓고, 서랍을 열어 개인물품을 타포린백에 넣는다.

물품을 정리하는데 서랍 바닥에 각대 봉투가 보인다. '공무원 임대주택 연장신청서'.

이게 뭐더라 보다가, 아차 싶어 옆자리 직원에게 묻는다.

주원   저. 이거… 어떻게 하는 거죠?

직원   아. 장 주사님 공무원 임대아파트 사시죠?

주원   네.

직원   계속 사실 거죠?

주원   네? 네.

직원   그럼, 기간 만료되기 전에 신청하세요.

주원   어떻게…?

직원   어떻게 하긴요. 그거 2년에 한 번씩 갱신해야 하는 거잖아요. 무주택자만 되니까, 재산세 증명서 내고. 1인 가족 안 되니까, 가족 증명서 내고. 그리고 제일 중요한 거, 공무원 재직증명서 첨부하고.

주원   (멍하니 연장신청서 들여다보는) 이거… 공무원만 되는 거죠?

직원   (한심) 당연하죠.

주원이 사직서를 타포린백에 다시 넣고, 느슨하게 풀었던 넥타이를 다시 조인다.

#12   포장마차 (저녁/밤)

주원이 포장마차에 혼자 앉아 소주를 마신다.

안주는 오뎅탕 하나. 빈 소주병이 열댓 병이나 놓여 있다.

주원이 소주잔을 연거푸 물처럼 들이킨다.

포장마차 주인과 손님들이 사람인가 하는 표정으로 쳐다본다.

#13   공무원 임대아파트/외부 (밤)

주원의 손에 들린 타포린백이 덜렁거린다.

'상록 아파트/공무원 아파트' 간판을 물끄러미 바라보다가 지나간다.

취한 것처럼 흔들흔들 걷는 주원의 뒷모습이 어딘가 어색하다.

#14 공무원 임대아파트/신혼집/거실 (밤)

어두운 거실에서 TV는 저 혼자 떠들고, 지희는 거실 소파에 기대어 잠들었다.

주원이 현관문을 열고 들어온다. 센서등이 켜지지 않는다.

주원이 우두커니 서서 현관가에 가지런히 놓인 지희의 신발을 본다.

지희가 인기척에 깨서 현관을 보면, 주원이 타포린백을 들고 어둠 속에 서 있다.

지희 뭐 하고 섰어?

주원이 취한 것처럼 휘청거리며 손을 머리 위로 젓는다.

주원 센서등 고장 났네?

지희 술 마셨어?

주원 응.

지희 얼마나?

주원 스물네 병.

지희가 보면, 주원의 넥타이가 반듯하게 조여 매어져 있다.

지희 어떻게 됐어?

주원 (타포린백 들어 보이며) 삼겹살 사왔어.

지희 (가만히 쳐다보는)

주원   (웃는) 나 가방 사줘.

지희   응.

지희가 다가와서 주원을 가만히 안아준다.

지희   안 취했지?

주원   응.

지희가 주원을 더욱 꼬옥 안아준다. 주원의 얼굴이 비로소 풀어진다.

주원na 행복하다. 이러면 된 거다.

꺼진 센서등 아래, 주원과 지희가 한 몸처럼 기대어 서 있다.

주원na 이렇게 살자.

#15 [몽타주] 일상 – 시간 경과

cut to_ 사무실에서 일하는 주원.

cut to_ 주원의 와이셔츠를 다림질하는 지희.

cut to_ 만원버스 안. 퇴근하는 주원. 주원의 손에 꼭 쥐어진 새 서류 가방.

cut to_ 집 화장실에서 임신테스트기를 들여다보는 지희. 지희의 실망한 표정.

cut to_ 사무실에서 일하는 주원. 주원의 생기 없는 표정.

cut to_ 거실에서 TV를 보는 주원과 지희. 함께 웃는다.

#16 안기부 신청사/로비 (아침)

주원이 서류 가방을 들고 로비에 들어서는데, 안기부 직원들이 사방으로 뛰어다닌다.
무슨 일이 생긴 듯 주변이 온통 소란스럽다. 주원이 여직원 휴게실로 달려간다.

#17 안기부 신청사/여직원 휴게실 (아침)

여직원 휴게실 문을 열면, 여직원들이 TV 앞에 몰려들어 뉴스를 보고 있다.

앵커E 뉴스 속보를 말씀드립니다. 국방부는 어제 새벽, 강원도 강릉 해안에 좌초된 북한 잠수정을 발견했다고 발표했습니다. 해안에서 발견된 족적에 비춰 무장간첩들이 상륙, 침투한 것으로 보이며, 이에 따라 전군에 1급 비상태세인 '진돗개 하나'를 발령하고 침투한 무장간첩 수색에 나섰다고 발표했습니다. *1996년 9월 18일

뉴스 화면에서 현장을 누비는 군인들과 경찰들의 모습이 보인다.
주원의 표정이 심각해진다. 여직원들이 쳐다보자 조용히 문을 닫고 나간다.

#18 안기부 신청사/복도 (아침)

주원이 복도로 다시 나오면, 인이어를 꽂은 요원들이 다급하게 몰려다닌다.
요원들이 분주한데 주원의 손엔 서류 가방이 들려 있다.

#19 공무원 임대아파트/신혼집/거실 (저녁)

선풍기가 돌아간다. 열대야에도 주원과 지희가 소파에 한 몸처럼 붙어 앉아 있다.

주원은 지희의 발을 조몰락거리고, 지희는 리모컨으로 채널을 돌리며
TV를 본다.
채널이 돌아가다가 뉴스 화면이 나온다.

앵커E 동해안 일대 주민들에게는 기나긴 공포의 밤이었습니다. 군·경 합동
수색대가 강릉 시내 곳곳에서 무장간첩과 총격전을 벌이고, 곳곳에서
간첩 출몰 신고가 잇따르자, 강릉 주민들은 무장간첩들이 언제 나타
날지 몰라 밤새 공포에 떨었습니다. *1996년 9월 19일

지희 발을 주무르는 주원의 손에 힘이 들어간다.

앵커E 안기부는 무장공비 침투사건을 게릴라전을 염두에 둔 명백한 무력도
발로 규정한다고 밝혔습니다. 이에 따라 안기부는 무장공비 수색작전
에 총력을 기울이고 있지만… *1996년 9월 21일

지희가 얼른 TV 채널을 개그 프로그램으로 돌린다.
방청객들의 웃음소리가 떠들썩한데 주원은 웃지 않는다.

#20 공무원 임대아파트/신혼집/베란다 (밤)

깊은 밤. 주원이 거실 밖 베란다에서 담배를 피우고 있다.
한숨 같은 담배 연기가 열린 창문 밖으로 흩어진다.

위층 소리E 누가 베란다에서 담배 핍니까!! 담배 냄새 올라온다고!!

주원이 찔끔해서 담배를 끄려다가 급한 마음에 제 손바닥에 비벼서
끈다.
담뱃불이 지져진 손바닥에 흉터가 남는다.

물끄러미 손바닥을 바라보는 주원의 눈이 깊어진다.
손바닥의 담배 지진 흉터가 금세 아문다.

주원na 나는 예전의 생활이 그리운 게 아닐까.

주원이 어두운 베란다에 우두커니 서 있다.

#21 안기부 신청사/총무관리실 (밤)

모두가 분주한 사무실. 주원의 모니터 엑셀 창에 또 오류 마크가 떴다.
옆자리 직원이 한심하다는 표정으로 곁눈질하다가 주원과 눈이 마주
친다.

주원 저… 컴퓨터가 좀… 이거 어떻게…?

직원 껐다 켜요.

주원 그럼 지금까지 쓴 거 다 날아가는데….

직원 그러니까 OA를 배웠어야죠. (외면하는) 컴퓨터가 뭔 죄야.

주원이 한숨을 쉬며 컴퓨터 재부팅 버튼을 눌러 강제 종료한다.
모니터 화면이 까매진다.

#22 안기부 신청사/외부 (밤)

직원들이 퇴근한다. 창문의 불이 하나둘 꺼진다.

#23 안기부 신청사/총무관리실 (밤/교차편집)

주원이 텅 빈 사무실에 혼자 남아 야근을 한다.
열대야의 더위에 와이셔츠는 걷어붙였고 넥타이는 느슨하게 풀었다.
'절전' 문구가 붙은 에어컨이 꺼져 있다. 책상에 단축키를 적은 포스트

잇이 붙어 있다.

주원이 일일이 자판을 확인하며 키보드를 두드린다.

조용한 사무실에 서투른 타자 소리만 울린다.

민 차장v.o 참 안 어울리네.

주원의 눈이 커진다. 민 차장이 사무실 안으로 걸어 들어오고 있다.

민 차장 (걸어오며) 천하의 장주원이 넥타이에 와이셔츠라니.

주원 당신이 어떻게….

민 차장 (다가와서 쳐다보는) 다신 날 못 볼 거라고 생각했나.

주원이 민 차장을 쳐다본다.

사시가 된 민 차장의 눈은 시선이 혼동된다.

주원 복귀한 겁니까?

민 차장 준비 중이지.

주원 영구 좌천으로 알고 있는데.

민 차장 비밀을 많이 알고 있으면 홀대하지 못하게 되어 있어.

민 차장의 사시안이 주원의 옷차림을 훑는다.

느슨한 넥타이, 걷어붙인 와이셔츠 소매.

민 차장 자네 같은 사람이, 이런 사무실에 쑤셔 박혀서, 책상에 앉아 모니터나 들여다보면서, 공무원 호봉 따져가면서, 푼돈이나 받는군.

주원 (대답 없는)

물건을 보는 것 같은 민 차장의 집요한 시선이 주원의 팔뚝을 본다.
소매를 걷어붙인 주원의 팔뚝에 총알 자국 흉터가 보인다.

민 차장 이게 자네랑 어울린다고 생각하나. 자네의 쓸모는 이런 게 아니야.

주원이 주변을 돌아본다. 엑셀 교재와 포스트잇. 쌓여 있는 서류 더미
와 서류철들.
그리고 일을 재촉하듯 모니터에서 깜빡이는 커서. 커서. 커서.

민 차장 예전이 그립지 않나. 자네만이 할 수 있는 일을 했었잖아.

모니터를 바라보는 주원의 눈. 모니터에서 깜빡이는 커서.

민 차장 내가 제안 하나 하지.

주원이 고개를 돌려 민 차장을 본다.
민 차장의 입꼬리가 슬며시 올라간다.

cut to_ 시간 경과
텅 빈 사무실. 주원이 혼자 우두커니 앉아 있다.
공허한 시선으로 모니터를 본다. 모니터에서 여전히 커서가 깜빡인다.
문득 걷어붙인 팔뚝을 보면 모기 한 마리가 피를 빨고 있다.
주원이 무표정한 얼굴로 모기를 보고만 있다.

인서트
민 차장v.o 기회가 왔어.

피를 빨아들인 모기의 배가 빨갛게 불룩해진다.
주원의 시선이 모기에서 팔뚝의 총알 자국 흉터로 옮겨간다.

인서트

민 차장v.o 다시 자네의 쓸모를 증명할 기회가 말이야.

주원이 천천히 손을 뻗어 모니터를 끈다.
모니터의 화면이 까맣게 암전된다.

#24 공무원 임대아파트/신혼집/거실 (아침)

암전된 모니터가 밝아지며, 거실 TV 아침 뉴스 화면과 이어진다.
지희가 주원의 와이셔츠를 다리고 있다. 다림판 옆에 주원의 서류 가
방이 놓여 있다.

앵커E (자료화면) 강릉 무장공비 침투사건이 오늘로 일주일째를 맞이하고 있
습니다. 스물여섯 명 중 한 명을 사로잡고, 스무 명을 사살하거나 주
검을 발견했지만 이후 아무런 전과를 올리지 못해 수색 작전이 장기
화 조짐을 보이고 있는 가운데… *1996년 9월 25일

정성껏 다림질하던 지희가 안방에서 나오는 주원의 인기척에 고개를
든다.

지희 오늘 고기 먹는 날이니까 일찍 들어… (멈칫)

주원은 더플백을 들었고, 청바지에 가죽 잠바를 입었다.

앵커E 군·경 합동수색대는 23일 저녁 강릉시 옥계면 기마봉 부근에서 사격

후 도주하는 무장공비를 발견하고 수색 작전을 펼쳤지만 성과를 거두지 못했다고 발표했습니다. 도주 중인 무장공비의 잔당은 5명으로 추정되며… *1996년 9월 25일

지희가 굳은 듯이 주원을 올려다본다.
주원의 표정에 미안함과 씁쓸함이 섞여 있다.
다리미에 눌린 와이셔츠에서 연기가 난다. TV 뉴스 소리 커진다.

앵커E 국방부는 무장공비 잔당들이 태백산맥으로 통하는 길목인 칠성산을 통해 북으로 도주 중인 정황을 포착하고, 특전사로 구성된 군 수색대를 칠성산에 투입, 밀집 배치하고 있으나… *1996년 9월 25일

TV 화면에서 칠성산의 험한 산세가 클로즈업된다.

#25 칠성산/숲속 (밤)

[자막: 1996년 9월. 강릉 칠성산] 괴괴한 달빛이 칠성산의 수풀을 비춘다.
달이 구름에 가리고, 칠흑 같은 어둠에 잠긴다.
수풀 속에서 삐죽한 풀 이파리가 일어서고 방탄모가 보인다.
미동조차 없던 수풀에서 위장한 특전사 대원들이 소리 없이 일어선다.
얼굴에 위장크림을 잔뜩 바른 특전사 대원들의 방탄모에 풀 이파리들이 꽂혀 있다.
[자막: 강릉무장공비 소탕작전 11일째]
특전사 분대원들이 사주경계를 하며 숲속을 이동한다.
분대원들의 후미에 위장크림을 잔뜩 바른 최일환이 뒤따른다.
조용히 이동하던 분대원들이 다시 수풀 속에 은닉한다.

부분대장 (속삭이는) 분대장님. 이 새끼들 벌써 북으로 내뺀 거 아닙니까?

분대장 (목소리 낮춘) 포위망을 빠져나가진 못했을 거다.

부분대장 벌써 열흘이 넘었습니다. 우리 측 사상자도 엄청나고….

어둠 속에서, 위장크림을 잔뜩 바른 분대원들의 가느다란 흰자들만 보인다.
부분대장의 흰자위가 뒤쪽을 본다.

부분대장 그런데 말입니다. 맨 뒤에 저 사람은 누굽니까.

분대장 (뒤돌아보며) 아. 신경 쓰지 않아도 된다.

부분대장 아침부터 계속 따라다니는데 중대장님도 그냥 두던데 말입니다. 심지어 말도 섞지 말랍니다. 민간인 같은데….

분대원들의 맨 뒤에 웅크린 실루엣, 청바지에 가죽 잠바를 입은 장주원이다.

분대장 국가에서 나온 무슨 비밀 특수요원이라고 하던데.

부분대장 국가 어디요?

분대장 (목소리 낮춘) 안기부.

부분대장 (놀라는) 엇! 안기부!

분대장 쉿. 난들 뭐 자세히 아나. 우리야 까라면 까는 거지.

조용하던 특전사 대원들 사이, 호기심에 가득 찬 목소리가 들린다.

특전사(최일환) 비밀 특수요원… 그런 게 정말 있습니까?

분대장 있으니까 왔겠지. (몸 일으키며) 자. 이동.

분대원들이 검은 물처럼 수풀 속을 전진한다.

주원이 소리 없이 뒤따른다.

#26 야전본부 / 숙영지 (밤)

24인형 야전 텐트들이 늘어선 뒤로, 외따로 떨어진 곳에 12인형 텐트
가 있다.

#27 숙영지 / 야전 천막 (밤)

혼자 쓰기엔 너무 넓은 12인형 텐트.
주원이 혼자 덩그러니 야전침대에 앉아 있다.
무료한 주원이 잭나이프 날을 뺐다 넣었다 한다.

분대장v.o (천막 밖에서) 들어가도 되겠습니까.
주원 (잭나이프 넣으며) 네. 들어오세요.

분대장이 군용장갑 낀 손으로 반합을 들고 들어온다.
반합 안에 막 끓인 라면이 아직도 펄펄 끓는다.

분대장 출출하실 것 같아서.
주원 (맨손으로 얼른 받는) 아. 예.
분대장 아! 그거 뜨거운… (아무렇지 않은 주원 보고 놀라는)

주원이 뒤늦게 뜨거운 척 반합을 내려놓는다.
주원의 손에 물집이 잡혔다가 순식간에 가라앉는다.
분대장의 눈에 이채가 스친다.

분대장 특전사 3여단 소속입니다. 특전사 1개 분대를 맡아 파견자분과 함께
하라는 명령을 받았습니다.

주원 아. 저는…

분대장 괜찮습니다. 파견자의 신원을 묻지 말라는 지시를 받았습니다.

주원 네.

서로 할 말이 없자 분위기가 어색해진다.

분대장 임무가 힘들지 않으십니까.

주원 별로요.

주원의 단답형 대답에 더 어색해진다.

주원 (어색함에 괜히) 분대장님은 힘들지 않으십니까.

분대장 힘들지 않습니다. 군인이니까요. 군인의 사명을 다할 뿐입니다.

주원 (중얼) 사명….

빤히 쳐다보는 주원의 시선에 분대장이 겸연쩍어 말을 돌린다.

분대장 발은 몇입니까?

주원 280입니다.

분대장 저랑 같군요. (군화 내밀며) 제 군화 빌려드리겠습니다.

주원 네?

분대장 그리고, 군복을 입어주시기 바랍니다. 사복이 눈에 띕니다. 작전 시 분
        대원 전체가 노출될 위험이 있습니다.

주원 (군화 받는) 네. 알겠습니다.

분대장 (살짝 웃는) 사실… 사명감 그런 거 잘 모르겠습니다. 내가 할 수 있는
        일을 할 뿐입니다. 그저 우리 분대원들이 무사하길 바랄 뿐입니다.

주원 네.

분대장 이번 작전에서 많은 전사자가 나왔습니다. 나도 그 현장에 있었습니다. 먼저 간 사람에 대한 기억은 남은 사람에게 마음의 짐이 됩니다.

주원 (쳐다보는)

분대장 죄송합니다. 말이 많았습니다. 불기 전에 드십시오.

분대장이 텐트 밖으로 나간다. 주원이 반합의 라면을 먹는다.

#28 오대산/숲속 (오후)

특전사 대원들이 낙엽이 수북한 숲속을 수색한다.
대원들의 뒤를 따르는 주원의 얼굴에 수염이 거뭇하게 돋아났다.
주원이 아무 표식도 견장도 없는 군복을 입고 발에는 군화를 신었다.
대원들의 머리 위로, 헬기(UH-60) 한 대가 하늘을 날며 지상을 수색하고 있다.

부분대장 저렇게 해서 공비들이 보일까? 헬기 소리에 다 도망가겠네.

분대장 벌써 3주 차야. 무슨 수든 다 써야지.

주원이 하늘을 날아가는 헬기를 올려다본다.

주원na 이럴 때 김 선배가 있었으면….

그때, 멀리서 총성이 들리더니 연이어 여러 발의 총성이 들린다.
하늘의 헬기가 총소리 난 방향으로 선회한다. 특전사들과 주원이 달려간다.

#29 오대산/산 밑 (오후)

부상자와 사상자들이 들것에 실려 군용구급차에 들어간다.

간첩 추적에 실패한 특전사 대원들이 망연자실한 표정으로 바라본다.

부분대장 (으드득) 어떤 새끼들이길래 헬기도 따돌리지… 이 개씨발 북괴새끼들.

군용구급차가 멀어지고 특전사 대원들이 돌아선다.
주원이 보면, 늘 단단했던 분대장의 표정이 비통하게 무너져 있다.

#30 공무원 임대아파트/신혼집/현관 (저녁)

현관문이 열리고, 장바구니를 든 지희가 들어선다. 장바구니에 장 본
것이 별로 없다. 집 안이 온통 적막하다. 지희가 고개를 든다. 센서등
이 켜지지 않는다.
지희가 축 늘어진 장바구니처럼 어둠 속에 우두커니 서 있다.

#31 강원도 인제/산속 (오후/저녁/시간 경과)

특전사 대원들이 지친 모습으로 산을 오른다.
주원이 조용히 뒤를 따른다.
주원의 얼굴에 턱수염이 무성하게 자랐다.

cut to_ 시간 경과

산등성이 너머 날이 저문다.
종일토록 수색에 실패한 대원들이 하산하는데, 앞서가던 분대장이 갑
자기 멈춰 선다.
분대장이 수신호를 보내자, 대원들이 사방으로 흩어져 매복한다.
저 앞에, 등산복 입은 남자가 숲속을 서성이고 있다.

분대장 (총 겨누고) 손 들어! 움직이면 쏜다!
등산복 (화들짝 손 드는) 아이고! 아닙니다! 수상한 사람 아닙니다!

분대장	이곳은 작전지역이다! 민간인이 들어올 수 없다!
등산복	쿵. 그렇다고 민간인도 아닙니다!
분대장	(접근하며) 신원을 밝혀!
등산복	(손 든 채) 안기부에서 나왔습니다. 선임 파견자 계십니까?

대원들이 뒤쪽에 서 있는 주원을 돌아본다.
등산복 남자가 조심스럽게 앞으로 나선다.
길에서 봐도 그냥 지나칠 평범한 외모의 40대 후반 아저씨. 조래혁이다.

주원	(나서며) 누구십니까.

래혁이 주원을 보고 반색하며 슬그머니 손을 내린다.

래혁	(비염) 쿵. 지원 나왔습니다.

#32 숙영지/야전 천막 (밤)

주원과 래혁이 야전 천막에 들어선다.

래혁	민 실장님이 보냈습니다. 쿵. 말씀 많이 들었습니다. 대공3부에 있었던 조래혁입니다.
주원	장주원입니다. 저보다 연배가 높으신 것 같은데 말씀 편하게 하시죠.
래혁	어이쿠. 조직은 계급이죠.
주원	저 7급 주사입니다.
래혁	쿵. 전 20년 근무했었는데 그보다 못합니다.
주원	대공3부시라고….
래혁	(쑥스럽게 웃는) 대공3부에 있.었.던.
주원	(무슨 말인가 쳐다보는)

래혁 그럼. 뭐 편하게 하시라고 하시니까. (야전침대에 앉으며) 쿵. 대공3부에 있었는데, 경질됐었거든요. (웃는) 쿵. 공금을 살짝 좀 해 먹어서. ·

공금횡령이 별일 아니라는 듯 실실 웃는데, 속을 짐작하기 어려운 인상이다.
주원이 별말 없이 조금 떨어진 야전침대에 걸터앉는다.
래혁이 등산화를 벗으며 묻지도 않은 이야기를 장황하게 떠든다.

래혁 고맙게도 민 실장님이 저를 다시 불러주셨거든요. (발 주무르는) 아이고오, 하도 산길을 싸돌아다녔더니. 쿵. 아무튼, 대공3부 있을 때 블랙팀의 전설 같은 얘기 들었어요. 그땐 진짠가 싶었죠. 앞으로 함께하게 돼서 영광입니다. 잘 부탁합니다.

주원 앞으로?

래혁 모르셨구나. 민 실장님은 다시 시작할 계획이거든요.

주원 (쳐다보는)

래혁 그래야 민 실장님도 다시 민 차장님이 되고, 우리도 쥐꼬리 같은 공무원 봉급보다 훨씬 더 많이 받을 수 있고. 쿵. 아무튼, 그런 거 아니겠습니까? (양말까지 벗고 발 주무르는) 알잖아요? 대한민국에선 간첩 잡으면 그냥 다 끝입니다. 이건 우리한테 아주 좋은 기회예요.

주원의 뇌리에 민 차장이 했던 말이 스친다.

민 차장v.o 기회가 왔어.

래혁 이번에 반드시 '보란 듯이' 공을 세워야 합니다. 아주 보란 듯이 실전에서 실적을 올려야 하죠.

민 차장v.o 자네의 쓸모를 증명할 기회 말일세.

래혁 쿵. 한마디로 이번 일이 조직 재건의 기틀이 되는 거죠.

주원	무슨 조직을 말하는 겁니까?
래혁	구룡포. 당신이 활동했던 블랙 팀.
주원	(꿈틀)
래혁	그간 민 실장님은 과거 안기부 각 부서에 숨겨져 있던 능력자들을 다 끌어모으고 있었거든요. 덕분에 저도 발탁된 거고요.
주원	당신도 무슨 능력이 있습니까?
래혁	아이고, 아닙니다. 나는 암호명 그런 것도 없고요, (발가락 사이 손가락 넣어 후비는) 쿵. 다만, 한 가지를 인정받았어요. 쿵. 그 뭐랄까… 흐흐. (감질나게 뜸 들이는) 그러니까…
주원	(재촉하지 않는)
래혁	(제풀에) 수탐을 잘합니다.
주원	수탐?
래혁	찾아내는 거요.
주원	(쳐다보는)
래혁	사람을 잘 찾아냅니다. (발가락 사이 때 빼는) 쿵. 그게 누구든 찾아냅니다. 쿵. 사람은 어떻게든 흔적을 남기게 마련이거든요. 쿵. 어디로 도망가든. 어디로 숨었든. (손가락 냄새 맡는) 나는 그 흔적을 놓치지 않아요. 쿵. 반드시 냄새를 맡죠.

주원이 아무 말도 하지 않는다.
래혁이 신발을 꿰어 신고 일어선다.

래혁	(천막 밖으로 나가며) 내일부터 나만 쫓아오면 됩니다.

#33 공무원 임대아파트/신혼집/거실 (밤)

지희가 냉장고의 냉동실 문을 연다.
냉동실에 먹지 못한 삼겹살이 쌓여 있다.

삼겹살을 물끄러미 보다가 문을 닫는다.

#34 강원도/연화동 계곡 (오전) [인서트/북악스카이웨이]

100여 명의 중대원들이 연화동 계곡으로 진입한다.

[자막: 수색 49일째. 인제군 북면 용대리] 중대 후미에 특전사 분대원들이 따른다.

분대 선두에 래혁이 앞장서고, 특전사 분대원들이 사주경계를 하며 이동한다.

래혁이 수시로 허리 숙여 계곡가의 자갈 바닥을 탐색한다.

래혁의 탐색에 분대원들이 뒤처지고, 앞서가는 중대원들과 멀어진다.

분대장   (래혁에게) 이쪽이 맞습니까?

래혁   (자갈 뒤집어 보며 건성으로) 네에.

부분대장   (답답한) 그렇게 해서 뭐가 보입니까?

래혁   (돌멩이 밑 흙 짚어보며) 네에. 흔적이 보입니다.

특전사들   (갸우뚱)

래혁   계곡에 내려와서 물 마시고 간 것으로 보입니다. (전방의 자갈밭 바라보며) 쿵. 저기 자갈들이 원래 자리에서 이탈한 것들이 보이죠.

분대원들이 래혁이 보는 방향을 보는데 각자 다른 곳을 본다.

부분대장   (아는 척) 흐음.

특전사1   (중얼) 어디가.

특전사2   (중얼) 뭐가 보인다는 거야.

래혁이 조금씩 전진하며 몇 개의 자갈을 더 뒤집어 본다.

래혁   (심각해진) 공비 잔당이 몇이라고 했죠?

분대장 사살된 공비들의 유류품 확인 결과, 잔당은 두 명으로 추정됩니다.

래혁   그렇군요. (자갈 밑 젖은 땅 만지며) 습기가 마른 상태로 봐서 이곳을 지나간 지 30분쯤 됐습니다. (숲속 가리키며) 이쪽 방향입니다.

분대장과 분대원들이 일제히 숲속으로 달려 들어간다.
주원이 뒤따라 달려가려는데,

래혁   잠깐만요.

주원   (멈칫)

래혁   흔적 중에 이상한 게 하나 섞여 있어요.

주원   이상한 거?

래혁   일반인이 아닌 것이 후미를 맡고 있는 것 같습니다.

주원   (놀라는)

래혁   그리고, 둘이 아니라 셋입니다. 둘을 먼저 보내고 따라간 거죠. (몇몇 자갈을 가리키며) 쿵. 족적과 보폭이 다릅니다. 저건 한 사람의 보폭입니다. 일반인은 저렇게 뛸 수 없습니다. 일반인의 보폭은 60센티. 훈련받은 군인의 속보 보폭도 90센티 정도입니다. 심지어 이곳은 자갈과 경사가 많은데, 저 보폭은 2미터가 넘어요.

래혁이 가리키는 자갈들을 보면 확실히 다르다.
사람이 밟은 게 맞나 싶게 움푹 박힌 자갈이 2미터 간격으로 떨어져 있다.

주원   설마….

래혁   남에 있다면 북에도 있을 수 있다. 민 실장님이 한 말입니다.

주원   네?

래혁	간첩 중에 능력자가 섞여 있을 가능성이 있다고 했어요. 쿵. 그래서 당신을 파견한 겁니다.
주원	지나친 추측 아닙니까.
래혁	추측만은 아닙니다.

인서트

깊은 밤. 북악스카이웨이.

차량 통행이 뜸한 갓길에 두 대의 승용차가 주차되어 있다. 민 차장과 마크(Mark. 주한미국대사관 소속 CIA)가 길가에 서서 은밀한 대화를 나눈다. 민 차장이 멀리 보이는 남산타워 불빛을 본다. 남산타워를 바라보는 민 차장의 눈빛에 탐욕이 이글거린다.

래혁	94년 7월 이후, 북에서도 남에 맞설 능력자들을 양성하고 있다는 정보를 입수했습니다. 우리는 지금 그걸 확인해야 합니다. 그래야 우리도 맞서서 조직을 재건할 수 있어요.
주원	94년 7월…!
래혁	이상하지 않아요? 수색 작전에 투입된 군 병력만 30여 개 부대, 동원된 예비군만 수십만, 도합 200만이 투입됐어요. 그런데, 쿵. 40일 넘게 수색 작업을 했는데도 전원 검거에 실패했어요. 일반인이 아닌 누군가가 리더로 섞였을지도 모릅니다.

불안해진 주원이 특전사들의 뒤를 쫓아가려는데, 래혁이 주원의 팔을 잡는다.

래혁	(주원 잡은 채) 조금 더 있다가 갑시다.
주원	(돌아보는)
래혁	조금이면 돼요. 사실 지나간 지 10분 정도밖에 되지 않았습니다. 곧

총격전이 벌어질 겁니다.

주원   뭐?!!!

래혁   (뱀 같은) 잊었습니까? 보란 듯이. 우리는, 보란 듯이, 실적을 보여야 합니다. 쿵. 일반인들이 하지 못한 걸 해내야 실적이 빛납니다. 일반인들이 위기에 처했을 때 등장해야 더 드라마틱하지 않겠어요?

주원   (분노가 치민) 머라카노. 이 씨발놈이.

주원이 래혁을 뿌리치고 숲속으로 뛰어 들어간다.

#35 [교차편집] 숲속 (오전)

cut to_ 주원이 성난 멧돼지처럼 숲속을 달려간다.

cut to_ 특전사 분대원들이 숲속을 전진한다.

cut to_ 주원이 나뭇가지들을 부러뜨리며 숲속을 달린다.

cut to_ 특전사 분대원들의 긴장한 표정.

cut to_ 주원의 얼굴에 나뭇가지들이 긁힌다. 상처가 금방 아문다.

cut to_ 특전사 분대원들의 조심스러운 발걸음.

cut to_ 주원의 군화가 거친 산길을 달린다.

cut to_ 주원과 분대원들의 거리가 점점 좁혀진다.

#36 교전지/골짜기 아래 (오전)

주원이 보면, 조심스럽게 전진하는 분대원들의 뒷모습이 보인다.
분대원들과 가까워지는데, 산비탈 숲속에 뭔가 이질적인 것이 보인다.
주원의 눈이 커진다. 숲속 무성한 나뭇잎들 사이로 총구가 삐져나와
있다.

주원   (소리치는) 엎드려!!!!!!

분대원들이 뒤돌아보는데, (E) 타앙-! 주원이 몸을 날려 특전사(최일환)를 감싸 안는다.

총알을 막아낸 주원의 팔뚝에서 피가 튄다.

한 발의 총성을 시작으로, 특전사들과 무장공비들의 총격전이 벌어진다.

분대장 (바위 뒤에 엄폐하며) 공비 출현!!! 공비 출현!!! 사겨억!!!!!!

산비탈 숲속에서 총알 세례가 쏟아진다.

바위에 불꽃이 튀고 나뭇가지들이 부러진다.

주원이 맨몸으로 총알이 빗발치는 산비탈 위로 돌진한다.

부분대장 (주원 보고 경악하는) 미쳤어 저거!

분대장 엄호!!! 엄호하라!!!

분대원들의 엄호사격 속에 주원이 수풀 속으로 뛰어들고, 요란하게 들리는 총탄 소리가 잠잠해지더니, 수풀 밖으로 집어 던져진 공비 하나가 비탈 아래로 구른다.

비탈길을 구르면서도 총을 쏘던 공비가 특전사들의 사격에 사망한다.

주원이 다시 산비탈을 달려간다. 산비탈 위에서 계속 총탄이 쏟아진다.

분대장이 주원의 뒤를 따라가며 분연히 외친다.

분대장 분대! 돌격!!!!!!

분대장의 독려에 분대원들이 앞다투어 비탈길을 오른다.

#37 교전지/골짜기 중간 (오전)

주원에게 총알이 쏟아진다. 바위에 몸을 숨기자, 주원의 눈에 깨진 돌

조각이 튄다.

주원이 눈을 못 뜨고 바위 뒤에 웅크린다.

공비의 시점에서 보면, 가늠자 사이, 바위 뒤에 삐져나온 주원의 머리통이 보인다.

정조준한 방아쇠를 당기려는 순간, (E) 타앙! 공비가 총을 맞고 엎어진다.

주원이 뻘겋게 충혈된 눈으로 돌아보면, 어느새 쫓아온 분대장이 총을 겨누고 있다.

주원이 미처 고맙다고 말하기도 전에, 분대장이 수통을 건네고 지나간다.

주원이 눈꺼풀을 헤집고 물을 퍼부어 돌가루를 씻어낸다.

분대원들이 쫓아 올라와 공비의 시체를 확인한다.

부분대장이 공비를 뒤집자, 호흡이 꺼져가는 공비가 안전핀 뽑힌 수류탄을 쥐고 있다.

공비의 손이 풀리자, 수류탄 안전 클립이 튕겨지며 데굴데굴 굴러간다.

분대장 엎드려!!!!!!

분대장과 부분대장이 몸을 날려 분대원들을 끌어안고 엎어진다.

주원이 달려들어 공비의 시체를 끌어안고 수류탄 위에 몸을 덮친다.

(E) 꽈앙!!

골짜기를 울리는 굉음. 솟구쳐 오르는 피보라. 수풀에 뿌려지는 핏방울들.

돌가루와 사체 조각이 후두둑 떨어지고 폭연이 피어오른다.

사방에 엎드린 분대원들이 멍한 표정으로 고개를 든다.

부분대장 (놀라는) 어, 어…?

연기가 서서히 사라지고 피범벅이 된 장주원이 부스스 일어선다.
온몸이 찢어지고 터진 주원의 상처들이 서서히 아문다.
분대원들이 경악한다.

분대원 이럴 수가….

부분대장 이… 이게 말이 돼…?

분대원들이 엉거주춤 일어나 장주원을 바라본다.

분대장 괘, 괜찮습니까…?!

주원 네.

온몸이 피로 물든 주원이 고개를 끄덕인다.
분대원들이 얼떨떨한데 분대장이 가장 먼저 상황을 수습한다.

분대장 이, 일단. 보고!

특전사들 (얼떨떨한)

분대장 (버럭) 보고!

부분대장 (주변을 둘러보고) 아, 아군. 부상자 넷! 사망자 없습니다! 공비 잔당 이
명 모두 사살 확인했습니다!

분대장 상부에 작전 결과를

주원 아직 아니야! 공비가 아직

(E) 타앙-!

주원의 뒤통수가 크게 흔들리고, 눈구멍과 코와 입에서 피가 솟구친다.

분대장 (주원에게 달려드는) 야!!!

분대장이 주원을 끌어안고 엎어진다.
뒤통수에 총을 맞은 주원의 시야가 흐려진다.
흐린 시야 속에서 분대원들의 비명과 총소리가 어지럽게 들린다.

소리E 타앙!! 타탕!! 컥!! 타아앙!!! 분대장님!! 분대장님!!!! 타타타탕!!! 야
이 개새끼야아아!!! 적이 꼭대기에 있다!! 쏴라!!! 타타타타탕!!! 으아
아아아!!! 타타타타타타!!!

주원의 시야에 서서히 초점이 돌아온다.
주원이 엎드린 몸을 일으키면, 분대장의 시체가 주원의 몸을 덮고 있다.
멍하니 분대장의 시신을 보는 주원의 눈에서 피눈물이 흐른다.
흐르는 피눈물이 뒤통수에 맞은 총 때문인지, 격한 감정 때문인지 알
수 없다.
분대원들이 산비탈 꼭대기에 총을 난사한다. 바위 뒤에 몸을 숨긴 공
비가 보인다.

부분대장 (울부짖는) 적은 실탄이 떨어졌다!!! (돌격하는) 분대 돌겨어어억!!!

그때, 비탈 위에서 큼지막한 바위가 날아온다.

(E) 바우우우웅---!!
(E) 쩡!!

굉음과 함께 바위가 떨어지고, 분대원들이 바위에 치여 구른다.
정신을 차린 주원이 부분대장을 걷어차 아슬아슬하게 구한다.

비탈 위에서 바위들이 연이어 날아와 떨어진다.

(E)   바우우우웅--!! 쩡!!

분대원들이 피투성이가 되어 곳곳에 쓰러진다.

(E)   바우우우웅--!! 쩡!!

바위들이 곳곳에 폭탄처럼 떨어지고, 분대원들이 바위 뒤에 숨어서 덜덜 떤다.
주원이 바위 뒤에 숨은 특전사(최일환)의 옆을 지나쳐 돌진한다.
바윗돌들이 구르는 비탈길 아래, 총성과 폭음을 들은 중대 병력이 몰려오고 있다.

#38 교전지/골짜기 위 (오전)

주원이 기어이 산비탈에 오르면, 괴력의 공비가 바위를 뽑아 들고 있다.
주원이 달려들어 주먹을 휘두른다.
공비가 주먹을 피하고, 주원의 얼굴을 후려친다.

(E)   뻐억!!!!!!!!!

주원의 광대뼈가 움푹 함몰되고, 귀에 이명이 울린다.
주원이 정신을 못 차리는데, 공비(박찬일)의 싸늘한 목소리가 들린다.

찬일   종간나 새끼. 까불지 말라.

그때, 산비탈 밑에서 무수한 총탄이 빗발쳐 올라온다.

찬일이 총알을 피해 바위 뒤에 숨는다. 중대 병력이 비탈길을 진격해 오고 있다.

주원의 함몰된 광대는 빠르게 아물고 있지만, 여전히 이명이 울려 정신을 못 차린다.

찬일 (주원의 아무는 상처 보며) 남조선놈들. 별종자들 계속 키워대누만.

주원 (뇌진탕이 온) 너… 너… 뭐야.

찬일 내 언젠간 너들 싹 청소해 주가서.

찬일이 주원의 멱살을 움켜잡아 비탈 아래로 집어 던진다.

주원이 긴 호선을 그리며 떨어진다. 찬일이 반대편 골짜기로 몸을 던진다.

떨어지는 주원의 시야에서, 박찬일이 믿을 수 없을 만큼 멀리 도약하며 멀어진다.

#39 교전지 / 골짜기 아래 (오후)

격전이 벌어진 골짜기 아래에 대대 병력이 집결되어 있다.

하늘을 선회하는 헬기 소리와 군용구급차의 사이렌 소리가 시끄럽게 울린다.

작전 종결을 논의하는 현장 지휘관들의 대화 소리가 들린다.

위생병들이 부상한 군인들을 실어 나른다.

자갈 바닥에 사살된 공비들의 시체가 진열되어 있다.

멀찌감치 떨어진 곳에 주원이 표정 없는 얼굴로 웅크리고 앉아 있다.

주원의 팔뚝에 총알을 먹고 아문 흉터가 남았다.

기자들과 국군홍보 사진사가 바닥에 깔린 공비들의 시체 사진을 찍는다.

공비들의 시체 뒤로, 피 묻은 천에 덮여 들것에 옮겨지는 분대장의 시신이 보인다.

주원이 들것 밖에 삐져나온 군화를 물끄러미 본다.

래혁   (적막을 깨는) 실적이 아쉽네요.

래혁이 주원의 옆에 털썩 주저앉는다.
주원은 텅 빈 눈으로 아무 말도 하지 않는다.

래혁   머리는 괜찮아요? (주원 뒤통수 보며) 야. 그걸 견디다니 역시 대단하네
요. (아쉬운) 쿵. 머리카락에 가려서 안 보이네. (주원 팔뚝 흉터 보며) 그
래도 뭐 흔적은 남겼으니까.
주원   (대답 없는)
래혁   그래. 그놈은 어떻습디까?

주원이 아무 말 없이 자기 발에 신고 있는 군화를 본다.

래혁   이상한 놈이 하나 있었다면서요. 아쉽지만 존재를 확인했으니 그걸로
됐습니다. 조직 재건의 근거가 생겼어요.
주원   앞으로 내 눈에 띄지 마라.
래혁   (움찔) 네?
주원   죽일 거다. 너.

래혁이 입을 다물고, 주원이 일어나서 걸어간다.

#40 공무원 임대아파트/신혼집/거실 (밤)
불 꺼진 거실에 TV 화면의 불빛만 밝다.
지희가 초조한 표정으로 뉴스를 보고 있다.

앵커E   합동참모본부는 7일 오후 5시를 기해 무장공비 소탕작전에 투입됐던
모든 부대를 원대복귀 시킨다고 공식 발표했습니다. 이에 따라 무장
공비 소탕작전은 사건 발생 51일 만에 사실상 종료되었습니다. 그러
나, 합참은 행방불명된 잔당 한 명에 대한 추적은 계속 진행될 것이라
며… *1996년 11월 8일

어두운 거실 너머 현관가에 불빛이 켜진다.
지희가 벌떡 일어선다.
문이 열리고 주원이 현관에 들어선다.
지희의 눈에 안도의 눈물이 비친다.

주원   (센서등 올려다보며) 센서등 고쳤네?
지희   응.

주원이 돌아앉아 군화를 벗으려는데 군화 끈이 잘 풀리지 않는다.
지희가 구부정하게 숙인 주원의 뒷모습을 본다.

앵커E   …끝내 잡지 못한 무장간첩 한 명의 행방에 관심이 쏠리고 있습니다.
군은 포위망을 뚫은 무장간첩이 휴전선 부근에 은신했거나 이미 월북
했을 가능성도 배제하지 않고… *1996년 11월 6일

군화 끈이 잘 안 풀리자, 주원의 몸짓이 짜증으로 울컥한다.
지희가 다가와 주원의 등을 안아준다.
주원이 엎드린 자세 그대로 가만히 있다.
센서등의 밝은 불 밑에서, 지희가 주원을 포개어 안고 있다.

#41 동두천 시내/안기부 예하 기관 건물 (오후)

동두천 미군 부대 근처. 골목 안쪽의 낡은 건물에 '경익상사' 간판이 걸려 있다.

굳게 닫힌 철문 앞에 방위 한 명이 무료하게 앉아 있다.

철문을 지나 계단을 오르면 '외사방첩국 경기지부' 팻말이 걸린 사무실이 있다.

#42 외사방첩국/사무실 (오후)

부도 난 것 같은 사무실. 낡은 사무실 집기와 뜯어진 벽지가 초라하다.

민 차장이 책상에 앉아 신문을 본다. 책상 맞은편에 네 사람이 띄엄띄엄 앉아 있다.

민 차장 (책상 위에 신문 던지며) 존재가 확인되었다. 실종 처리되었지만 북으로 돌아갔을 가능성도 배제하지 못한다.

인서트

책상 위에 던져진 신문 헤드라인. [무장간첩 소탕작전 軍(군)발표 감춰진 부분 많다] *1996년 11월 8일

민 차장 구룡포의 활약으로 조직 재건이 가능해졌다. 조만간 나는 중앙으로 복귀한다. 자네들은 내 밑에서 새로운 블랙 팀을 이루게 될 거야.

봉평 나주 진천이 서로를 쳐다본다.

민 차장 서로 인사들 하지. (주원 가리키며) 블랙 팀의 원년 멤버 구룡포다. 신체 능력과 경력을 우선시해서, 새로운 블랙 팀의 리더가 된다.

봉평 나주 진천이 뒤돌아본다.

맨 뒤 책상에 주원이 팔짱을 끼고 걸터앉아 있다.
연배가 제일 높은 봉평이 주원에게 먼저 인사를 건넨다.

봉평　(눈인사) 봉평이오. 지금은 폐지된 미림 팀에 있었소. 나이만 많았지 현
　　　장 경험은 적어요.

나주　(손 살짝 들며) 나주예요. 신 국장님의 해외공작 2부 소속이었어요.

주원은 고개를 끄덕일 뿐 말이 없다.
진천이 삐딱한 자세로 주원을 뚫어져라 쳐다본다.
주원이 무표정하게 마주 본다.

진천　(일어서며) 신체 능력과 경력 우선이라… (주원에게 걸어가는) 글쎄… 난
　　　기준을 모르겠는데? (주원에게 손 내밀며) 진천이오.

주원이 손 내밀어 진천과 악수한다.
진천이 주원의 손을 움켜쥔 채 말한다.

진천　대공수사실 예하 기관에 있었소. 빨갱이 대학생놈들 잡아넣는 일을
　　　했었는데 사고가 좀 있어서 좌천됐었지. (손에 힘주며) 힘 조절을 못 하
　　　는 바람에.

진천이 움켜잡은 주원의 손에서 으득 소리가 난다.
주원이 무표정한 얼굴로 쳐다본다.
진천이 꽉 잡은 손에 더욱 힘을 준다.
손이 으스러지는데도 주원은 무표정이다.
오히려 당황한 진천이 손을 놓고 물러선다.

주원   (무표정한 얼굴로 모두에게) 장주원이오.

모두의 시선이 주원의 손에 쏠린다.
주원의 손이 찌그러진 캔처럼 으스러졌다.

주원   (민 차장에게) 합류 여부는 좀 더 생각해보겠습니다.

주원이 그대로 뒤돌아 사무실 문 쪽으로 걸어간다.
손을 뻗어 문손잡이를 잡는데 으스러졌던 손이 이미 원상복구 됐다.
주원이 밖으로 나가며 진천에게 툭 말한다.

주원   운 좋은지 알아. (문 열고 나가는)

주원이 나가자 조용해진다.
열패감에 빠진 진천이 닫힌 문을 보고 중얼거린다.

진천   (중얼) 저딴 소리 하는 놈들 하나도 안 무섭던데.

민 차장이 진천을 지그시 보며 말한다.

민 차장 평범한 말도 누가 하느냐에 따라 다르지.

#**43** **공무원 임대아파트/외부 (저녁/밤)**
날이 어두워진다. 공무원 아파트의 창문들에 불이 하나둘씩 켜진다.

#**44** **공무원 임대아파트/신혼집/현관 (밤)**
현관문이 열리고, 센서등이 켜진다. 주원이 들어선다.

#45 공무원 임대아파트/신혼집/거실 (밤)

지희가 라면을 끓인다. 식탁에 주원이 말없이 앉아 있다.

지희 (라면 불 끄며) 여태 저녁도 안 먹고 어디 갔다 왔어?

주원 (말 없는)

지희 (쳐다보다가 라면 냄비째 들고 와 식탁에 놓으며) 그래. 일단 먹어.

주원 앞에 놓인 라면. 냄비에서 아직도 라면이 부글부글 끓는다.
주원이 젓가락을 들지 않고 물끄러미 라면을 본다.

지희 무슨 고민 있어?

주원 (한참 만에 고개 숙인 채) 고마워.

지희 뭐가.

주원 가방 사줘서 고마워.

지희 응?

주원 센서등 고쳐줘서 고마워.

지희 (쳐다보는)

주원 라면 끓여줘서 고마워.

라면을 보고 있는 주원이 고개를 들지 못한다.
끓던 라면이 잠잠해진다.
고개 숙인 주원이 제 뒤통수를 쓰다듬는다.

주원 (중얼) 머리에 한 발 더 맞았으면 죽었을지도 몰라. (울음 참느라 괴상한 소리) 끄익… 고맙다는 말도 못 했는데….

지희가 가만히 손을 뻗어 뒤통수에 얹은 주원의 손을 내리고 젓가락을 쥐여준다.

#46 외사방첩국/사무실 (오후)

주원이 민 차장 앞에 서 있다.

민 차장 잘 생각했네. 국가를 위한 일이야. 사명감을 갖고 임하도록.

주원 그런 거 모릅니다.

민 차장 (쳐다보는)

주원 내가 할 수 있는 일을 할 뿐입니다.

카메라, 주원의 전신을 아래로 훑으면 군화를 신고 있다.

민 차장 (쳐다보다가) 기다리게. 기다리면 곧 임무가 주어질 거야.

주원 일 생기면 연락 주십시오. (돌아서서 나가는)

#47 경기도 성남 아파트/14층 엘리베이터 앞 (밤)

[자막: 1997년 2월. 경기도 성남]

14층 램프가 켜진다. 엘리베이터 문이 열리고 30대 중반의 남자가 내린다.

열린 문 앞에 두 명의 남자가 소음총을 겨누고 서 있다.

남자가 놀란 눈으로 쳐다본다. 총구에서 불꽃이 튀고 아파트 복도에 피가 튄다.

#48 남해/어촌마을/골목/어선/침엽수 (새벽)

깊은 새벽. 한적한 어촌마을.

가로등이 띄엄띄엄 늘어선 해변에 작은 방파제가 뻗어 있다.

방파제 안쪽에 정박된 낡은 어선. 봉평이 조타실에 숨어 밖을 내다보고 있다.

인서트

민 차장E 일급 귀순자가 수도권 한복판에서 북한 특수요원에게 피살당했다. 피살 후 도주한 북한 특수요원은 둘.

야트막한 언덕의 잎이 무성한 침엽수. 높은 나무 위에 나주가 앉아 있다.

인서트

민 차장E 도주 경로 예상 접선지는 남해. 접응자들이 있을 수 있다.

어촌마을 골목의 담장 뒤. 진천이 손으로 담배 불빛을 가리며 담배를 피운다.

인서트

민 차장E 이 건은 우리가 먹는다.

진천이 멀리 봉평이 잠복한 어선과 나주가 잠복한 나무를 쳐다본다.

진천 (중얼) 어 추워. 씨팔. 리더라는 새끼는 어디 처박힌 거야….

퉤 침을 뱉고 담배를 하나 더 꺼내 문다.

cut to_ 시간 경과

진천의 발밑에 무수히 많은 담배꽁초들이 떨어져 있다.
진천이 갑자기 담배를 비벼 끄고 라이터를 주머니에 넣는다.
해안도로에 승용차가 들어오더니 바닷가에 멈춰 선다.

승용차가 상향등을 두 번 깜빡깜빡 올리고 시동을 끈다.
목도리로 얼굴을 가린 두 명의 남자가 차에서 내린다.

인서트
조타실 – 봉평 / 나무 위 – 나주 / 담장 뒤 – 진천.
모두 긴장한다.

두 남자가 어두운 바닷가에 가만히 서서 바다를 바라본다.

진천   (중얼) 진짜 빨갱이는 처음 보는데… (일어나며) 좋아. 확인.

진천이 담벼락에 걸려 있던 통발을 집어 들고 바닷가로 걸어간다.
남자 둘이 흠칫 쳐다보는데, 진천은 동네 주민인 양 한가롭게 다가간다.

진천   (시비조) 낚시 가시게? 배 뜰라믄 멀었는디.
남자1   (살짝 이상한 억양) 아닙니다.
진천   (억양 듣고, 자꾸 말 시키는) 아니긴 뭐가 아니여. 배 필요항가?
남자1   아닙니다.
진천   뭐여. 아닙니다밖에 모뎌? 나가 귀찮여? (담배 꺼내 물며) 쩌그 라이타
       있소?
남자1   (쳐다보는)
진천   읎서?
남자1   (불붙여서 얼른 보내려는) 있습니다.

남자가 라이터를 꺼내는데, 담뱃갑을 넣는 진천의 주머니에서 라이터
가 툭 떨어진다.
일순 정적. 남자 둘과 진천, 모두 바닥에 떨어진 라이터를 본다.

순간, 남자가 벼락같이 주먹을 휘두르자, 진천이 맞받아치며 반격한다. 진천이 연이어 주먹을 휘두르는데 남자가 모두 피한다.

진천   (주먹 휘둘러 차 쪽으로 몰아붙이는) 맞네. 빨갱이 새끼.

진천의 주먹을 간첩이 아슬아슬하게 피하고, 진천의 주먹이 승용차를 때린다.
진천의 괴력에 승용차의 유리가 깨지고 차체가 우그러진다.
옆에서 보고만 있던 다른 간첩이 뛰어들어 진천의 주먹을 맞받아친다.

진천   (주먹 으스러진) 끄아악!!!

진천이 뼈가 으스러진 손을 부여잡고 뒤로 나뒹군다.
주먹을 휘두른 간첩이 목도리를 내리면, 박찬일의 얼굴이 드러난다.

찬일   니도 개새끼니.

넘어진 간첩이 소음총을 꺼내 진천의 머리에 겨눈다.
그때, (E) 타앙-! 간첩의 이마가 총에 뚫린다. 찬일이 차 뒤로 몸을 숨긴다.
수십 미터 밖 나무 위. 권총을 겨눈 나주가 나무에서 뛰어내려 달려온다.
반대편 어선에서 봉평이 뛰쳐나와 긴 해안도로를 헐떡이며 달려온다.
나주가 멀리서 진천을 엄호한다. 달리면서 권총 사격을 하는데도 정확하다.
총알이 차 뒤에 숨은 찬일의 머리카락을 스친다.
진천이 나주의 엄호를 받으며 차 뒤로 물러서는 그때, 진천의 눈이 커진다.
잠수복을 입은 북한 특수부대원(해상육전대) 10여 명이 바다에서 걸어

나오고 있다.
멀리 육전대원들 뒤쪽 어두운 바다— 수면 위로 잠수함의 머리가 솟아오른다.

진천   (당황한) 이, 이게 뭐야….

육전대원들이 물 밖으로 나오며 나주와 진천에게 총을 난사한다.
나주가 나무 뒤로 숨는다. 진천이 차 뒤로 숨는다.
나뭇조각들이 튀고 차체에 구멍이 뚫린다.
그때, 선착장 방향의 가로등에서 눈부신 빛이 폭사된다.
저 멀리, 가로등 스위치를 잡고 서 있는 봉평의 손에서 스파크가 빛난다.
스파크가 가로등을 타고 올라가며, 전구가 깨지고 전선 피복들이 터져나간다.
봉평의 손에서 시작된 스파크가 전신주들의 전선을 타고 달려온다.
전선을 통해 이어진 스파크가 뭍으로 올라온 육전대원들에게 뻗어 나간다.
육전대원들이 당황하는 그때, 바다에서 날아온 총알이 전선을 끊는다.
끊어진 전선들이 뱀처럼 바다에 떨어져 요동친다.
스파크가 사라지고 가로등 전구마저 모두 터져버려 암흑이 된다.
나주 진천 봉평이 놀라서 바다를 바라보면, 저 멀리 수면으로 올라온 잠수함의 해치에서 누군가(배재학) 총을 겨누고 있다.

봉평   (놀라는) 저, 저기서 맞혔다고…?!!!

저 멀리 재학의 총구가 봉평을 겨냥한다.
그때, 잠수함 해치에 불꽃이 튄다. 나주의 사격에 재학이 해치 뒤로 몸을 숨긴다.

나주   (봉평에게 소리치는) 능력을 쓰지 마!! 어둠 속에서 표적이 된다!!

봉평이 손의 스파크를 끄고 엎드린다.
나주가 잠수함에 총을 쏘지만, 재학을 명중시키지 못하고 해치만 때린다.

나주   (절망적인) 나도 저기까진 안 되는데…!!

나주가 연신 총을 쏜다.
재학이 어둠 속에서 불꽃을 뿜는 나주의 총구를 겨냥한다.
재학의 총탄이 날아와 나주의 총을 정확하게 맞춘다.

나주   아악!! (총 놓치는)

해변으로 올라선 육전대원들이 나주 봉평 진천에게 접근하며 총을 난사한다.
나주 봉평 진천이 절체절명의 위기에 몰린다.
그때, 육전대원들의 뒤에서 주원이 물 밖으로 나온다.
주원이 물에서 뛰쳐나온 물소처럼 육전대원들에게 달려든다.
뒤에서 기습당한 육전대원들이 주원의 주먹과 발길질에 쓰러진다.
당황한 육전대원들이 뒤돌아 총을 쏘다 어둠 속에서 엉킨다.
번쩍이는 총구의 불꽃에 보이는 모습— 주원이 혼자 육전대원들과 육탄전을 벌인다.

진천   (육탄전을 벌이는 주원을 보며) 어디 있었던 거야…!

멀리 바다에서 해안 경비정이 서치라이트를 켜고 몰려온다.

어촌마을 밖에서 경찰차들의 사이렌 소리가 들려온다.
찬일이 죽은 간첩의 시체를 들쳐 메고 바다로 뛰어가며 외친다.

찬일　동무들 철수하라!!!

찬일이 주원을 노려보다가 물에 뛰어든다.
육전대원들이 부상자들을 데리고 뒤따른다.
해안 경비정과 경찰차의 사이렌 소리 커진다.

cut to
나주와 진천과 봉평이 주원에게 달려온다.
온몸에 총과 칼을 맞은 주원이 피투성이가 되어 서 있다.

주원　다친 곳은?
나주　우리가 할 말인데….
주원　(일행을 둘러보고) 해산.

주원이 뒤돌아서 가버린다.
멀뚱하게 남은 셋이 주원의 뒷모습을 쳐다본다.

진천　개폼 잡아봤자, 임무 실패한 거 아뇨.
주원　(걸어가며) 아무도 안 다쳤으면 된 거다.

진천 나주 봉평이 주원의 걸어가는 뒷모습을 바라본다.
모래밭에 찍힌 발자국을 따라가면 주원의 군화가 클로즈업된다.

#49 고속도로/차 안 (아침)

어스름한 새벽. 승용차가 고속도로를 달린다.

진천이 운전을 하고, 조수석에 봉평이, 뒷좌석에 나주가 앉아 있다.

조용한 차 안. 셋 다 아무 말도 없다.

인서트_ #48

해변을 둘러싼 방파제. 방파제에 쌓여 있는 바위들.

나주　(창밖 보며) 이 겨울에 거기서 몇 시간을 버텼다고….

봉평　누군가는 후방지원을 해야 했으니까. 가장 위험한 곳을 자처했네.

인서트_ #48

방파제의 바위틈. 주원이 물속에 몸을 감춘 채 머리만 내놓고 있다.

진천　(시큰둥) 원래 몸뚱이가 괴물이라며. 버틸 만하니까 했겠지.

봉평　폐쇄 공포증에 물 공포증도 있다고 들었는데.

진천　(입 다무는)

인서트_ #48

어두운 바위틈. 추위와 파도를 견디는 주원의 얼굴.

봉평 나주 진천이 저마다 생각에 잠긴다.

한참 만에야 진천이 기껏 한다는 말이

진천　장주원, 몇 살입니까?

봉평　자네보다 어리면?

진천　쯥. 상관없네. 어차피 리더니까.

봉평　(슬며시 웃는)

고속도로를 달리는 승용차 멀어진다. 멀리 동이 터온다.

#50 [몽타주] 공무원 임대아파트/신혼집/현관 - 시간 경과

cut to_ 현관에 주원의 신발과 지희의 신발이 놓여 있다.

cut to_ 닫혀 있는 현관의 신발장 문.

cut to_ 신발장 문이 열린다. 주원이 군화를 꺼낸다.

cut to_ 주원이 현관에서 군화 끈을 묶는다. 뒤에 지희가 서 있다.

cut to_ 주원이 문을 닫고 나간다. 지희가 문가에 우두커니 서 있다.

cut to_ 현관 센서등이 꺼진다.

cut to_ 현관 센서등이 켜진다. 주원이 군화를 벗는다. 지희가 반긴다.

cut to_ 현관에 걸린 결혼사진에 센서등 빛이 비친다.

cut to_ 꺼져 있는 센서등.

cut to_ 센서등이 켜진다.

cut to_ 주원이 신발장 문을 열고 군화를 꺼낸다.

cut to_ 지희가 배웅한다. 주원이 문을 닫고 나간다. 센서등이 꺼진다.

cut to_ 신발장 문이 열렸다 닫혔다 반복한다.

cut to_ 센서등이 꺼졌다 켜졌다 반복한다.

cut to_ 현관의 결혼사진에 센서등 빛이 비쳤다 꺼졌다 한다.

cut to_ 센서등이 꺼져 있다.

#51 공무원 임대아파트/신혼집/거실 (오전)

주원의 군화. 지희가 현관에 나와서 주원을 배웅한다.

지희   또 출장이야?

주원   가봐야 알아.

지희   오늘 고기 먹는 날인데.

주원   다음에 먹자. (군화 다 신고 일어서는) 다녀올게.

지희　한 달에 한 번인데.

주원이 문을 열고 나가려는데, 지희의 표정이 뭔가 이상하다.

지희　한 달에 한 번이 무슨 날인지 알아?

주원　고기 먹는…

지희　고기야 사실 아무 때나 먹으면 되지.

주원　그럼…

지희　그날만은 일찍 들어오길 바랬지. (웃는) 그래서 고기로 꼬셨지.

주원　무슨 날인데.

지희　나 배란일.

주원　(엇)

지희　(웃는) 몰랐지?

주원　아기… 갖고 싶었어…?

지희　(웃는데 슬픈) 그런데 안 생기더라고. 우리 4년이나 됐는데.

주원　(머엉)

지희　점점 더 간절해졌었어. 너 닮은 딸 낳고 싶었는데.

주원　(미안한 감정 몰려오는) 말을 하지.

지희　말을 못 하겠더라고.

주원　왜.

지희　(한참 만에) 나 때문인 것 같아서.

주원　어?

지희　우리… 어디서 어떻게 만났는지 잊었어?

주원　(멈칫)

지희　(슬프게 웃는) 내가 그렇게 살아서… 혹시 나 때문이 아닐까.

주원이 멍하니 지희를 바라본다. 지희의 눈에서 눈물이 떨어진다.

지희의 표정에 지나온 인생의 온갖 회한이 묻어난다.

현관문이 다시 닫힌다.

주원이 군화를 신은 채 거실로 성큼성큼 걸어 들어온다.

늘 지희가 주원을 안아줬지만, 이번엔 주원이 지희를 안아준다.

지희가 주원을 마주 안는다.

베란다 창으로 햇살이 쏟아진다.

카메라 멀어지면, 현관에 나란히 놓여 있는 주원과 지희의 신발.

cut to_ 시간 경과

주원과 지희의 신발 사이에 아주 작은 분홍색 아기 신발이 놓인다.

cut to_ 시간 경과

주원과 지희의 신발 사이에 놓인 아기 신발이 점점 자라며 어린이 신발이 된다.

#52 김포국제공항/입국장 (오후)

공항 입국장 벽에 크게 걸려 있는 2002년 월드컵 경기 현수막.

붉은악마 티셔츠를 입은 사람들이 공항 곳곳에 보인다.

입국장 게이트가 열리고 사람들이 입국한다.

입국하는 사람들 사이로 진천 나주 봉평이 일행이 아닌 것처럼 떨어져서 입국한다.

멍든 눈을 선글라스로 가린 진천. 팔에 부목을 댄 나주. 머리카락을 태워 먹은 봉평.

전쟁터라도 다녀왔는지 면면이 화려하다.

공항 직원이 입국신고서를 수거한다.

진천이 입국신고서를 내밀면 '중국-러시아-인도네시아-태국' 경유지가 복잡하다.

공항 직원이 복잡한 경유지를 보고 쳐다보면 진천이 씨익 웃는다.
진천의 앞니 두 개가 부러져 웃는 인상이 되레 소름 끼친다. 공항 직
원이 찔끔한다.
뒤에서 나주가 진천을 툭 밀면 느물거리며 지나간다. 봉평이 조용히
뒤를 따른다.
게이트에서 각각 나오고 나서야, 대합실을 걸으며 서서히 합류하는
세 사람.

나주　이번 임무도 잘 끝났네요. 얼른 집에 가서 쉬어야겠다.

봉평　(웃는) 딸내미 기다리나?

나주　(웃는) 그쪽도?

봉평　난 애랑 친하지 않아서….

진천　(쯥) 학부모들하고 못 놀겠네. (두리번) 이 양반은 어디 간 거야?

봉평　핸드폰 배터리 다 돼서 전화한다고 먼저 나갔는데.

나주　(웃는) 충전해주지 그랬어.

봉평　터져요. 터져.

공항의 다양한 소음 속에서 어디선가 울음소리가 들려온다.
오가던 사람들이 멈춰 서서 한 곳을 바라본다.
나주 진천 봉평이 사람들의 시선을 따라가면, 공항 입구의 공중전화
부스.
주원이 공중전화 부스에서 수화기를 붙들고 울고 있다.
군화를 신은 주원이 수화기를 붙잡고 허물어지듯 쓰러진다.
나주 진천 봉평이 놀란 눈으로 쳐다본다.
주원의 울음소리가 점점 커진다.
가슴을 찢어내듯, 내장을 토해내듯, 주원의 통곡 소리가 공항을 메운다.

#53 응급실 (오후)

응급실 문이 열린다.

구급대원 교통사고였습니다!

구급대원과 의료진들이 응급 침대를 둘러싸고 이동한다.

구급대원 동승자였던 엄마는 현장에서 사망했고요, 이 아이도 중태예요!
의사 바이탈 체크!! 애 아빠는!!
간호사 아빠는 연락이 닿지 않아서 음성 남겨두었습니다!

수술실로 이송되는 응급 베드.
산소호흡기를 착용한 세 살쯤의 여자아이가 누워 있다.

간호사 선생님… 잠깐만요! 이, 이 아이…!! 바이탈이 회복되고 있어요!

여자아이의 눈꺼풀이 가늘게 떨린다.

간호사 이, 이럴 수가…! 그 사고에서…!
의사v.o 차트 확인해봐요!! 이 아이 이름이 뭐였죠?!!

여자아이가 힘겹게 눈을 뜬다.

간호사 희수… 장희수…!

어린 희수의 눈에서 눈물이 떨어진다.

제14화
바보

#1 종합병원/입원실/복도 (오후)

병실 침대에 어린 희수가 곤히 잠들어 있다.

의사v.o 따님은 기적적으로 회복되었습니다.

주원이 텅 빈 표정으로 침대에 누운 희수를 내려다본다.

의사v.o 정말 천운이었습니다. 교통사고 당시 따님이 차 밖으로 튕겨져 나와서 무사할 수 있었습니다.

주원이 비틀거리며 일어나 병실 밖으로 나간다.

의사v.o 안타깝게도 부인분께선 차 안에 계셨기에….

주원이 병실의 긴 복도를 걸어간다.
병실 복도 엘리베이터 옆에 층별 안내도가 붙어 있다.
주원의 텅 빈 시선이 안내도를 헤매다가 '별관 지하 2층/장례식장'에 걸린다.

의사v.o 염습이 어려운 상태여서 바로 빈소에 모셨습니다.

'장례식장' 글자를 보자마자 주원이 소리 내어 운다.
엘리베이터 문이 열린다.
엘리베이터 안에 있던 사람들이 울고 있는 주원을 보고 놀란다.
주원이 울면서 엘리베이터에 탄다. 사람들이 벽으로 조금씩 물러선다.
주원이 떨리는 손을 들어 B2를 누른다. 층수 버튼 앞에 선 사람이 흠칫 물러선다.

엘리베이터가 하염없이 내려가며 층수가 점멸한다. 8F. 7F. 6F.

내려가는 엘리베이터 안에서도 주원의 울음이 끊이지 않는다. 5F. 4F.

환자복 입은 환자들보다 더 아파 보일 정도로 주원이 서럽게 운다. 3F. 2F.

엘리베이터에 사람들이 타고 내리는 중에도 주원의 울음이 계속된다. 1F. B1.

지하 1층 문이 열리자 사람들이 모두 내린다.

혼자 남은 주원의 울음소리가 텅 빈 엘리베이터를 가득 메운다. B2.

엘리베이터가 지하 2층에 서고, 문이 열린다.

주원보다 울음소리가 먼저 내린다.

눈물 콧물 범벅의 주원이 차마 내리지 못했다가 닫히는 문에 끼며 내린다.

엘리베이터 문이 열리면 벽에 보이는 이정표. [**장례식장→**]

장례식장 이정표를 보는 주원. 서럽게 울며 이정표를 따라 걷는다.

복도 끝에 다다르면 또다시 나타나는 이정표. [**←장례식장**]

병원에서 장례식장으로 가는 지하 복도가 어두운 미로처럼 길고 멀다.

복도를 돌면 또다시 나타나는 이정표를 따라서 울며 걸어간다. [**장례식장→**]

이어지는 화살표들이 차오르는 눈물에 가려 일렁인다.

목이 쉬어버린 주원의 울음소리가 복도를 메운다. [**장례식장┌**]

눈물조차 말라버린 주원의 코에서 콧물이 눈물처럼 흐른다.

장례식장으로 가는 길은 야속할 정도로 멀고도 멀다.

복도를 지나치는 사람이 어디 아픈 건가 싶은 표정으로 주원을 쳐다본다.

장례식장 현관을 들어서면 보이는 '장례용품/상복 대여실'로 들어간다.

주원이 검은 양복으로 갈아입으며 끊임없이 운다.

상복 대여실의 직원이 민망해할 정도로 주원이 계속 운다.

검은 넥타이를 조이면서 쉰 목으로 우는 주원. 검은 넥타이에 맑은 콧물이 떨어진다.

바지를 먼저 내렸는데 군화 끈이 잘 풀리지 않아 팬티 차림으로 서서 운다.

검은 양복을 입은 주원이 상주 완장을 차며 운다.

양복 상의 단추를 잘못 채웠지만 대여실 직원이 차마 부르지도 못한다.

상복 대여실을 나온 주원이 또다시 이정표를 본다. [빈소→]

그토록 길치였던 주원이 정확하게 지희에게 가는 길을 찾아간다.

빈소를 향해 걸어가는 주원의 울음이 계속 이어진다.

줄 지어선 빈소들에서 아이고오 아이고오 곡소리가 새어 나온다.

마른 곡소리가 소처럼 우는 주원의 울음소리에 묻힌다.

묶지 못한 군화 끈이 주원의 흐느낌처럼 바닥을 따라간다.

빈소에 다다른 주원이 선뜻 들어가지 못하고 울음을 삭인다.

안내판이 단출하다. [고인 - 황지희/상주 - 장주원/자녀 - 장희수]

빈소 입구에 신발 한 켤레 놓여 있지 않다.

주원이 큰 숨을 토해내며 울음을 멈춘다.

주원이 군화를 벗고 들어간다.

아무도 없는 빈소에 지희의 영정사진이 놓여 있다.

주원이 지희의 영정사진을 보며 쉬어버린 목소리로 담담하게 말한다.

주원　나 왔어.

영정사진 속의 지희가 환하게 웃고 있다.

주원　걱정 마. 애는 내가 잘 키울게.

#2　**청계천 7가/동묘시장 거리 (오후)**

[**자막: 2002년 여름**] 서울 도심 한복판을 가르는 청계천 고가도로.

청계천 고가도로 위를 오가는 차량들의 물결.

고가도로 밑으로 내려오면 보이는 녹색 이정표. [**청계천 7개**]

이정표에서 내려오면 펼쳐지는 광경. 수많은 인파로 북적이는 청계천 거리.

건물마다 다닥다닥 붙어 있는 작은 점포들.

공구 거리와 조명 거리를 지나면 수족관 거리 옆으로 동묘시장 골목이 보인다.

잡동사니와 중고물품을 파는 상인들과 가격을 흥정하는 손님들로 가득하다.

온갖 소음이 섞인 시장통 좌판에 노점상들이 모여 앉아 양푼 비빔밥을 먹는다.

'청계천 번영회' 모자를 쓴 최씨가 밥풀을 튀기며 열변을 토하고 있다.

저만치 멀리서 불쑥 솟아오른 짐더미가 다가온다.

행인들이 놀란 표정으로 비켜서며 엄청난 짐더미를 쳐다본다.

인파가 갈라지면, 지게꾼(이재만)이 엄청나게 높이 쌓인 짐을 지게에 이고 걸어온다.

연신 웃는 낯인 재만의 얼굴에 웃음이 주름살처럼 박혀 있다.

한참 떠들던 노점상들(최씨, 박씨, 이씨)이 다가오는 재만을 보며 감탄한다.

박씨 장사야. 장사. 청계천 생활 20년에 저런 장사는 처음 본다니까.

이씨 (재만에게 엄지손가락 치켜들며) 힘 하면 재만이지. 재만이가 앞장서면 아무도 우리 무시 못 할 거야. (재만이 그저 웃으며 지나간다)

최씨 그치? 재만이? (지나가는 재만 다짜고짜 잡는) 우리랑 같이 할 거지?

최씨가 재만의 손목을 잡자, 재만이 순간 인상을 찌푸린다.

최씨가 흠칫해서 손을 놓으면, 재만의 손목에 돌핀 전자시계가 보인다.

최씨 재만이, 청계천 복원공사 소식 들었어? 우리 다 쫓겨난대.

이씨 고가 철거하고. 바닥 뜯어 물길 내고. 노점 다 걷어내고.

최씨 넋 놓고 있다간 얼레벌레 보상도 못 받고 쫓겨난다니깐? 우리가 여기
       터 잡은 게 몇 년인데.

재만 (뭔 소린가 해맑게 웃는)

최씨 아. 웃지만 말고. 청계천에서 안 쫓겨날라면 싸워야 돼.

재만 (모르겠으니까 그냥 웃는)

이씨 아 답답하네. 사람이 대답을 안 해. 뭔 말인지 모르겠어?

재만 (웃기만 하는)

최씨 (큰 소리로) 우리가! 청계천에서 쫓겨난대! 안 쫓겨나려면! 힘을 합쳐
       야 된다고! 그러니까 우리 청계천 천하장사 재만이가 맨 앞에 서서

윤영v.o 뭔 소릴 하는 거예요!

노점상들이 찔끔해서 보면, 건너편 노점에서 윤영(재만 처)이 씩씩거
리며 다가온다.
어딘가 모자라 보이는 재만은 윤영을 보고 그저 헤에 웃는다.

윤영 남의 남편 꼬드기지 말고 일들 봐요!

최씨 (찔끔) 뭘 꼬드겨. 재만이도 이제 우리 번영회 들어와야지. 이젠 같은
       식구 아니야.

윤영 우리 남편 청계천 온 지 두 달이 넘었는데 이제 와서? 일 생기니까 끌
       어들이는 거잖아요! 한 번만 더 쓸데없는 짓 해봐. 다 가만 안 둬.

최씨 아니, 신 여사는 거, 젊은 사람이 너무 막

윤영 (도끼눈)

이씨 우리가 뭐 남의 일도 아니고

382

윤영   (도끼눈)

박씨   아이고, 안 할게. 안 할게.

윤영   여보. 저딴 소리 신경 쓰지 말고 가던 배달이나 가요.

재만   으, 응….

최씨   (구시렁) 지 마누라 말엔 대답하네….

윤영   (노점상들에게) 쓰읍.

윤영의 사나운 기세에 노점상들이 우물쭈물 제자리로 돌아간다.
그저 웃고 돌아서는 재만의 운동화 끈이 풀려 있다.

윤영   잠깐.

윤영이 쪼그리고 앉아 재만의 운동화 끈을 묶어준다.
온갖 고성과 흥정 소리가 오가는 시장판에서 재만과 윤영만 애틋하고
다정하다.
노점상들이 재만 부부를 힐끗거리면서 수군거린다.

최씨lv.o   재만이가 마누라 참 잘 뒀어. 사람이 힘만 세지, 모질라 갖고… 저딴
바보가 뭐가 좋다고.

박씨lv.o   쉿. 신 여사 들어. (속삭이는) 저번에 지물포 김씨가 재만이한테 바보
소리 했다가, 신 여사 아주 사생결단 내려고 했다니까.

최씨lv.o   (찔끔해서 목소리 낮추는) 쩝. 아무튼, 억척스러운 마누라가 저렇게 지 서
방 잘 챙기니 시장바닥에서 바보 취급 안 당하지.

박씨lv.o   습. 바보 소리 하지 말라니까.

운동화 끈을 다 묶은 윤영이 재만의 옷매무새를 다듬어준다.

윤영	일 많이 남았어요?
재만	(웃는) 응.
윤영	(웃는) 갔다 와요. 우리도 밥 먹자.
재만	응.

재만이 다시 시장길을 걸어간다. 엄청난 지게 짐에 행인들이 놀라 비켜선다.
비켜서는 사람들에게 재만이 연신 미안하다 웃으며 걸어간다.
재만의 바보 같은 웃음 위로 타이틀 '무빙'과 소제목 '제14화: 바보'가 타이핑된다.

#3 공무원 임대아파트/주원 집/거실 (오후)

현관문이 열린다. 초췌한 얼굴의 주원이 잠든 희수를 안고 들어선다.
센서등이 켜진다. 주원이 텅 빈 집 안을 물끄러미 바라본다.
한 손에 들고 있던 지희의 영정사진을 조심스럽게 바닥에 내려놓는다.
희수를 안은 채 쪼그려 앉아 군화를 벗는데 한참 걸린다.
주원이 벗겨진 군화를 가만히 보다가 신발장 안에 군화를 넣는다.
신발장 닫히는 소리에 희수가 깬다. 희수가 눈 밑이 거뭇한 주원을 보고 묻는다.

희수	(잠이 덜 깬) 아빠. 울어?
주원	(억지로 웃는) 아니. 아빠 이제 안 울어.

주원의 표정이 웃는데 슬퍼 보인다.
주원이 영정사진을 보다가, 다시 희수에게 웃으며 말한다.

주원	(애써 정말로 웃으며) 배고프지? 밥 먹자.

#4 청계천 7가/수족관 거리/윤영 노점 (오후)

수족관 거리. 작은 수족관 가게 앞에 윤영의 노점이 있다.

윤영의 노점상 좌판에 신발들(삼선슬리퍼, 고무신, 운동화, 일용직 작업화)
이 쌓여 있다.

성우 엄마가 수족관 가게 앞에 앉아서 윤영의 노점을 대신 봐주고 있다.

골목 안쪽의 처마 밑. 재만과 윤영이 길바닥에 도시락을 펼쳐놓고 밥
을 먹는다.

재만은 옷을 얻어 입었는지 붉은악마 티셔츠를 입고 있다.

윤영이 좌판을 대신 봐주는 성우 엄마를 신경 쓰며 작게 말한다.

윤영 (속삭이는) 그 양반들이 무슨 말을 하건 듣지 말아요.

재만 (우걱우걱 밥 먹으며 끄덕)

윤영 당신은 괜히 이런 일에 휘말리면 안 돼요. 무슨 말인지 알았죠?

재만 (끄덕)

윤영 당신 큰일 나요. 알았죠?

재만 (딴소리) 가, 강훈이… 밥은 머, 먹었을까…?

윤영 (피식) 하루에 몇 마디 하는 게 다 아들 얘기야.

재만 (겸연쩍게 웃는)

윤영 어린이집에서 당연히 먹었겠죠. 왜요? 걱정돼요?

재만 (밥 먹는) 그, 그냥… 자, 잘 있나….

윤영 걱정 말아요. 우리 아들, 아주 말도 잘하고 엄청 똑똑해요. 어린이집
      선생님도 그랬어요. 우리 강훈이 말도 전혀 안 더듬고 친구들하고도
      잘 지낸다고. 커서 공부도 잘할 거라고.

재만 (활짝 웃는) 다, 당신 닮아서 다, 다행이야.

윤영 (웃는) 당신도 닮았어요.

재만이 무릎에 얹어놓은 옷에 음식을 흘리고는 얼른 탁탁 털어낸다.

윤영   (보다가) 그건 뭐예요?

재만이 옷을 펼쳐 보이면, 붉은악마 아동복 티셔츠.
재만이 입은 옷과 같다.
재만이 티셔츠를 소중하게 개고 다시 밥을 급하게 먹는다.

윤영   아이고 좀 천천히 먹

그때, 재만의 돌핀 손목시계에서 'PM 02:30' (E) 삐빅! 삐빅! 알람이 켜
진다.
알람 소리에 재만이 부리나케 일어나 달려간다.

윤영   (어이없는 웃음) 못 말려. 못 말려.

#5 청계천 7가/동묘시장 (오후)

재만이 시장통을 가로질러 쏜살같이 달려가는데, 달려갈 때는 또 멀
쩡해 보인다.
붉은악마 옷을 입고 달려가는 재만의 손에서 붉은악마 아동복이 흔들
린다.

#6 윤영 노점/어린이집 (오후/교차편집)

성우 엄마가 수족관 가게 앞에 앉아서 윤영의 좌판을 봐준다.
가게 안에서 성우(5세)가 어항 속 물고기를 보며 놀고 있다.
윤영이 도시락 가방을 챙겨 노점 좌판에 와서 앉는다.

윤영   (어린이 삼선슬리퍼 한 켤레 내주며) 고마워요.
성우 엄마 아니. 뭘 이런 걸 다. (삼선슬리퍼 챙기며) 밥은 다 먹었어?

윤영   네. 덕분에요.

성우 엄마   애 아빠는?

윤영   애 하원 맞이하러 갔어요.

성우 엄마   (가게 안의 성우 보며) 우리 성우도 어린이집 보내야 하는데 공립 다 떨
　　　　어져서…. (한숨) 애가 맨날 집에서 물고기하고나 놀고….

윤영   (괜히 미안한)

성우 엄마   애는 맨날 아빠가 하원하나봐?

cut to_ 어린이집 앞
강훈을 기다리는 재만의 상기된 얼굴. (c.u)

윤영   한 명은 가게 열어야 하니까. 어린이집 등하원 다 아빠가 해요.

성우 엄마   (부러운) 그럼 애는 아빠가 혼자 다 보는 거네?

윤영   애 아빠가 그렇게 하고 싶다고 했어요.

cut to_ 어린이집 앞
카메라 멀어지면, 엄마들 사이에서 택도 떼지 않은 붉은악마 티셔츠
를 입고 강훈을 기다리는 재만.

성우 엄마   하긴, 애 아빠는 돈 계산도 못하…

윤영   (쳐다보는)

cut to_ 어린이집 앞
어린이집 문이 열리고 아이들이 쏟아져 나와 각자 엄마에게 안긴다.
아이들의 맨 뒤에서 어린 강훈이 나온다.

성우 엄마   (아차 싶어 말 돌리는) 아이고, 그게 아니라. 장사는 강훈 엄마가 똑 부러

지게 잘하니까 그런 거지.

윤영   애 아빠가 애랑 친해지고 싶어 해서 그런 거예요.

cut to_ 어린이집 앞

재만이 붉은악마 아동복 티셔츠를 펼쳐 보이며 해맑게 웃는다.
강훈이 선뜻 재만에게 다가가지 않고 보기만 한다.

성우 엄마   몇 년 동안 어딜 갔다 온 거야? 애가 아빠를 낯설어하진 않아?

윤영   (대답하지 않는)

cut to_ 어린이집 앞

강훈의 어색한 표정. (c.u)

성우 엄마   (주책) 애 입장에선 못 보던 사람이 아빠라고 나타났으니….

윤영   (무표정하게 쳐다보는)

성우 엄마   (말 돌리며 돌아서는) 아이고, 남편 있는 사람 부러워서 그렇지.

#7   **수족관 가게 (오후)**

성우 엄마가 가게로 들어오는데, 성우가 어항에 얼굴을 문대며 물고
기를 보고 있다.

성우 엄마   (성우한테) 아이고. 이 녀석아. 그거 더러워.

어항 유리에 노란색 물고기(안시 롱핀)가 붙어 있다.

성우   엄마. 애 나가고 싶은가봐.

성우 엄마가 성우의 말을 흘려듣고 지나간다.

#8 주원 집/현관 (아침)

머리가 뻗친 주원이 서둘러 희수의 옷을 입힌다.

거실의 벽시계가 8시 50분을 가리킨다.

주원이 다급하게 희수를 안고 뛰어나간다.

현관에 주황색 어린이집 가방이 놓여 있다.

주원이 헐레벌떡 다시 들어와 어린이집 가방을 들고 나간다.

#9 재만 집/현관/복도 (아침)

재만과 어린 강훈이 현관 앞에 우두커니 앉아 있다.

재만 혼자 붉은악마 티셔츠를 입고 있다.

현관문을 바라보고 다소곳이 앉아 있는 부자의 구부정한 뒷모습이 닮았다.

재만의 돌핀 손목시계 알람이 울린다. [AM 08:50]

재만이 얼른 알람을 끄고 일어서며 강훈에게 손 내민다.

강훈이 봤는지 못 봤는지 저 혼자 현관문을 나선다.

재만이 민망해진 손을 감추며 강훈을 따라 나간다.

cut to_ 아파트 복도

재만과 강훈이 아파트 복도를 어색하게 걸어간다.

#10 [몽타주] 주원/재만/등하원 일상 - 시간 경과

cut to_ 탁상시계 알람이 울린다. [AM 07:00] 주원이 벌떡 일어난다.

cut to_ 주원이 주방에서 아침밥을 한다. 프라이팬. 철벅. 퍼지는 계란프라이.

cut to_ 화장실에서 씻는 강훈의 옆에 재만이 수건을 들고 서 있다.

cut to_ 주원이 희수의 옷을 입힌다.

cut to_ 재만 손목시계 알람이 울린다. [AM 08:50] 재만과 강훈이 현관을 나선다.

cut to_ 주원이 희수를 업고 등원 버스를 쫓아간다.

cut to_ 주원의 프라이팬. 철벅. 철벅. [반복] 점점 잘 만들어지는 계란 프라이.

cut to_ 재만이 들고 있는 수건. [반복] 매번 바뀌는 깨끗한 수건.

cut to_ 탁상시계 알람. [AM 07:00] [울리고 끄고 반복]

cut to_ 손목시계 알람. [AM 08:50] [울리고 끄고 반복]

cut to_ 어린이집 문이 열리고 닫힌다. 강훈이 들어가고 나온다.

cut to_ 어린이집 등원 버스 문이 열리고 닫힌다. 희수가 타고 내린다.

#11 강훈 어린이집 앞/길 (오후)

재만과 강훈이 어린이집 선생님에게 배꼽인사를 한다.

강훈이 고개를 들면 재만이 아직도 고개 숙여 인사 중이다.

강훈이 다시 고개 숙여 인사하고, 재만이 고개 들었다가 다시 고개 숙인다.

재만과 강훈이 똑같은 모습이다. 어린이집 선생님이 당황하며 웃는다.

cut to

재만과 강훈이 집으로 걸어간다. 나란히 걷던 강훈이 문득 재만의 손을 잡는다.

늘 웃던 재만의 얼굴이 기뻐서 울상이 된다. 부자가 나란히 손을 잡고 걸어간다.

#12 [몽타주] 청계천 8가 – 시간 경과

[BGM. 천지인 - 청계천 8가] 청계천에서 살아가는 사람들의 모습이 교차

된다.

cut to_ 해가 지고 해가 뜬다.

cut to_ 출근하는 사람들 속에서 하루를 시작하는 청계천 사람들.

cut to_ 지하철역 앞에 쭈그리고 앉아 출근하는 사람들에게 김밥을 파는 할머니.

cut to_ 수족관 가게 문을 여는 성우 엄마.

cut to_ 동묘시장의 용도를 알 수 없는 상품들.

cut to_ 과적하고 달리는 택배 오토바이. 짐을 가득 실은 리어카꾼의 리어카.

cut to_ 배송 트럭에서 원단을 받아 지게에 싣는 재만.

cut to_ 각자 노점에서 손님들과 흥정하는 박씨, 이씨, 최씨.

cut to_ 지게를 지고 시장 사이를 오가는 재만.

cut to_ 노점 좌판에서 신발들을 정리하는 윤영.

cut to_ 머리에 식판을 이고 음식 배달 다니는 아주머니들.

cut to_ 옹기종기 모여 앉아 밥 먹는 상인들.

cut to_ 노숙자 취객들과 실랑이를 벌이는 경찰들.

cut to_ 거리에 켜지는 가로등 불빛들.

cut to_ 수족관 어항. 죽어서 어항 바닥에 가라앉은 물고기들. 살아서 어항 유리에 붙어 있는 노란색 물고기.

cut to_ 상점과 노점들이 문을 닫고 도로를 청소하는 청소부.

cut to_ 청소부의 빗자루에 쓸려가는 신문지. [대한민국 월드컵 4강 신화 달성]

cut to_ 청소부의 뒷벽에 붙은 서울시 공고물. [청계천 복원공사 실시 안내문]

#13 **청계천 7가/고가도로 아래 (오전)**

[자막: 2003년 여름] 청계천 상인들이 불안한 표정으로 위를 올려다보

고 있다.

상인들의 시선을 따라가면, 거대한 크레인이 청계 고가도로의 상판을
뜯어내고 있다.

#14 공무원 임대아파트/등원 차량 정류소 (오후)

하원 차량을 기다리는 엄마들 사이에 주원이 멀뚱하게 서 있다.

후줄근한 행색의 주원이 장바구니를 뒤로 감춘다.

노란색 어린이집 차가 다가오자 엄마들이 몰려간다. 주원이 맨 뒤에
서 뻘쭘하다.

아이들이 차에서 내린다. 엄마들이 아이 손을 잡고 집으로 간다.

희수가 맨 뒤에서 내린다. 주원이 희수 손을 잡고 걷는다.

희수가 엄마와 손잡고 가는 아이들을 물끄러미 바라본다.

주원이 희수에게 장바구니를 내민다. 희수가 쌍쌍바를 꺼내 반을 잘
라 주원에게 준다.

부녀가 나란히 하드를 물고 집으로 걸어간다.

#15 주원 집/거실 (오후/밤)

주원이 희수와 함께 현관문을 열고 들어온다. 센서등이 켜진다.

현관문 밑에 각대 봉투 하나가 끼워져 있다. [공무원 임대주택 연장신청
서 - 재중]

주원이 각대 봉투를 신발장 위에 놓는데, 이미 각종 고지서가 쌓여 있다.

주원은 갑자기 저 혼자 부끄럽다.

희수가 거실에 들어가 양말을 벗어 빨래통에 넣는다.

어린이집 가방에서 식판을 꺼내 싱크대 설거지통에 담근다.

식탁에 펼쳐진 반찬들의 뚜껑을 덮어 냉장고에 집어넣는다.

주원이 보면, 어린 희수가 너무 어른처럼 행동한다.

문득 희수의 뒤통수를 보면 여자아이 머리 땋은 모습이 너무 엉망이다.

주원은 더 부끄럽다. 희수가 냉장고 문을 닫으며 멍하니 서 있는 아빠를 본다.

희수   아빠. 뭐 해?

주원   (한참을 물끄러미 보다가) 너 봐.

cut to_ 시간 경과

베란다 창문 밖이 어둡다. 베란다에 깨끗이 빨아놓은 빨래들이 널려 있다.
주방 싱크대에 깨끗이 설거지한 그릇들이 가지런하다.
현관 입구에 희수가 내일 입고 갈 옷과 어린이집 가방이 놓여 있다.
켜놓은 TV에서 마감뉴스가 흘러나온다.

앵커F   서울시는 최근 청계천 복원공사 현장에서 안전사고가 적지 않게 일어나는 것과 관련해 사고재발 방지대책을 마련해 추진하기로 했다고 밝혔습니다… (소리 줄어드는) *2003년 8월 13일

TV는 저 혼자 떠들고, 주원과 희수가 거실 소파에서 자고 있다.

#16   재만 집/현관/복도 (아침)

붉은악마 티셔츠를 입은 재만이 현관문 앞에 혼자 앉아 있다.
재만이 강훈을 기다리는데, 손목시계 알람이 울린다. [AM 08:50] (E) 삐빅! 삐빅!
알람에 맞춰 방문이 열리고, 강훈이 붉은악마 아동복 티셔츠를 입고 나온다.
강훈이 웃는다. 재만이 또 기뻐서 울상이다.

공무원 임대아파트/등원 차량 정류소 (아침)

어린이집 등원 버스가 선다.

희수와 주원의 옆에 가사도우미 아주머니가 서 있다.

희수가 꾸벅 인사하고 등원 버스에 올라탄다.

주원　하원 버스도 여기서 섭니다. 하원 시간은 2시 반이에요. 잘 부탁드립
　　　니다. 저녁 7시까진 퇴근할 테니까 그때까진 집에 꼭 좀 계셔주세요.

도우미　(중얼) 원래 6시 퇴근인데… 너무 늦으시면 안 되는데….

주원　그럼, 등원은 제가 할 테니 한 시간 늦게 출근하세요. 늦지 않도록 하
　　　겠습니다.

멀어지는 등원 버스 안에서 희수가 손을 흔든다.

주원이 버스가 안 보일 때까지 서 있다가 떨어지지 않는 발길을 돌린다.
`

#18 **국정원/기획판단실/집무실 (오후)**

아직 정돈되지 않은 집무실. 블라인드가 내려져 더욱 음습하다.

민 차장의 책상에 명패만 놓였을 뿐 별다른 사무집기가 없다.

[국가안전기획부 제5차장 민용준] 반짝반짝하게 닦인 명패의 한 귀퉁이
가 깨져 있다.

정장을 입은 주원이 책상 앞에 서 있다. 민 차장은 주원의 정장과 넥
타이가 거슬린다.

민 차장　(못마땅한) 왜 다시 내근직을 희망하지?

주원　출장이 불가합니다.

민 차장　애 돌봐야 해서 안 된다?

주원　아이 등원을 제가 해야 합니다.

민 차장　(갸우뚱) 애가 등원을 해…? 벌써 다 나았어?

주원	네.
민 차장	(쳐다보는)
주원	(가만히 대답 기다리는)
민 차장	(전화기 스피커 누르고) 장주원 대기발령 풀고 내근직으로 전환시켜.
여 팀장F	(스피커) 네. 알겠습니다.
민 차장	(스피커 *끄려다* 주원에게) 당분간이야.
주원	(멈칫)
민 차장	정말 필요할 땐 호출하겠다. 내근직이라도 유지하려면 호출에 응해.
주원	(쳐다보는)
민 차장	알겠나.
주원	네.
민 차장	(스피커 *끄며*) 나가봐.

돌아서는 주원의 눈에 민 차장 책상에 놓인 신문이 걸린다.
신문 헤드라인. [-평화축전- 남북화합의 장 개막] *2003년 10월 24일

#19 국정원/기획판단실 (오후)

주원이 집무실 문을 열고 나온다.
텅 빈 사무실에 여 팀장이 혼자 앉아 있다.
여 팀장은 주원의 시선에 약간 긴장한 표정이다.

주원	한산하군요.
여 팀장	이제 막 중앙으로 복귀했으니… 까. (하대가 어색한)
주원	팀원들은 어디 갔습니까?
여 팀장	출장.

주원이 여 팀장 책상 위의 파일을 본다.

파일명이 '작전명/비공식: 과수원 작전'이다.

주원   과수원 작전?

여 팀장   (얼른 파일 가리는) 내근직이 상관할 일 아니야.

주원   (수긍하는)

사무실 구석에 사과 한 박스가 놓여 있다.
여 팀장이 서류를 건네며 말을 돌린다.

여 팀장   (복귀 서류 건네며) 행정과 가서 복귀 신청해… (역시 주원을 대하기 어려운) 요. (가다듬고) 내근직은 내가 상사야. 가봐.

주원   (서류 받아 나가는)

#20 국정원/총무관리실 (오후)

주원이 총무관리실에 들어선다. 옆자리 직원이 어색하게 웃으며 인사한다.

#21 청계천 7가/복원공사장 - 시간 경과

멀리 남산타워 뒤로 아침 해가 떠오른다.
청계고가가 철거되고, 바닥을 뜯어내는 공사가 시작된다. [타임랩스]
남산타워 위. 궤적을 그리며 지나가는 태양. 해가 뜨고. 해가 진다. [타임랩스]
청계천의 바닥이 드러난다.

#22 청계천 7가/수족관 가게 (오전)

성우 엄마가 어항 바닥에서 죽은 물고기들을 건져내고 있다.
성우가 어항 유리에 붙어 있는 노란색 물고기를 본다.

#23 청계천 7가/복원공사장 - 시간 경과

청계도로 곳곳에 구멍이 뚫려 있다. 바닥을 뜯어내는 복원공사가 한창이다.

공사장 뒤로 청계천 노점 상인들이 하나둘 거리로 나서기 시작한다.

도로에 전경 버스들이 줄지어 서고 전경들이 내려 맞은편에 대치한다.

노점상들이 커다란 플래카드를 펼쳐서 거리 행진을 시작한다.

'노점탄압 분쇄하고 민중생존권 쟁취하자'.

시위 인파가 점점 늘어난다.

도로가의 상점들이 문을 닫는다. 성우 엄마가 성우를 가게 안으로 데리고 들어간다.

지게를 지고 시장통을 걷던 재만이 시위 인파를 바라본다.

재만의 손목시계에서 [PM 02:30] 알람이 울린다. (E) 삐빅! 삐빅! 재만이 달려간다.

#24 공무원 임대아파트 (밤)

주원이 헐레벌떡 집으로 달려간다. 손목시계가 8시 40분을 넘어간다.

#25 주원 집/거실 (밤)

주원이 현관문을 열고 들어온다. 멈칫. 현관문 안쪽에 메모가 붙어 있다.

'사장님. 또 너무 늦으셔서 오늘도 먼저 갑니다. 아이 밥은 먹었어요.'

현관에서 쪽지를 읽는데 현관이 어둡다. 고개를 들어보면 센서등이 켜지지 않는다.

주원이 한숨을 쉬며 희수의 방문을 연다.

장난감과 그림책이 널브러진 방에서 어린 희수가 혼자 놀다가 잠들었다.

주원이 희수 방문 앞에 우두커니 서 있다.

#26 청계천 7가 (오후)

청계천 상인들이 도로를 점령한다. 바닥공사를 하던 인부들이 서둘러 철수한다.

도로 바닥에 인부들이 미처 덮지 못한 작은 구멍이 보인다.

이전보다 더 많은 시위대가 집결한다. 전경들이 방패를 앞세워 스크럼을 짠다.

상인들이 이마에 '노점합법쟁취' 붉은 띠를 두르고 서서 구호를 외친다.

"노점상의 생존권을 보장하라!! 보장하라!!"
"노점상의 생존권을 보장하라!! 보장하라!!"

구호를 외치는 시위대 사이에 최씨, 박씨, 이씨가 서 있다.

전경들 뒤에 경찰들이 정렬하고, 종로 경찰서장이 무표정한 얼굴로 서 있다.

멀지 않은 곳, 수십 명의 철거용역업체 직원들이 뒷골목으로 들어간다.

경찰서장이 골목 뒤에 숨은 용역 직원들을 보는데 표정을 알 수 없다.

최씨가 앞에 나서서 구호를 선창하고, 상인들이 어색한 팔뚝질로 구호를 외친다.

최씨   (선창하는) 생존위협 강제철거!! 철회하라 철회하라!!
상인들   (따라 하는) 생존위협 강제철거!! 철회하라 철회하라!!
최씨   노점상의… (구호 선창하다가) 어이 거기 재만이! (붉은악마 티셔츠가 너무 눈에 띈다) 뒤에서 뭐 해! 일로 와!

시위 대열의 뒤에서 기웃거리던 재만에게 상인들의 시선이 쏠린다.

상인 한 명이 재만의 이마에 붉은 띠를 씌워주고, 재만이 엉겁결에 앞으로 나서려는데 윤영   (재만의 옷깃 잡는) 여보.

윤영이 재만을 끌고 골목 안으로 데려간다.
최씨가 못마땅한 표정으로 보더니 다시 구호를 외친다.

최씨   (선창하는) 노점탄압 철회하라!! 빈민생존권 보장하라!!
상인들   (따라 하는) 노점탄압 철회하라!! 빈민생존권 보장하라!!

#27 청계천 7가/골목 (오후)

골목 밖에서 시위대의 구호 소리가 들린다.

윤영   당신은 저기 끼면 안 돼요. (재만의 머리띠 빼는)
재만   (머리띠 뺏기는) 어, 어…?
윤영   (머리띠 이마에 묶으며) 부부 둘 중에 한 명만 하면 돼요.
재만   (쳐다보는)
윤영   (또박또박 주의 주는) 상황이 어떻게 될지 몰라요. 당신은 전과가 있어서
         잡혀가면 큰일 나요.
재만   자, 잡혀가…?
윤영   난 괜찮아요. 난 잡혀가도 금방 풀려나요.
재만   다… 당신 잡혀가?
윤영   안 잡혀가요. 뒤에서 흉내만 낼 거예요. (돌아서는) 당신은 집에 가요.
재만   (윤영 붙잡는)
윤영   (뿌리치며) 글쎄 안 돼요! 강훈이를 생각해요! 당신 이러다가 잡히면
         또 한동안 애 못 보는 수가 있어요!

단호한 윤영의 말에 재만이 엉거주춤한다.
윤영이 재만을 밀어내며 재촉한다.

윤영 하원 시간 다 됐어요. 걱정 마요. 난 아무 일 없을 거니까.

재만 (주저하는)

윤영 (또박또박) 가라니까요! 빨리 가요!

윤영이 골목 밖으로 나간다. 멀리 시위대의 구호 소리가 커진다.
재만이 어쩔 줄 몰라 하는데, 손목시계에서 하원 시간 알람이 울린다.

(E) 삐빅! 삐빅!

알람을 끄지 않자, 재촉하듯 알람이 계속 울린다.

(E) 삐빅! 삐빅!

재만이 주춤거리다가 골목 반대편으로 달려간다.
크레인이 치솟은 공사장 하늘에 꾸물꾸물한 먹구름이 몰려온다.

#28 강훈 어린이집 앞 (오후)

재만이 강훈을 데리고 집으로 간다. 재만의 얼굴에 빗방울이 떨어진다.
재만이 고개를 든다. 하늘에 먹구름이 꽉 찼다.

#29 청계천 7가 (오후)

빗방울이 떨어진다. 시위가 격렬해진다.
흥분한 시위대가 바리케이드를 뜯어 전경들을 민다. 전경들이 방패를
앞세워 버틴다.
최씨가 쇠파이프를 들어 방패를 후려친다. 전경들이 방패를 휘두르며
달려든다.
노점상들이 너도나도 쇠파이프와 각목을 휘두른다. 전경들이 더 몰려

와서 맞선다.

걷잡을 수 없는 폭력시위로 번져간다. 시위대의 누군가가 바리케이드에 불을 지른다.

경찰서장이 무표정한 얼굴로 폭력시위를 지켜본다.

시위대의 뒤로 용역들이 모습을 드러내자, 몇몇 경찰이 불편한 표정으로 쳐다본다.

경찰서장 (경찰들에게) 정렬. 현장에서 잡생각은 금한다. (표정을 알 수 없는) 저들은 저들의 일을 하는 거고, 우리는 우리 일을 할 뿐이다.

시위대의 뒤로, 용역들이 노점 좌판들을 향해 진입한다.

시위 대열의 맨 뒤에 윤영이 서 있다.

#30 수족관 가게/내부 (오후)

성우 엄마가 성우를 끌어안고 가게 밖을 내다본다.

윤영의 노점이 철거되고 있다.

성우가 빗물이 냇물처럼 흐르는 길바닥을 본다.

#31 재만 집/거실 (저녁)

어두운 창밖으로 비가 쏟아진다. 벽시계가 저녁 5시를 넘어간다.

재만이 강훈의 밥을 차려주고 일어선다.

강훈 아빠. 어디 가.

재만 아, 아빠… 그, 금방 갔다 올게.

강훈 (쳐다보는)

재만 지, 진짜 금방 올게. 느, 늦지 않을게.

강훈 나 혼자 있으면 무서운데.

재만	(손목시계 알람 맞추는) 아, 아빠 야, 약속 꼬, 꼭 지켜.
강훈	진짜?
재만	(손목시계를 들어 알람 시간을 보여준다. [PM 09:00]) 진짜.
강훈	응.
재만	진짜.

강훈이 고개를 끄덕인다. 재만이 떨어지지 않는 발걸음을 돌린다.

#32 서울 하늘 – 시간 경과

밤하늘에 폭우가 쏟아진다. 멀리 남산타워의 불빛마저 폭우에 가려진다. 높이 치솟은 크레인에도, 교각만 남은 콘크리트 기둥에도, 폭우가 쏟아진다.

교각에 붙어 있는 노란색 노점철거안내문이 거센 빗방울에 찢어진다.

[불법노점 강제정비 행정대집행 계고장]
시 행 장 소: 청계 2가-청계 9가 일대
자진철거기한: 2003년 10월 15일
철 거 대 상: 불법노점·노상적치물 일체
도로법 65조, 97조에 의거 강제정비 시행

노점철거 안내문과 기상캐스터의 목소리가 겹친다.

캐스터F(v.o) 비가 내리고 있습니다. 건조함도 달래주고, 먼지도 해소해줬지만, 주의가 필요합니다. 이례적으로 가을 폭우가 내리겠습니다. 밤부터 대부분 지역에 30에서 80밀리. 중부지방엔 100밀리가 넘는 폭우가…

#33 청계천/동묘시장/수족관 거리/윤영 좌판 (밤)

최씨가 골목 안에 숨어서 차가운 비를 맞으며 덜덜 떨고 있다.

골목 밖을 보면, 부러진 각목과 쇠파이프와 깨진 보도블록들이 널브러져 있다.

노점 좌판들은 부서졌고, 윤영의 좌판도 부서져 있다.

윤영이 둘렀던 '노점합법쟁취' 붉은 머리띠가 바닥에 떨어져 있다.

바닥에 떨어진 붉은 머리띠에 폭우가 쏟아진다.

그 앞— 시위대에 밀려 철수한 공사장의 작은 구멍. 빗물이 냇물처럼 쓸려 들어간다.

#34 주원 집/청계천[교차편집] – 저녁/밤[교차편집]

베란다 창문으로 빗물이 흐른다.

희수가 거실에 엎드려서 그림책을 읽고, 주원이 주방에서 저녁 식사를 준비한다.

식탁 위 핸드폰 진동이 울린다.

(E)　　드드드드….

주원이 뒤돌아본다.

cut to_ 청계천

노점 좌판을 막아서며 발악하는 윤영. 용역들이 달려들어 좌판을 뒤엎고, 윤영이 엉겁결에 나무 간판을 들어 용역을 후려친다. 폭력을 휘두르는 윤영에게 전경들이 달려든다. [묵음]

핸드폰 액정에 발신자표시가 뜨지 않는다.

(E)　　드드드드….

주원의 표정이 어두워진다.

cut to_ 청계천

윤영의 붉은 머리띠가 바닥에 떨어진다. [묵음]

식탁 위의 핸드폰 진동이 계속 울린다.

(E)   드드드드….

cut to_ 청계천

전경들에게 끌려가는 윤영. 막 도착한 재만의 뒷모습. [묵음]

(E)   드드드드….

주원이 한참 보다가 전화를 받는다.

cut to_ 청계천

윤영이 전경 버스에 끌려 들어가며 뒤돌아본다. 저 멀리 재만이 서 있
다. 윤영이 "여보! 하지…" 외치다가 전경 버스에 감금된다. [묵음]

주원   (전화 받는) 네.
민 차장F 일이 생겼어.

민 차장의 목소리와 청계천의 상황이 겹친다.

cut to_ 청계천

재만의 표정이 분노로 폭발한다. [묵음]

404

민 차장F 괴물 같은 녀석이 나타났어. 이전에 못 보던 종류야.

cut to_ 청계천

믿을 수 없을 만큼 높이 뛰어오르는 재만. 놀라는 전경들. [묵음]

민 차장F 두 눈으로 보고도 믿을 수 없을 만큼 강하다더군.

cut to_ 청계천

재만이 방패들을 뛰어넘어 전경들의 무리 한복판에 난입한다. 전경들이 일제히 곤봉과 방패를 휘두른다. [묵음]

민 차장F 전경 1개 중대를 혼자 박살냈어. 누구도 감당 못 하고 있어.

cut to_ 청계천

재만이 주먹을 휘두른다. 곤봉이 부러지고 방패가 찢긴다. [묵음]

민 차장F 경찰들의 부상이 심각한 상황이야.

cut to_ 청계천

전경들이 재만에게 달려든다. 폭풍처럼 날아가는 전경들. [묵음]

민 차장F 자네가 상대해야겠어.

cut to_ 청계천

재만이 전경 버스에 매달려 창살을 뜯어내기 시작한다. 윤영이 버스 안에서 울부짖으며 재만을 만류한다. 버스 유리창이 깨진다. [묵음]

주원이 핸드폰을 든 채 거실을 본다.

어린 희수가 책을 읽으며 혼자 놀고 있다.

밥솥의 취사 시간이 아직 30분이나 남았다.

주원이 가라앉은 목소리로 말한다.

주원 현장직은 그만두었습니다.

민 차장F 조건을 잊었나.

주원 (멈칫)

민 차장F 일을 아예 그만둘 건가. 자네는 자식이 있잖아. 잘 생각해.

cut to_ 청계천

깨진 유리창으로 윤영이 말한다. [묵음 속 윤영의 목소리] "우리 강훈이… 강훈이를 생각해요!!" 재만이 멍한 표정으로 윤영을 본다. 윤영의 눈에 눈물이 흐른다. 멍하니 쳐다보던 재만이 버스에서 떨어진다. 전경들이 방패를 앞세우고 좁혀온다. 사방이 포위된 상황에서 재만이 혼돈에 빠진 표정이다. 아수라장이 된 주변을 둘러보면, 청계천 지하로 내려가는 배수로 뚜껑이 열려 있다. 재만이 배수로에 뛰어든다.

주원이 전화를 끊고 희수를 본다.

거실에 엎드려 책을 보고 있는 희수의 등이 작다.

민 차장v.o 난 솔직히 궁금하다네. 자네도 궁금하지 않나.

주원이 옷장에서 가죽 잠바를 꺼낸다.

민 차장v.o 막강한 파괴력을 가진 자와 엄청난 자가 치유 능력을 가진 자가 맞붙으면 누가 이길지 말이야.

주원이 현관 신발장에서 군화를 꺼내 신는다.

민 차장v.o 이건 그야말로 괴물 대 괴물의 대결 아닌가.

희수가 현관문 앞에 서서 아빠를 본다. 센서등이 꺼져 있다.
주원이 희수의 머리를 쓰다듬으며 말한다.

주원 혼자 밥 먹을 수 있겠어?

희수 응.

주원 아빠 금방 다녀올게.

주원이 떨어지지 않는 발걸음으로 현관문을 닫는다.
서서히 닫히는 현관문 사이로 오도카니 서 있는 희수를 본다.
센서등이 꺼져 있어 거실의 불빛을 등진 희수의 표정이 쓸쓸해 보인다.

민 차장v.o 청계천 9가로 와.

문이 닫힌다.

#35 청계천 9가/지하수로 입구 앞 (밤)

아수라장이 된 청계천 거리에 장대비가 쏟아진다.
교통이 통제되어 시민들은 보이지 않고, 상점들은 모두 문을 닫았다.
어두운 거리에 구급차들과 경찰차들의 경광등이 휘황하다.
경찰들이 현장을 수습한다. 경찰서장이 굳은 표정으로 시위 현장을
둘러본다.
폭력시위의 흔적이 곳곳에 널려 있고, 난장판이 된 좌판의 잔해들이
비를 맞는다.

주원이 비를 맞으며 시위 현장 한복판으로 걸어간다.

주원의 옆으로 부상한 전경들을 실어 나르는 구급차가 지나간다.

주원이 거리를 보면, 포크레인들이 곳곳의 맨홀 뚜껑을 삽으로 지탱
해놓았다.

지하수로 계단 입구 앞에 무기를 소지한 경찰들이 경계 중이다.

민 차장이 경찰서장에게 보고를 받고 있다.

주원이 다가가면, 민 차장이 고개를 돌린다.

민 차장   어서 오게.

주원   (경찰들이 경계 중인 지하수로 입구를 쳐다보며) 이 안에 있습니까.

민 차장   출구는 여기 하나라더군. (서장에게 보고하라고 눈짓하는)

경찰서장   전경 50여 개 중대가 동원되었습니다. 청계천 일대의 모든 맨홀과 지
상으로 나오는 통로를 틀어막았습니다. 범인은 현재 9가와 5가 사이
에 은닉 중인 것으로 추정됩니다. 이제 우리 경찰병력을 투입해서

민 차장   (말 끊는) 거기까지. 이제 국정원 소관이야. 당신은 목격자들 입단속이
나 철저히 하고, 지상으로 나오는 출구들이나 모두 틀어막아.

경찰서장   범죄자를 잡는 건 경찰이 할 일입니다.

민 차장   뭐?

경찰서장   우리 관할입니다.

민 차장   지휘체계에 따른 명령이다. 어길 시 문책하겠다.

경찰서장이 무표정한 얼굴로 쳐다보더니 물러선다.

주원이 지하로 내려가는 철제 계단을 보면 빛 하나 들어오지 않는 암
흑이다.

어둠 속에서 물 흐르는 소리가 세차게 들린다.

민 차장   시간이 얼마 없어. 곧 지하수로가 범람할 거야.

경찰서장이 주원에게 랜턴과 수갑을 건네준다.

경찰서장 조심하십시오. 놈은 괴물입니다.

주원 (괴물? 쳐다보는)

민 차장 가서 잡아와.

주원이 계단 밑 어둠 속으로 내려간다.

#36 청계천 지하수로1 (밤)

칠흑 같은 어둠. 어둠 속을 공명하는 물소리.
주원이 랜턴 불빛에 의지한 채 허벅지까지 물이 차오른 지하수로를 걷는다.
귀를 기울여도 사방에서 물 쏟아지는 소리만 들린다.
주원이 물을 헤치며 한참을 걸어간다. 걸어갈수록 물이 점점 깊어진다.
물이 허리까지 차오르더니,

(E) 풍덩!

물속에 빠진다. 주원의 모습이 사라지고—
한참 만에야,

(E) 푸확!!!

수로 저쪽 건너편에서 물 밖으로 고개를 처든다.
주원이 물 밖으로 기어 나와 거친 숨을 몰아쉰다.

주원 (숨 몰아쉬는) 허억… 헉… 허억….

주원이 다시 물속에 몸을 담그고 수로를 걸어간다.
물이 점점 더 불어난다.

#37 청계천/지상 (밤)

'철거 예정' 현수막이 걸린 삼일 아파트 옥상에 폭우가 쏟아진다.
빗물이 모여 옥상 배수구로 빠져나가고, 배관을 타고 건물을 내려와
길에 쏟아진다. 빗물이 공사장의 작은 구멍으로 휘몰아쳐 들어간다.

#38 청계천 지하수로2 (밤)

주원이 랜턴으로 어두운 물을 비추며 수로를 헤맨다.
랜턴 불빛에 뭔가 비쳐서 보면, 노란 물고기(안시 롱핀) 한 마리가 옆을
헤엄쳐 간다.

주원 (중얼) 별게 다 있네….

그때, 어디선가 작은 소음이 들린다.

(E) 꾸웅! 꾸웅!

#39 청계천 지하수로3 (밤)

벽에 튀어나온 하수관 안에서 벽 치는 소리가 들린다.

(E) 꾸웅! 꾸웅!

물 쏟아지는 하수관에 다가가면 벽 치는 소리가 점점 커진다.
어둠 속을 들여다보면, 허리를 굽혀야만 겨우 들어갈 수 있는 작은 하
수관 통로.

주원이 폐쇄 공포증을 느끼며 중얼거린다.

주원   나랑 안 맞아….

주원이 몸을 굽혀 물이 쏟아지는 하수관으로 올라선다.

#40 하수관 통로 (밤)

주원이 하수관으로 기어들어 간다. 벽 치는 소리가 점점 커진다.

(E)   꾸웅! 꾸웅!

물을 헤치며 좁은 하수관을 지나면 단칸방처럼 생긴 작은 공간이 나온다.
주원이 하수관 통로에 걸터앉아 위를 쳐다보며 물색없는 감탄을 한다.
재만이 천장에 거꾸로 매달려 맨홀 뚜껑을 발로 차고 있다.

(E)   꾸웅! 꾸웅!

#41 청계천/인근 골목/지상 (밤)

(E)   꾸웅! 꾸웅!

맨홀 뚜껑을 때리는 소리. 포크레인 삽이 맨홀 뚜껑을 누르고 있다.
포크레인 주변에 선 전경들이 잔뜩 긴장한 채 들썩이는 맨홀 뚜껑을
본다.

#42 하수관 통로 끝/맨홀 아래 공간 (밤)

열리지 않는 맨홀 뚜껑. 맨홀 틈새로 빗물이 쏟아져 들어온다.

주원   (랜턴 비추며) 야. 거기 막혔어.

거꾸로 매달린 재만이 아래를 쳐다본다.

주원   내려와.
재만   (쳐다보는)
주원   출구는 하나야. 나랑 같이 나가자.

재만이 뛰어내려 주원과 마주 선다.

재만   누… 누구….
주원   누구긴. 너 잡으러 온 사람이지.
재만   (멍하니 쳐다보는) (중얼) 아… 안 돼….
주원   밖에 나가고 싶은 거 아니었냐. 나랑 나가면 돼.
재만   (중얼) 자… 잡히면… 안 돼… 가… 강훈이…
주원   뭐라는
(E)   뻐억!!!

벼락같은 재만의 주먹에 주원이 하수관 통로 속으로 처박힌다.

#43   창신동 파출소/유치장 (밤)
잡혀 온 시위대가 유치장 안에 가득하다.
윤영이 창살을 부여잡고 소리 지른다.

윤영   (애원하는) 제발 남편에게 데려다주세요!! 내가 설득할 수 있어요!! 다
른 사람 말 안 들어요!! (경찰들이 외면한다) 내… 내 남편… 바보예요!!
모자라고 모자라요!!! 반편이고 멍청이예요!!! 바보라구요!!

#44 하수관 통로 (밤)

재만이 밖으로 나가려고 하수관 통로에 들어서는데, 어둠 속에서 목소리가 들린다.

주원 쿨럭. 쿨럭… 어우… 이거 뭐야… 숨을 못 쉬겠네….

재만 (멈칫)

주원 놀랐냐? (어둠 속에서 랜턴 비추는) 웬만한 사람은 한 방에 갔겠어.

재만 뭐…

주원 (랜턴 불빛에 비치는 자신만만한 표정) 난 웬만하지 않거든. 쿨럭! (잘난 척 했는데 입에서 피가 뿜어진다) 에이 씨… 속 다 상했네….

허리를 펼 수도 없는 좁고 긴 통로에서 재만과 주원이 서로를 노려본다.

주원 (입가의 피 닦으며) 이리 와.

주원의 말이 끝나자마자, 재만이 짐승처럼 두 손과 두 발로 통로를 짚어 쇄도한다.

주원 (경악하는) 뭔…

(E) 뻐억!!!

비좁은 하수관에서 턱을 맞은 주원의 뒤통수가 하수관 벽을 때린다. 주원이 턱과 뒤통수를 감싸 쥐고 웅크린다. 재만이 주원을 깔아뭉개고 지나가려는데

주원 (박치기하는) 어딜 가.

(E) 빠악!!!

재만의 코피가 터진다. 주원이 재만의 양손을 잡아 결박하려 든다.

재만이 주원에게 잡힌 양손에 힘을 주자, 주원의 양팔이 오히려 벌어진다.

주원이 재만의 괴력에 당황하는데, 재만이 주원의 얼굴에 박치기한다.

이번엔 주원의 코에서 코피가 솟는다. 주원과 재만이 동시에 쌍코피를 흘린다.

얼굴이 맞닿는 간격에서, 이놈 뭐지 싶은 표정으로 마주 본다.

그것도 잠시—

이판사판. 비좁은 하수관 속에서 둘이 서로를 치고받는다.

재만의 괴력에 주원이 통증을 견디지 못하고 쓰러진다.

재만이 다시 주원을 누르고 지나가려는데, 주원이 재만의 머리끄덩이를 잡는다.

재만이 주원의 얼굴을 찬다. 주원이 머리끄덩이를 놓지 않아 재만의 머리가 뒤로 꺾인다. 재만의 팔꿈치가 주원의 코를 때리고, 주원의 주먹이 재만의 뒤통수를 때린다.

난타전 중에 랜턴이 깨진다. 하수관을 막은 둘로 인해 하수관에 물이 차오른다.

물이 불어나는 하수관에서, 밖으로 나가려는 재만과 붙잡는 주원의 사투가 벌어진다.

카메라, 하수관 밖으로 멀어진다. 어둠 속에서 치고받는 소리가 끊임없이 울린다.

#45 청계천 9가/지하수로 입구 앞 (밤)

민 차장이 주원이 들어간 지하수로 입구를 내려다본다.

국정원 요원이 다가와 말한다.

요원 (바짝 붙어서) 차장님. 그 괴물 말입니다.

민 차장	어떤 괴물.
요원	(응? 하다가, 아) 잡아야 할 괴물이요. 바보랍니다.
민 차장	뭐?
요원	경찰서에 연행된 부인이 증언했답니다. 지적장애가 있답니다. 언어능력은 물론이고 지능도 떨어진다더군요.
민 차장	이런….
요원	조사해보니 폭력 전과도 분노조절장애가 원인이었습니다.

#46 하수관 통로/청계천 지하수로3 (밤)

하수관 밖으로 물이 졸졸졸 흐르더니, 갑자기 들리는 커다란 타격음.

(E)	꽈앙!!

이어서 폭포처럼 쏟아지는 물과 함께 주원이 하수관 밖으로 쓸려 나
온다.
재만이 뒤이어 하수관 밖으로 고개를 내민다.
아래를 내려다보면, 주원이 물속에 엎어져 둥둥 떠 있다.
재만이 하수관 통로 밖으로 내려와 허리까지 잠긴 수로를 걸어간다.
몇 걸음 걷다 뒤를 돌아보면, 주원이 여전히 물속에 엎드려 있다.
가만히 쳐다보다가 다시 돌아와 주원을 뒤집는데, 주원의 손이 재만
의 멱살을 잡는다.

주원	(고개 들며 웃는) 잡았다.
재만	(놀란)
주원	야 너
(E)	퍽! 퍽! 퍽! 퍼퍼퍽퍼퍼퍽!!

재만의 연타가 주원의 얼굴에 작렬한다.
정신없이 얻어맞은 주원이 축 늘어진다.
재만이 숨을 몰아쉬며 내려다보는데, 뭔가 이상하다.
보면, 주원이 아직도 재만의 먹살을 잡고 있다.

주원 (고개 들며) 말 좀 하자….

재만 (멈칫)

어둠 속에서 보지 못했던 주원의 얼굴이 이제야 보인다.
엉망진창으로 피멍 든 주원의 얼굴이 아물고 있다.
재만의 눈이 커진다.

주원 사람들이 너를 괴물이라고 하더라.

재만 (아무는 얼굴 보며) 너, 너….

주원 그래. 반갑다. 나도 괴물이거든.

(E) 빠악!!!

주원이 재만의 얼굴에 주먹을 날린다.
재만의 먹살 잡힌 옷이 찢어지며 물속에 나자빠진다.

주원 (일어서며) 아프냐?

재만 (신음 소리 내며 일어서는) 끄윽….

주원 내 허락 없이 못 나가.

재만이 몸을 일으키면 붉은악마 티셔츠가 찢겼다.
재만이 찢어진 옷을 보다가 주원을 바라보는데, 눈에 살기가 피어오
른다.

주원	(주먹을 움켜쥐며) 눈빛이 달라졌는데?
재만	(부들부들) 지, 지, 진짜…!! (주먹 움켜쥐는)
주원	진짜? (첨벙첨벙 다가가는) 여탠 가짜였냐.
(E)	풍…!

물보라가 튄다. [슬로 모션]
물을 박차고, 믿을 수 없을 만큼 높이 뛰어오르는 재만. [슬로 모션]

주원na	(올려다보며) 어…?

뛰어올라 덮치는 재만의 모습이 공중을 나는 매와 같다. [슬로 모션]

주원na	이런 거 오랜만에 보네.

재만이 공중에서 덮쳐오며 주먹을 내리친다.
주원이 주먹을 올려 친다.

#47 수족관 가게/내부/거실 (밤)

성우 엄마가 수건으로 젖은 머리를 털며 화장실에서 나온다.
가게 안에 성우가 보이지 않는다.

성우 엄마	성우야?

어항 벽에 늘 붙어 있던 노란 물고기가 없다.
가게 문이 살짝 열려 있다.

#48 청계천 지하수로4 (밤)

주원이 물 밖에 얼굴만 내놓은 채 벽에 기대어 쓰러져 있다.
재만이 숨을 몰아쉬며 쓰러진 주원을 본다.
주원을 보던 재만의 눈이 서서히 커진다.
눈만 물 위에 내놓은 주원이 쏴아아아아 물에서 일어선다.
주원의 턱이 빠져 턱수염처럼 늘어졌다. 닫히지 않는 턱에서 구정물
이 줄줄 흐른다.
주원이 제 손으로 늘어진 턱을 잡아 얼굴에 끼운다. 재만이 주춤한다.
주원이 목을 뚜둑 뚜둑 꺾으며 다가선다.

주원   괴물 맞네.

재만   (이 악무는) 이익…!

재만이 큰 걸음으로 도움닫기 하며 달려든다.

주원   뭐 딴 거 없냐.

(E)   퐁…!

재만이 물보라를 일으키며 천장에 닿도록 높이 뛰어오른다.

주원   (올려다보며) 내가 알던 사람은 하늘을 날았어.

주원이 주먹을 움켜쥐는데, 어라, 재만이 주원을 뛰어넘어 뒤의 기둥
을 찬다.
주원이 몸을 돌리면, 재만이 다시 몸을 날려 반대쪽 기둥을 차고 뛰어
오른다.
재만이 귀신같은 움직임으로 기둥들을 박차며 옮겨 다닌다.
주원이 물속에서 몸을 틀지 못하는 찰나, 재만이 주원의 등을 덮친다.

재만이 주원의 얼굴을 그대로 물속에 처박는다.

물속에서 주원이 뿜은 기포가 올라온다. 재만이 버둥거리는 주원을 힘으로 누른다.

재만의 괴력에 주원의 움직임이 멎고 기포가 서서히 줄어든다.

재만이 손을 놓고 물러서는데, 주원이 큰 숨을 토하며 일어서고 재만이 자빠진다.

주원의 손목에 채워진 수갑이 재만의 발목에 채워졌다.

주원   (숨 몰아쉬며) 가자 좀.

주원이 물속에 자빠진 재만을 내려다보는데, 순간, 주원의 얼굴이 크게 회전한다.

재만이 수갑째 발을 크게 휘둘러 주원을 콘크리트 기둥에 패대기친다.

(E)   꽈앙!!

콘크리트 기둥이 부서진다.

#49 청계천 8가 / 수족관 거리 (밤)

"성우야!!! 성우야아아아아아!!!"

전경들을 단속하던 경찰서장이 뒤돌아본다.

길 건너편에서 성우 엄마가 빗속을 뛰어다니며 소리 지르고 있다.

전경들이 웅성거리는데 소리 지르던 성우 엄마가 갑자기 털썩 주저앉는다.

경찰들이 심상치 않은 느낌에 성우 엄마에게 달려간다.

성우 엄마   (바닥에 대고 소리 지르는) 성우야아아!!! 성우야아아아아!!!

경찰서장이 제일 먼저 뛰어간다.

성우 엄마가 미친 사람처럼 울부짖는다.

성우 엄마 (울부짖는) 으아아악 어떡해!!! 성우야아아!!! 성우야아아아악!!!

경찰서장 (구멍을 보며) 다 막으랬잖아!!!

경찰 이, 이건… 관내도에 표시된 맨홀이 아닙니다…!

바닥에 뚫린 구멍 안을 보면, 아이 슬리퍼가 빗물로 차오른 물속을 맴돌고 있다.

#50 청계천 지하수로4 (밤)

물 불어나는 소리가 공간을 메운다.

콘크리트 기둥이 서 있는 지하수로를 훑으면, 부서진 콘크리트 기둥이 보인다.

짙은 어둠 속. 물 위에 아무도 없다.

정적이 흐르고, 잠시 후.

촤아아아. 물속에서 주원이 일어선다. 이어서 재만의 일그러진 얼굴이 일어선다.

다리 하나로 버티고 일어선 재만의 등에 주원이 매달려 목을 조르고 있다.

재만이 매달린 주원을 등 뒤 기둥에 연신 박는다.

(E) 쿠웅!!! 쿠웅!!!

주원 (버티며 조르는) 나도. 지겹다. 이젠. 그만 좀. 가자.

목이 졸린 재만이 손을 뒤로 뻗으며 버둥거린다.

주원이 필사적으로 목을 조른다.

재만의 손에서 힘이 빠지고, 눈이 허옇게 뒤집어지며 쓰러진다.

#51 청계천 8가 / 수족관 거리 (밤)

장대비가 쏟아진다. 전경들이 사방으로 뛰어간다.
포크레인이 맨홀에서 삽을 치운다. 경찰들이 달려들어 맨홀 뚜껑들을
연다.

#52 청계천 9가 / 지하수로 입구 앞 (밤)

경찰과 전경들이 지하 계단 앞에 서서 일제히 랜턴을 켠다.

경찰서장 기동대는 이 일대의 지하로 통하는 모든 출구를 열고 진입한다!

전경들 (일동) 예!

경찰서장 경찰들은 나와 함께 여기서부터 위로 올라가며 수색한다!

경찰들 (일동) 예!!!

경찰서장 이름은 최성우! 20분 전 청계천 7가에서 실종됐다! 어디에 있을지, 어디까지 떠내려왔을지 모른다! 범람하기 전에 반드시 찾아야 한다!

경찰들이 진입하려는데 민 차장이 경찰서장에게 다가온다.

민 차장 (못마땅한) 작전 중에 뭐 하는 짓이야. 다 막고 있으랬잖아.

경찰서장 들으신 대롭니다.

민 차장 지하로 실종된 게 확실해?

경찰서장 확실하진 않습니다. 하지만

민 차장 (노려보는) 작전 수행 중인 거 잊었나. 문책이 두렵지 않

경찰서장 문책하려면 하십시오. 우리는 우리 일을 해야겠습니다.

민 차장 (이 새끼 봐라)

경찰서장이 경찰들을 이끌고 지하수로 계단으로 진입한다.

#53 청계천 지하수로5 (밤)

시끄러운 물소리가 지하수로에 울려 퍼진다.
지친 기색의 주원이 실신한 재만을 둘러메고 걸어간다.
주원의 손목에 채워진 수갑이 재만의 발목에 채워져 있다.
지하수로의 물이 불어나서 이미 명치까지 올라왔다.
물을 헤치며 걷는 주원이 순간 멈칫한다.

주원   어…?

주원의 옆으로 아이 슬리퍼 한 짝이 흘러간다. 주원이 뒤를 돌아본다.
그때, 시끄러운 물소리 속에 아이의 울음소리가 섞여 들린다.
주원이 온 신경을 눈과 귀에 집중한다. 어둠 속에서 아이의 울음소리
가 들린다.
주원의 눈에 핏발이 선다. 수로 건너편으로 아이 하나가 물에 떠내려
온다.

주원   꼬, 꼬마야…!!!

아이가 떠내려오다 기둥을 붙잡는다. 세차게 흐르는 물에 아이가 위
태롭다.

주원   (악쓰는) 꼬마야!! 꽉 잡아!!! 기다려!!!

아이가 연신 물을 먹는다.
주원이 재만을 내려놓는데 덜컥, 수갑이 걸린다.

주원이 물속에 손을 넣어 수갑을 빼내려 안간힘을 쓴다.

주원   (이 악무는) 끄으으으윽끄끄끄!!!!!!!

물속. 손이 수갑에서 빠지지 않는다.

주원   (이마에 힘줄 돋는) 할 수 있어어어억…! 한 번 해봤잖아아악….

물속. 주원의 손 가죽이 벗겨지며 피가 몽글몽글 솟아오른다.
그때, 기둥을 붙잡고 버티던 아이가 다시 물에 휩쓸려 떠내려간다.

주원   안 돼애애애!!!!!!

마침내, 우드득 소리를 내며 수갑에서 손이 빠진다.
재만을 팽개치고 아이를 찾아보지만 보이지 않는다.
주원이 아이가 쓸려간 물로 뛰어든다. 껌껌한 물속에서 아무것도 보이지 않는다.
주원이 다시 물에서 고개를 든다. 저만치 물에 쓸려가는 아이의 손끝이 보인다.
아이의 위치를 확인하며 미친 듯이 달려가지만 흐르는 물에 잠긴 아이가 멀어진다.
주원의 눈이 절망으로 가득한데,

(E)   풍…!

주원의 뒤에서 물보라가 튄다. [슬로 모션]
주원이 뒤를 돌아보는 순간,

물에서 튀어 오른 재만이 주원에게 달려들고 [슬로 모션]

찰나의 순간, 재만과 주원은 서로의 절박한 눈을 읽는다.
아빠는 아빠를 알아봤다.

누가 먼저랄 것도 없이— 주원이 반사적으로 손을 깍지 껴서 디딤대를 만들고— 재만이 주원의 깍지 낀 손을 밟으면— 주원이 있는 힘껏 재만을 머리 뒤로 넘겨 던지고— 재만이 시위를 떠난 화살처럼 멀리 날아 물속으로 다이빙한다.

(E)   푸웅덩--!!

#54 **청계천 지하수로6 (밤)**

시끄러운 물소리. 어둠을 교차하는 랜턴 불빛들.
어깨까지 차오른 물을 가르며 경찰들이 일렬횡대로 걸어온다.
경찰들의 외침 소리와 의지(내레이션)가 공명한다.

"성우야!!!(기다려라)" "성우야!!!(버텨라)" "최성우우우!!!(반드시)" "꼬마야아아아!!!(구해줄게)" "어디 있니이이!!!(조금만 기다려)" "성우야아아아!!!(우리가 간다)"

경찰서장과 경찰들이 외치며 전진하는데, 어둠 속에 기이한 실루엣이 다가온다.
경찰들이 일제히 랜턴을 비추면, 주원이 탈진한 아이를 어깨에 얹고 걸어온다.
어깨에 얹어진 아이가 집중되는 랜턴 불빛에 희미하게 눈을 뜬다.
경찰들의 눈에 눈물이 왈칵 고인다. 무표정했던 경찰서장이 안도의 한숨을 쉰다.

#55 청계천 9가/지하수로 입구/청계천 지하수로5 (밤/교차편집)

성우 엄마가 성우를 끌어안고 운다. 구급요원이 안심시키며 성우를
구급차에 싣는다.
경찰서장이 경찰들의 인원 점검을 한다. 전경들이 버스 앞에 도열한다.
조금 떨어진 곳. 처마 밑에 수건을 뒤집어쓴 주원이 주저앉아 있다.
우산을 쓴 민 차장이 주원을 내려다본다.

민 차장　잡아 오랬더니 구해 왔구만.

주원　(대답 않는)

민 차장　그놈은?

주원이 민 차장을 올려다본다.

cut to_ 지하수로

아이를 안고 서 있는 주원에게 재만이 말을 더듬으며 간청한다. [묵음]

주원　집에 갔을 겁니다.

민 차장　뭐?

cut to_ 지하수로

재만의 간절한 표정. 갈등하는 주원. [묵음]

주원　돌아오겠다고 애한테 약속했답니다.

민 차장　그래서, 보냈어?

cut to_ 지하수로

재만의 간절한 표정. 바라보는 주원의 눈. '묵음'을 깨고 재만의 손목
시계가 울린다. [PM 09:00] (E) 삐빅! 삐빅!

주원   네.

cut to_ 지하수로

알람이 계속 울린다. (E) 삐빅! 삐빅! 안절부절못하는 재만.

민 차장   그걸 믿어?

cut to_ 지하수로

주원이 말한다. "저 뒤에 이 아이가 들어온 곳이 있을 거야."

민 차장   좀 덜 떨어진 놈이라더니… 똑같구만.
주원   아빱니다.

cut to_ 지하수로

거꾸로 물을 헤치며 멀어지는 재만의 뒷모습.

#56   <u>주원 집 / 거실 (밤)</u>
베란다 창문으로 빗물이 흐른다. 어린 희수가 밥솥에서 밥을 푼다.

#57   <u>재만 집 / 거실 / 복도 (밤)</u>
재만이 말을 더듬으며 어린 강훈을 달랜다.
강훈은 이해하지 못하는 표정이다.
현관 문가에 경찰들과 국정원 요원들이 서 있다.

cut to_ 복도식 아파트의 복도

재만의 집 현관문이 열려 있다. 민 차장과 주원이 아파트 복도 끝에
서 있다.

민 차장 정말 집으로 오다니… (한심한) 진짜 모자란 놈이었구만.

주원 (쳐다보는)

국정원 요원이 문밖으로 나와서 보고한다.

요원 차장님. 어떻게 할까요.

민 차장 뭘 어떡해?

요원 이재만. 인계받습니까.

민 차장 필요 없어. 경찰에 넘겨.

요원 네. (들어가는)

민 차장 쓸모도 없는 놈 때문에 시간만 뺏겼네.

주원 쓸모…?

민 차장 (못마땅한) 당연하지 않나. 괴물 같은 놈이라길래 가져다가 써먹으려고
했더니만, 지적장애가 있을 줄이야. 말도 잘 못 하고 지능도 한참 떨
어지는 놈에게 무슨 임무를 맡기겠어. 저런 건 쓸모가 없어.

그때, 재만의 집에서 어린 강훈의 목소리가 들린다.
"아빠 가지 마아아!!!"

주원 (재만 집 쪽 쳐다보며) 거 자식 보는 앞에서….

민 차장 쯧. (경멸하는 표정으로 쳐다보다 돌아서서 가버리는)

그때, (E) 콰앙!!! 경찰들이 복도 밖으로 튕겨져 나온다.

복도 밖 요원들이 반사적으로 총을 꺼내 안쪽을 겨눈다.
민 차장이 돌아서고,

주원   (복도를 달려가는) 이재만!!! 안 돼!!!

안쪽에 총을 겨눈 요원이 놀란 표정으로, 달려오는 주원에게 멈추라
는 손짓을 한다.

요원   (총 내리며) 이재만이 아니에요.

주원   (다가가며) 뭐?

요원   지금 이건… 저 아이예요.

cut to_ 재만 집 거실

주원이 놀란 눈으로 거실을 들여다본다.
경찰들이 자빠져 있고, 재만이 강훈을 꼭 끌어안고 있다.

재만   (진정시키는) 가, 가, 강훈아. 하, 하지 마….

강훈   (울며) 아빠… 나 저 사람들 미워….

주원의 뒤로 민 차장이 다가와서 집 안을 들여다본다.
난장판이 된 거실에 경찰들이 쓰러져 있다.

민 차장   이걸 애가 그랬다고…?

요원   네.

놀라운 광경에 민 차장이 저도 모르게 중얼거린다.

민 차장 이거 유전이었어…?

강훈을 보는 민 차장의 뱀 같은 눈. 미묘하게 입꼬리가 올라간다.

cut to_ 복도식 아파트의 복도
재만이 수갑을 찬 채 경찰들에게 연행된다.
어린 강훈이 복도 밖까지 맨발로 쫓아 나와서 멀어지는 아빠를 보며
운다.

강훈 (울며) 으아아앙~~ 아빠아아아~ 가지 마아아아~ 아빠아아아~~

연행되어 가는 재만이 자꾸 뒤를 돌아본다.
강훈의 울음소리가 복도를 메운다.

강훈 (울며) 아빠아아아~ 가지 마아아~~

주원이 안쓰러운 표정으로 복도에 서서 울고 있는 강훈을 돌아본다.
주원이 차마 발을 떼지 못하는데, 민 차장이 옆을 지나치며 주원의 얼
굴을 슥 본다.
민 차장이 희미하게 웃으며 지나간다.
순간, 민 차장과 눈이 마주친 주원이 소름이 돋는다.

인서트_ #18
민 차장 애가 등원을 해…? 벌써 다 나았어?

#58 경찰서장 집/현관 (밤)
비에 흠뻑 젖은 경찰서장이 현관문을 열고 들어온다.

경찰서장의 아내가 나와서 보면 서장의 표정이 무겁다.

서장 아내 아니. 여태 뭐 하고 왔어요?

서장의 아내 뒤로, 중학생 남매가 나와서 아빠를 쳐다본다.
서장이 자식들을 물끄러미 보다가 대답한다.

경찰서장 일하고 왔어.

#59 주원 집/거실 (밤)

주원이 현관문을 열고 들어온다. 센서등이 켜지지 않는 현관이 어둡다.
주방의 식탁 위에 두 개의 유아용 식판. 어설프게나마 밥이 차려져 있다.
말라붙은 밥알과 캔 참치 통조림과 뜯지 않은 조미 김.
아이가 나름 차린 두 개의 식판을 보는 주원의 눈이 젖는다.
아빠를 기다리다가 저도 먹지 못했는지 희수가 거실에 곤하게 잠들어
있다.
주원이 물끄러미 곤히 잠든 희수를 내려다본다.

주원 (나직하게) 아빠는 바보였어.

주원이 잠든 희수를 품에 안는다.

주원 이제부턴 너만 볼게. 아빠가 언제까지나 영원히 너를 지켜줄게.

주원의 눈에 눈물이 고인다.

주원 아빠의 쓸모는 너야.

카메라 현관 쪽으로 멀어진다.

희수를 소중하게 안고 있는 주원의 모습.

주원na 그날 밤. 나는 내 흔적을 쫓을 수 있는 모든 것들. 내가 가진 모든 것들을 다 버리고 딸과 함께 떠났다.

카메라 더 멀어진다. 현관의 센서등이 푸르스름하게 깜빡거린다.

주원na 나는 다 가지고 떠났다.

희수를 안은 주원의 웅크린 등이 하얗게 흩어진다. (페이드인)

#60 [에필로그] 치킨집/주방 – 시간 경과/시즌1과 연결 (늦은 저녁)

(페이드아웃) 주원의 웅크린 등.

주원이 주방 개수대에 뒤돌아서서 설거지를 한다.

희수가 함께 먹다 남은 반찬을 영업용 냉장고에 넣으며 말한다.

희수 밥도 아빠가 차렸잖아. 설거진 내가 한다니까?

주원 (등 돌린 채) 됐다. 딸내미 밥 차려주는 게 뭐라고.

주원이 묵묵히 설거지한다.

희수가 주원의 등을 가만히 보다가, 문득.

희수 아빠. 나 있잖아.

주원 (등 돌린 채 설거지하며) 응.

희수 나 친구 생겼거든. 되게 고지식하고 재미없는 앤데, 착해. 항상 한 번 더 생각해보게 말하는 애야.

주원　좋은 애네.

희수　근데 걔랑 이야기하다가 생각났어.

주원　뭐가?

희수　엄마 기억.

주원　(설거지하던 손 멈칫)

희수　사고 났었을 때… 차 안에서… 엄마가 날 보고 웃었었어.

주원　(경직된)

희수　다치지 않은 나를 보고… 웃었었어. 엄마가.

주원　(한참 만에) 그래.

주원이 다시 설거지한다.
희수가 별다른 반응 없는 아빠를 쳐다보다가 일어선다.

희수　아무튼 그랬다고. 수고해 아빠. 나 먼저 갈게~

주원　(등 돌린 채) 그래라.

희수가 가방을 들고 치킨집 밖으로 나간다.
희수가 나가자 설거지를 멈추고, 우두커니 서 있는 주원의 뒷모습.

인서트_ #1

의사v.o　정말 천운이었습니다. 교통사고 당시 따님이 차 밖으로 튕겨져 나와서 무사할 수 있었습니다.

주원의 등이 클로즈업된다.

인서트_ #1

의사v.o　차량이 전소되는 교통사고였습니다.

432

주원의 등이 들썩인다.

인서트_ #1

의사v.o 안타깝게도 부인분께선 차 안에 계셨기에….

주원의 눈에서 하염없이 눈물이 흐른다.

플래시백

교통사고 당한 차 안. 부서진 차량에 끼인 채 어린 희수를 보는 지희. 고통 속에서도 아물어가는 희수를 보며 웃는다.

주원의 잇새로 억누른 울음이 새어 나오기 시작한다.

플래시백

차에 불이 붙는다. 불타오르는 차에서 희수를 밖으로 밀어내는 지희. 제 몸에 붙는 불에는 아랑곳하지 않고, 안간힘을 쓰며 끝까지 희수를 차 밖으로 밀어낸다.

주원이 우두커니 서서 엉엉 소리 내어 운다.

플래시백

불타오르는 차 안에서, 차 밖의 희수를 보며 지희가 웃는다.

서럽게 북받치는 울음소리가 커진다.

인서트_ #1

지희의 영정사진 앞에서 울음을 멈췄던 주원.

그 후로도 오랫동안 늘 속으로 울어야 했던, 그토록 참아왔던 울음이
다시 이어진다.

3권으로 이어집니다.

무 빙 대본집 2

초판 1쇄 발행 2024년 7월 31일

지은이 강풀
펴낸이 윤동희
책임편집 최유연 **편집** 김미라 이예은 유보리 황유라
디자인 김소진 **본문 디자인** 하은혜
마케팅 윤지원 김연영

펴낸곳 ㈜미디어창비
등록 2009년 5월 14일
주소 04004 서울 마포구 월드컵로12길 7 창비서교빌딩
전화 02) 6949-0966 **팩시밀리** 0505-995-4000
홈페이지 books.mediachangbi.com
전자우편 mcb@changbi.com

ⓒ 강풀 2024
ISBN) 979-11-93022-57-3 04680
세트) 979-11-93022-55-9 04680